한중 문학의 만남과 동양적 가치

교류와 소통의 동아시아

* 이 저서는 2007년 정부(교육과학기술부)의 재원으로 한국연구재단의 지원을 받아 수행된 연구임(NRF-2007-361-AL0015).

한중 문학의 만남과 동양적 가치

교류와 소통의 동아시아

이화인문과학원 엮음

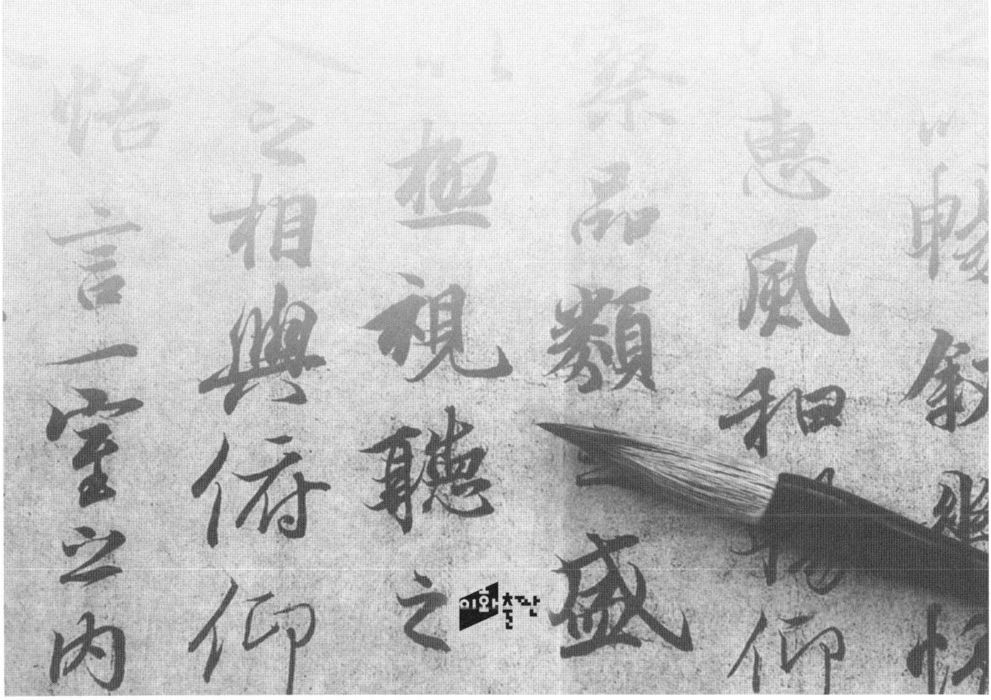

이화출판

서문

교류와 소통의 동아시아를 위하여

베이징대학 교수 저우쭤런周作人은 1925년 5월 조선의 위상과 그 연구의 필요성을 강조하면서 "조선은 일본적인 것도 아니요 또 전적으로 중국적인 것도 아니다. 나는 여기서 덧붙여 조선 예술에 대해 경의를 표하고 싶으며, 누군가는 이들 아름다운 조각과 회화를 중국인들이 볼 수 있게 소개하기를 희망한다" (「조선전설朝鮮傳說」)라고 말한 바 있다. 저우쭤런은 당시 존재가 희미했던, 일제강점기의 '조선'임에도 불구하고 조선의 정체성을 적극적으로 인정하고자 했다. 역시 베이징대학 교수를 역임하게 되는 웨이젠공魏建功은 1926-1927년 경성제국대학 중국어문학과의 중국어 강사로 초빙되어 서울에 체류하면서 그때의 느낌을 이렇게 표현한 바 있다. "목전의 사실事實로서 중한 인민이 감정적으로 서로 미워하는 것과 이상理想으로서 중한 인민이 정신적으로 서로 좋아하는 것은 '공영공존'의 '동아주의'의 표면과 이면이다." (「중한 사이의 애증華韓之間的愛惡」) 웨이젠공은 한중 인민들 사이에 서로 미워하는 정서가 표면적으로 드러나기도 하지만 저변에 흐르는 서로 좋아하는 정신적 유대감이 더 본질임을 강조했다.

또 현대 중국의 문호 루쉰魯迅은 일본 유학 시기에 그에게 강의 노트를 일일이 고쳐주며 지도와 격려를 아끼지 않았던 후지노藤野 교수를 나중에 '위대한' 스승으로 기리고, 그 보답이라도 하듯이 1931년 『중국소설사략』을 번역하기 위해 내방한 젊은 일본인 학자 마쓰다 쇼增田燮에게 3개월여 동안이나 개인 교습처럼 매일 3시간씩 『중국소설사략』을 강의해 주었다. 한국의 민족 저항 시인 이육사李陸史는 1933년 6월 중국 상하이에 체류하던 중 당시 남의사원藍衣社員에 의해 암살된 중국의 민주 인사 양싱포楊杏佛의 빈소를 찾았다가 루쉰을 만났고 그 인연을 "그때 루쉰은 R씨로부터 내가 조선 청년이란 것과 늘 한 번 대면의 기회를 가지려고 했더란 말을 듣고, 외국의 선배 앞이며 처소가 처소인 만치 다만 근신과 공손할 뿐인 나의 손을 다시 한 번 잡아줄 때는 그는 매우 익숙하고 친절한 친구이었다"(「루쉰추도문魯迅追悼文」)라고 표현했다.

이렇게 근대 시기에 한중일 동아시아의 상호 이해와 공존을 지향하는 역사적 경험은 매우 많다. 한중일 동아시아의 관계가 그 어느 때보다 중요하고 또 긴밀해지고 있는 오늘날 이러한 역사적 경험은 동아시아의 평화와 공존을 위한 정신적 자원으로 적극 되살릴 필요가 있다. 한중일 학인學人들의 학술 교류와 소통이 매우 중요한 이유도 바로 여기에 있다.

이러한 교류와 소통을 위한 의미 있는 시도가 몇 해 전부터 한중 학인들 사이에서 진행되어왔다. 한국의 이화여대 이화인문과학원과 중국의 푸단대학復旦大學 중문과中文系가 2009년부터 상호 방문하여 학술 회의를 개최해온 것이다. 2009년 12월에 제1회 이화-푸단 국제 학술 대회가 '탈경계 문화 연구와 동아시아 문화 · 문학'이라는 주제로 상하이의 푸단대학에서 열렸고, 2010년 12월에는 제2회 이화-푸단 국제 학술 대회가 '세계 문학과 동아시아 문학의 관계'라는 주제로 서울의 이화여대에서 열렸다. 제1회 대회는 이화인문과학원장 오정화 교수와 푸단대학 중문과 부주임 주커이祝克懿 교수의 축사로 시작되어 이화의 홍석표 교수와 푸단의 왕훙투王宏圖 교수가 좌장을 맡고 이화의 송기정 교수와 푸단의 쉬즈샤오徐志嘯 교수가 종합 강평을 맡아 진행되었다. 주제 발표는 이화의 김연수, 조윤경, 오윤호 교수, 푸단의 쉬즈샤오, 량융안梁永安, 옌펑嚴鋒 교수가 맡았고, 토론은 이화의 장미영, 김미현, 장윤재 교수, 푸단의 류린쥐엔劉琳娟, 바이강白鋼, 다이총룽戴從容 교수가 맡았다. 제2회 대회는 이화인문과학원장 장미영 교수의 개회사와 푸단대학 중문과 부주임 푸제傅杰 교수, 이화여대 인문대학장 이재돈 교수의 축사로 시작되어 이화의 송기정, 홍석표 교수와 푸단의 푸제, 왕훙투 교수가 좌장을 맡아 진행되었다. 주제발표는 이화의 송태현, 홍석표, 김진희 교수, 푸단의 왕훙투, 쉬즈샤오, 리난李楠 교수가 맡았고, 토론은 이화의 김연수, 신하윤, 김영숙, 오윤호 교수, 푸단의 장옌빙張巖氷, 다이총룽 교수가 맡았다.

두 차례 진행된 학술대회를 통해 한중 학인들의 상호 이해가 깊어지고 두터운 신뢰가 쌓이게 되었으며 학술 성과도 풍성했다. 이육사와 윤동주를 중심으로 한 근대시기 한중 문학의 만남과 동아시아 지형, 고대 한중 문학의 관계, 세계 문학의 보편기준과 중국적 경험, 서양 문학과 동양적 가치 등 다양한 주제에 대한 발표와 토론이 이루어졌다. 이 책은 바로 이러한 학술 교류의 의미와 연구 성과를 일반 독자들과 공유하기 위해 마련되었다. 두 차례 학술 대회에서 발표된 글 중에서 우선 여덟 편을 뽑아 실었고, 이 책의 기획에 부합한다고 판단된, 근대 시기 중국 고전 소설의 국내 번역을 다룬 정선경 교수의 논문도 함께 실었다. 국제 학술 대회에 발표된 원고를 책으로 엮었기 때문에 개별 원고의 학문적 수준이 균일하지는 않다. 또한 한국과 중국의 역사적 경험과 당면한 현실문제가 달라서 한중 학인들 사이에 입장과 논점의 차이가 은연중에 드러나고 있다는 것도 부인할 수 없는 사실이다. 그렇지만 그 차이마저도 서로 인정하고 받아들이면서 대화를 이어갈 때 진정한 소통이 이루어질 것이다.

예컨대, 왕훙투 교수는 '세계 문학'이라는 보편적 기준의 패권적 특징을 비판적으로 검토하면서 중국의 '본토 문화 의식'의 강화를 확인한 후 "점진적 방식을 통해 본토의 경험을 축적하고, 이에 의해 원래의 '세계 문학' 이념과 기준을 확장하는 데 참여하는 과정에서 더 많은 발언권을 쟁취하고, 기존의 규칙과 패턴을 수정할 것"을 제안하고 있다. 그의 입장은 서구적 태생의 보편 가치에 의문을 제기하고 보편 가치의 형성에 중국적 경험의 참여를 강조하고 있다는 점에서 매우 설득력을 지닌다. 보편 가치가 서구인만이 그 구성의 주체가 된다거나 그들의 독점물일 수 없다는 점을 재확인하면서 서구 중심주의를 해체하고 있기 때문이다. 다만 우리가 주의할 것은 중국적 경험이 국민국가 형성 이후의 중국이라는 일국적 경험뿐만 아니라 더 넓은 범주에서 과거 동아시아가 공유했던 전통적인 중국 문화의 경험을 포괄한다는 점이다. 중국적 경험의 강조가 서구의 보편 기준에 의문을 제기하고 서구 중심주의를 넘어설 수 있는 대안을 모색하는 시도이긴 하지만 자칫 중국의 일국적 국민국가 패러다임에 매몰될 수 있으므로 우리는 좀더 넓은 시야를 확보해야 할 것이다. 더욱이 동아시아에서 '중국'은 오늘날 정치적 통합체로서의 민족이나 국민국가 개념으로 한정할 수 없는, 동아시아가 공유해 온 문화 전통의 공간적 표현으로 해석할 필요가 있는 것이다. 고대 한중 문학의 관계도 이러한 맥락에서 파악해야 옳을 것이다. 그래야만 『논어』와 『사기』를 우리의 소중한 고전으로 받아들이고 이백李白과 두보杜甫의 시 그리고 『삼국지연의』와 『수호전』을 즐겨 읽을 수 있을 것이다. 이는 서양인들이 호머의 『일리아드』와 『오딧세이』, 플라톤의 『대화편』과 소크라테스의 『변명』, 플루타크의 『영웅전』을 중요한 고전으로 읽으면서 자신들의 문화적 원천으로 이해하고 있는 것과 마찬가지이다. "일국의 논리가 아니라 동아시아의 교차적이고 역동적인 역사에 대한 비판과 반성 위에서 동아시아의 미래를 기획해야 할 것이다"라고 강조한 김진희 교수의 언급은 동아시아의 교류와 소통을 위해 시사하는 바가 크다.

어쨌든 학술 교류는 상호 이해와 신뢰를 쌓아가는 매우 소중한 소통 방식의 하나인 만큼 이화-푸단의 학술 교류가 지속적으로 이루어져 더욱 풍성한 학술적 성과가 있기를 기대한다. 그동안 이화-푸단의 학술 교류를 적극 지원해주신 푸단대학 중문과 주커이 부주임과 이화여대 이화인문과학원 장미영 원장님께 감사를 드린다. 또한 이 책을 구성하고 교정하는 데 정성을 다한 정선경 교수와 멋진 책으로 꾸며주신 이화여자대학교출판부 선생님들에게도 고마운 마음을 전한다.

2013년 4월

홍석표 삼가 씀

序言

真诚交流沟通, 实现东亚共荣

北京大学的周作人教授曾于1925年5月在强调朝鲜 (韩国)的地位和研究必要性时说过, "我们知道日本学于本国文化研究上可以供给不少帮助, 同时也应知道朝鲜所能给与的未必会少于日本。……既非日本又不全是中国的趣味。我想在这里带便表明对于朝鲜艺术的敬意。" (「朝鲜传说」) 虽然当时朝鲜半岛为日本所侵占, 国家岌岌可危, 但周作人教授还是对朝鲜给予了肯定和认同。曾历任北京大学教授的魏建功于1926—1927年被聘用为京城帝国大学支那语文学科的中文讲师旅居京城(今首尔)时, 如此表达过自己的感受。"目前事实中华韩人民感情上的相恶, 以及理想中华韩人民精神上的相爱, 恰是'共荣共存'的'东亚主義'之表面及里面。" (「华韩之间的爱恶」)

中国现代大文豪鲁迅曾对在日留学时为自己修改讲义并悉心指导的藤野教授予以高度赞誉, 将其称为'伟大的'老师, 并且在年轻日本学者增田燮为翻译『中国小说史略』于1931年访问中国时, 三个月每天为其讲解长达三个小时的『中国小说史略』。韩国的民族抵抗诗人李陆史1933年6月在中国上海居留时, 曾前往当时被蓝衣社成员暗杀的中国民主志士杨杏佛的灵堂吊唁，在那偶遇鲁迅。他如此表述这段缘分："那时鲁迅从小R处得知我是朝鲜青年，且总想找机会见上一面，在外国前辈面前和特定的场所我只有谨慎和谦逊，而他再次握住我的手，那时的他是一个非常熟悉而且又和蔼亲切的朋友。"（「鲁迅追悼文」）

像这样，近代时期希望韩中日东亚三国相互理解和共存的历史经历非常丰富。当今，韩中日东亚三国的关系比任何时候都更为重要和密切。因此，有必要重温这些历史方面的经历，使其成为东亚和平共存的精神资源，开展韩中日学者间的学术交流和沟通的重要意义就在于此。

为了交流和沟通，这种意义深远的活动几年前就开始在韩中学者之间展开。韩国梨花女大的梨花人文科学院和中国复旦大学的中文系从2009年开始就相互访问并举办学术交流会议。2009年12月，第一次梨花——复旦国际学术会议以"跨文化研究和东亚文化、文学"为主题在上海复旦大学举行。2010年12月，第二次梨花——复旦国际学术会议以"世界文学和东亚文学的关系"为主题在首尔的梨花女大举行。第一次会议由梨花人文科学院院长吴贞和教授和复旦大学中文系副主任祝克懿教授致贺词，由梨花女大的洪昔杓教授和复旦的王宏图教授共同主持，梨花女大的宋起正教授和复旦的徐志啸教授进行了综合点评。梨花女大的金娟秀教授、赵允卿教授、吴润镐教授和复旦的徐志啸教授、梁永安教授、严锋教授进行了主题发言。梨花女大的张美英教授、金美贤教授、张介裁教授和复旦的刘琳娟教授、白钢教授、戴从容教授进行了点评。第二次会议由梨花人文科学院院长张美英教授致开幕词，由复旦大学中文系的傅杰教授和梨花女大人文学院院长李在敦教授致贺词。梨花女大的宋起正教授、洪昔杓教授和复旦的傅杰教授、王宏图教授共同担任会议主持。梨花女大的宋泰炫教授、洪昔杓教授、金真禧教授和复旦的王宏图教授、徐志啸教授、李楠教授进行了主题发言，梨花女大的金娟秀教授、申夏润教授、金英淑教授、吴润镐教授和复旦的张岩冰教授、戴从容教授进行了点评。

通过这两次学术会议, 韩中学者之间加深了相互间的了解, 建立了信赖关系, 取得了丰硕的学术成果。会议就以李陆史和尹东柱为中心的近代时期韩中文学的相遇和东亚地理位置、古代中韩文学的关系、世界文学的普世性标准和中国经验、西方文学和东方价值等各种主题进行了发言和点评。本书正是为了能和广大读者共享学术交流的意义和研究成果而出版发行。从两次学术会议上发言的文章中, 先甄选了八篇文章, 同时又收录了符合此书策划宗旨, 对近代时期中国古典小说的韩文翻译做出研究的郑宣景教授的论文。由于是将国际学术会议上的发言稿汇编成书, 所以每篇文章的学术水平并不一致。加之, 韩中两国的历史经历及面临的现实问题皆有所不同, 所以中韩学者之间隐约存在着立场和观点上的差异, 这也是无可否认的事实。然而, 如果在相互承认并接受差异的存在进行相互交流, 相信一定可以达到真正的沟通。

比如, 王宏图教授曾批判 '世界文学' 这个普世性标准的霸权性特征, 提出强化中国的 '本土文化意识', 提议应该 '以一种渐进的方式积累本土的经验, 并藉此参与到原有 '世界文学' 观念和标准的拓展之中, 并在这一过程中, 争取到更多的话语权, 修改原有的规则和模式.' 他的观点对在西方孕育产生的普遍价值提出了质疑, 在强调中国的经验应参与到普遍价值形成这一点上很有说服力。而且再次明确普遍价值的构建主体并不是只有西方人, 也并不只是西方人的独享之物, 因为西方中心主义正在解体。我们要注意, 中国的经验并不仅仅是国民国家形成以后中国一国的经验, 还包括更广的范畴内过去东亚共享过的传统中国文化的经验。对中国经验的强调, 虽然是对西方普遍价值的一种质疑, 是超越西方中心主义的一种尝试, 但很容易陷入中国一国的国民国家模式之中, 所以我们应该拥有广阔的视野。并且, 在东亚, '中国' 不能以作为当今世界的政治统合整体的民族或国民国家的概念来加以限定，而是有必要以东亚一直共享的文化传统这种空间的表达方式来进行诠释。古代中韩文学的关系也应该以这种思路来加以考虑。唯有如此，我们才能接受『论语』和『史记』作为我们宝贵的古典作品，才能赏读李白和杜甫的诗以及『三国志演义』和『水浒传』。而西方人也是如此，他们在阅读荷马的『伊里亚特』和『奥德赛』、柏拉图的『对话录』和苏格拉底的『申辩』、普鲁塔克的『英雄传』等重要的古典作品时，都将其理解为自身的文化源泉。金真禧教授主张，“不应只抓住一国的逻辑，而要在对东亚相互交织又动荡的历史进行批判和反省的基础上来筹划东亚的未来”，这一观点对开展东亚的交流和沟通有很大的启示意义。

总而言之，学术交流是建立相互理解和信赖关系的非常可贵的一种沟通方式，我希望梨花——复旦的学术交流能不断持续下去，以此取得更为丰硕的学术成果。在此，我想向一直大力支持梨花——复旦学术交流的复旦大学中文系的祝克懿副主任和梨花女大梨花人文科学院的张美英院长表示衷心的感谢。并对尽心尽力完成此书的编选及校订工作的郑宣景教授以及将其装帧成册的梨花女大出版部的老师们表达诚挚的谢意。

2013年4月

洪昔杓

차례

제1부

한중 문학의 만남과 동아시아 지형

시인 이육사와 중국 현대 문학*

홍석표

1. 중국 유학과 중국 현대 문학의 소개

시인 이육사(李陸史, 1904-1944)는 만해 한용운이나 윤동주와 더불어 한국의 대표적인 민족 저항 시인으로 불린다. 그는 「청포도」로 잘 알려져 있거니와 그의 대표작 「절정」과 「광야」는 민족의식을 담은 저항시의 전형으로 꼽힌다. 육사는 생전에 한 권의 시집도 발간하지 못했고 그의 행적도 구체적으로 밝혀지지 않은 점이 많지만, 그의 치열한 삶과 함께 그가 남긴 많지 않은 시작품은 우리에게 깊은 감명을 불러일으킨다. 육사는 "숫벼룩이 꿇앉을 만한 땅도 가지지 못한"(「계절季節의 오행五行」) 채 "주림과 치위가 매운 챗죽같이 휘갈기고" "그 어느 한 곳도 발을 붙일 곳은 없는"(「황엽전黃葉箋」) 절망적 현실에서 "쫓기는 마음, 지친 몸"(「노정기路程

* 이 논문은 『중국현대문학』 제55호(2010년 12월)에 실린 원고를 수정 보완한 것이다.

記」)이었다. 그래서 그는 "나의 현실은 어찌 이다지도 착종錯綜이 심한고? 마음은 창공을 그리면서 몸은 대지를 옮겨 디더 보지 못하는가?"(「창공蒼空에 그리는 마음」)라고 탄식하기도 했다. 그럼에도 불구하고 육사는 담배 "연기를 천정으로 곱게 불어 올리고" "거기에 개인 날의 무지개를 그리는 것이었다."(「계절의 표정表情」) 그것은 "저바리지 못할 약속"(「꽃」) 때문이었다.

절망적 현실에서도 무지개의 꿈을 놓지 않았던 육사의 정신적 경지는 「절정絶頂」에서 완전한 시적 표현을 획득하게 된다. "매운 계절季節의 채쭉에 갈겨/ 마츰내 북방北方으로 휩쓸려오다// 하늘도 그만 지쳐 끝난 고원高原/ 서리빨 칼날진 그 위에 서다// 어데다 무릎을 꿇어야 하나/ 한발 재겨 디딜곳조차 없다// 이러매 눈 감아 생각해 볼밖에/ 겨울은 강철로 된 무지갠가 보다". 육사는 겨울과 같은 엄혹한 현실 속에서도 오히려 강철로 단련되어 무지개를 꿈꾸었다. 육사는 무지개 꿈을 놓지 않았기 때문에 절망적 현실 속에서도 저항적 몸부림을 지속할 수 있었고, "시와 행동을 하나로 융합한" "육사의 특유하고도 높은 시적 경지"(김학동 편저, 1986: 252)를 구축할 수 있었다.

육사는 수필 「계절의 표정」에서 밤에 안두案頭에 쌓여 있는 시집들 중에서 가을에 읊은 시들을 한두 차례 읽어보았다고 말한 뒤 "여기서 나의 가을시의 순례는 마침내 아세아로 돌아오고 마는 것이다"라고 했다. 프랑스의 베를렌 · 구르몽, 영국의 키츠 · 예이츠, 유럽대륙의 레나우 · 크론 · 니체, 러시아의 에세닌 등의 시인들이 쓴 가을 시들을 차례대로 감상하고 나서 '마침내 아세아로 돌아온' 육사는 "시문학의 세계적 고전이며 그 광휘가 황황한 삼천년 전의 가을을 읊은 시전詩傳 「국풍겸가장國風兼葭章」을 찾어보고는 곧 번역해 보고저운 충동을 느끼지 않을 수는 없었다"(「계절의 표정」)라고 말했다.

육사는 「국풍겸가장」의 전체 3장 중 제1장을 번역하여 「계절의 표정」에 실었는데, 서양의 현대시들을 안두에 두고 가까이 읽으면서도 그가 정작 번역한 것은 동양 고전시의 원형인 '시경詩經'의 시였던 점은 주목할 만하다. 육사가 1933년 4월에 '조선혁명군사간부학교'를 졸업한 뒤 잠시 난징南京에 머물던 시기에 고책사古册肆나 고동점古董店에 드나들면서 발견한, 「모시칠월장毛詩七月章」이 새겨진 비취 인장을 구입한 뒤 몹시 아끼면서 어딜 가나 가지고 다녔던 것도 '시경' 시에 대한 애착과 무관하지 않아 보인다. 그것은 향수와 혈맥이 통하는 것이었기 때문이다. "나는 내 고향이 그리울 때나 부모형제를 보고저울 때는 이 인장을 들고 보고 칠월장을 한번 외워도 보면 속이 시원하였다. 아마도 그 비취인翡翠印에는 내 향수와 혈맥이 통해 있으리라."(「연인기戀印記」)

유년시절에 『논어』와 『맹자』, 『시전』과 『서전書傳』을 읽고 외웠던 육사에게 '향수와 혈맥이 통하는' '아세아'의 고전시로 돌아와 '시경' 시를 번역하는 것은 자연스러운 일일 것이다. 서양에 대응되는 '아세아'란 문화 전통으로서의 '동양적인 것'을 의미하기에 육사가 동양적인 문화 전통의 공간적 표현인 '중국'의 고전시에 주목하는 것은 당연해 보인다. 육사가 "늘 경구와 같이 말하고 있던 '낙이불음, 애이불상樂而不淫, 哀而不傷' —즐거워도 음하지 않고 슬퍼도 상하지 않는다는 시경 관저장關雎章의 그 경지를 누구보다도 잘 터득하고 있었던"(「은하수銀河水」) 것도 충분히 납득할 수 있다.

그렇다면 육사의 중국 유학도 '아세아'로 돌아오려는 그의 내면 의식과 무관하지 않아 보인다. 육사는 1924년 봄 "그 때 나는 그 물소리를 따라 어데든지 가고 싶은 마음을 참을 수 없어 동해를 건넜고 어느 사이 뿌류닭-크의 영웅전도 읽고 씨-저나 나포레옹을 다 읽은 때는 모두 가을이었다"(「계절의 오행」)라고 했듯이 일본으로 건너가 공부한 적이 있다.[1]

하지만 육사는 9개월만에 일본 유학을 청산하고 1925년 1월에 귀국한다. 귀국한 육사는 그해부터 대구大邱의 조양회관朝陽會館을 중심으로 사회문화운동에 참여하며, 그해 말에는 독립운동 단체에 가입하고 또 베이징北京을 방문하기도 했다. 그 후 중국을 자주 왕래하게 된 육사는 짧은 기간이지만 1926년 가을학기부터 이듬해 봄학기까지 두 학기 동안 베이징중궈대학北京中國大學에서 유학했고,[2] 또 1932년 10월부터 이듬해 4월까지 6개월간 난징 근교의 '조선혁명군사간부학교'(이하 '군사간부학교'로 줄임)에서 교육을 받는다. 육사의 중국 유학은 이후 그의 활동이 중국과 깊은 인연을 맺게 되는 중요한 계기가 되었을 텐데, 육사가 중국 현대 문학에 관심을 갖게 된 것도 그런 인연 때문이었을 것이다. 육사가 1933년 6월 한국 문인으로서는 최초로 루쉰魯迅과 대면하는 기회를 가진 것도 '군사간부학교'를 졸업한 직후 상하이上海에 머물고 있었기 때문에 가능했던 일이다.

육사의 문우文友이며 지기知己인 시인 신석초申石艸가 육사의 시가 지닌 한학적漢學的인 소양을 지적하고 동시에 "그는 중국에 가서 많이 있었던 듯하고 중국에서 학교를 나온 처지이므로 중국풍이 많이 있었다. 그는 루쉰과 궈모뤄郭沫若의 문학을 즐겨 이야기했다"[3]라고 회고한 바 있는데, 육사는 한학적 소양을 갖추었을 뿐만 아니라 중국 현대 문학에

1 육사의 일본 유학과 관련하여, 도쿄세이소쿠예비교東京正則豫備校 또는 니혼대학日本大學 문과文科 전문부專門部를 다녔다는 일제 경찰의 기록도 있고 도쿄 간타구神田區의 긴죠우錦城고등예비학교에 입학하여 1년간 재학했다는 진술도 있다(김희곤, 『새로 쓰는 이육사평전』, 61쪽 참조). 육사는 일본 유학 시기에 플루타크 영웅전이나 시저, 나폴레옹 등을 읽었고, 또 구딩古丁의 단편 소설 「골목안小巷」을 번역한 뒤 작가를 소개하는 머리말에서 "작품을 읽으면 어덴지 아쿠타가와 류노스케芥川龍之介의 작품을 읽는 듯한 느낌이 있는 것이다"(「紹介」, 「골목안」, 『李陸史全集』, 103쪽)라고 하였으니, 육사는 일어 작품을 읽는 데 어려움이 없었던 것으로 보인다.

2 육사의 베이징중궈대학 유학에 관한 실증적 고찰은 홍석표의 「李陸史의 중국 유학과 北京中國大學」(『中國語文學誌』 第29輯, 2009.4)을 참조하기 바람.

3 申石艸, 「이육사의 추억」, 『現代文學』 96호(1962.12), 238쪽.

대해서도 상당한 조예가 있었던 것으로 보인다. 신석초가 "그가 문학을 이야기할 때, 가령 루쉰이나 후스胡適 등을 이야기할 때, 동양의 고유한 미나 아취를 이야기할 때는 의외로 다변적이고 열렬하였다"[4]라고 한 데서 알 수 있거니와 육사는 중국 현대 문학과 동양적인 문화 전통에 깊은 열정을 품고 있었다. 『이육사전집李陸史全集』을 펴낸 바 있는 김학동金學東도 육사의 시가 시의 공간을 크게 확대함으로써 한국의 근대시사에서 시의 공간 의식 면에서 독특한 경지를 개척했다고 평가했고, 그 원인에 대해 "그가 중국의 광활한 대륙을 자주 내왕하면서 친숙해진 공간 개념일 뿐만 아니라, 그의 시의 내부에 깔고 있는 중국 문학이 갖고 있는 폭량幅量에서 기인된 것이 아닌가 한다"[5]라고 한 데서도 확인이 된다. 육사는 전통적인 한학 교육을 통해 동양적인 문화 전통에 익숙해 있었을 뿐만 아니라 중국 왕래와 유학 경험을 토대로 중국 현대 문학에 대한 이해도 심화시키고 있었던 것이다.

실제로 육사는 중국 현대 문학을 소개하고 비평하는 데 특별한 관심과 열정을 보였다. 육사는 루쉰 사후 나흘 만에 그의 죽음을 애도하고 그의 문학을 비평한 「루쉰 추도문」을 『조선일보』(1936년 10월 23 · 24 · 25 · 27일)에 연재했고, 그해 12월에는 루쉰의 단편 소설 「고향」을 번역하여 잡지 『조광朝光』에 발표했다. 1941년에는 후스의 학술 저작인 『50년 동안의 중국문학五十年來中國之文學』의 전체 10장 중에서 제4장까지를 초역抄譯하여 「중국 문학 오십년사」라는 제목으로 잡지 『문장文章』(1941년 1월 · 4월)에 실었다. 또한 신문학운동 이후의 중국 백화신시白話新

4 申石艸, 「이육사의 인물」: 이동영 편저, 『이육사-이육사 전집/이육사 평전 · 연구자료』(문학세계사, 1992), 227쪽.

5 金學東, 「이육사의 문학 활동」: 이동영 편저, 『이육사-이육사 전집/이육사 평전 · 연구자료』, 242쪽

詩와 시인을 소개하고 쉬즈모徐志摩의 시 「배헌拜獻」과 「다시 캠브리지를 떠나며再別康橋」를 번역, 비평한 평론문 「중국 현대시의 일단면」을 잡지 『춘추春秋』(1941년 6월)에 게재했으며, 만주의 신경(新京, 지금의 창춘長春)에서 활동하던 작가 구딩古丁의 단편 소설 「골목안小巷」을 번역하여 잡지 『조광』(1941년 6월)에 싣기도 했다.[6] 육사는 당시 독립운동으로 인해 검속檢束이 되풀이되는 열악한 조건 속에서 활동이 극도로 제한적이었지만, 그럼에도 불구하고 중국 현대 문학의 소개와 비평을 간단없이 진행했으니 높이 평가할 만하다.

2. 루쉰과의 만남과 '문학적 실천'

루쉰은 1934년 11월에 쓴 「병후잡담病後雜談」에서 "나는 좀처럼 앓지 않는 사람인데 지난달에 좀 앓았다. 처음에는 저녁마다 열이 나고 맥이 없으며 밥맛이 떨어지더니 한주일이 되어도 낫지 않으므로 하는 수 없이 의사에게 보였다."[7]라고 말한 바 있다. 육사도 1942년 1월에 발표한 수필 「계절의 표정」에서 "황소같이 튼튼하지는 못해도 20년 내에 물에 씻은 듯 감기 한번 제대로 못해 보고 병 없이 지내왔"지만 지난해 여름부터 "모든 것이 귀찮고 거북하고 말조차 여러 번 하기 싫고" "밥을 먹어야 한다는 것도 큰 짐이었다"라고 했다. 루쉰과 육사는 거의 동일한

---

6 육사는 중국 현실과 관련된 시사평론도 여러 편 발표했는데, 「五中全會를 앞두고 外分內裂의 中國政情」(『新朝鮮』 1934년 9월), 「危機에 臨한 中國政局의 展望」(『開闢』 1935년 1월), 「中國青幇秘史小考」(『開闢』 1935년 3월), 「中國農村의 現狀」(『新東亞』 1936년 8월) 등이 그것이다.

7 魯迅, 『且介亭雜文』, 『魯迅全集(6)』(人民文學出版社, 1991), 162쪽.

병세를 보여주고 있는데, 이른바 폐병을 앓은 것이다. 루쉰은 예의 「병후잡담」을 쓴 날로부터 거의 2년만인 1936년 10월 19일에 사망하고, 육사도 예의 「계절의 표정」을 쓴 날로부터 거의 2년만인 1944년 1월 16일 베이징 주재 일본 총영사관의 감옥에서 사망한다(김희곤, 2000: 214). 이렇게 루쉰과 육사는 폐병을 앓아 힘겹게 병마와 싸우면서도 죽을 때까지 현실과 정면으로 맞서는 저항적 몸부림을 멈추지 않았다.

육사는 "영원히 남에게 연민은커녕 동정 그것까지도 완전히 거부할 수 있는 비극의 '히-로'" (「산사기山寺記」)의 운명을 스스로 떠안으며 절망적 현실 속에서도 연민과 동정마저 거부한 채 한 치의 타협도 없이 전진하고자 했다. 육사의 이러한 전진의 이미지는 작품 속에서 형상적으로 표현된다. 단편 소설 「황엽전」에서 '유령'의 꿈에 등장하는 사람들은 '이빨을 물고 있는 힘을 다해 전진하며', 꿈에서 깨어난 '유령'도 "캄캄한 암흑 속을 영원히 차고 영원히 새지 못할 듯한 밤을 제 혼자 가는 것"이다. 연민과 동정마저 거부하고 전진하는 고독자의 이미지는 루쉰의 『야초野草』에 나오는 '나그네過客' 형상을 연상시킨다. '유령'의 형상은, 일체의 선물조차 거부하고 오로지 자신의 피를 무기 삼아 전진하는 강인한 의지의 소유자인 '나그네' 형상과 겹친다. 루쉰의 '나그네'는, 겨울의 절망적 현실에도 불구하고 강철로 단련되어 무지개 꿈을 놓지 않는 육사의 고독자 '유령'으로 다시 태어난 것이다. 비타협적이고 강인한 고독자의 전진의 이미지는 "정면으로 달려드는 표범을 겁내서는 한 발자욱이라도 물러서지 않으려는 내 길을 사랑할 뿐이오" (「계절의 오행」)라고 말하는 육사의 정신적 태도에서 두드러지게 표현되며, "나는 내 기백氣魄을 키우고 길러서 금강심金剛心에서 나오는 내 시를 쓸지언정 유언은 쓰지 않겠소"(「계절의 오행」)[8]

8 루쉰도 이렇게 말한 바 있다. "나는 이 기회를 빌려 친구들에게 앞으로 내가 죽은 다음

라는 육사의 다짐에서 다시 한 번 환기된다.

주지하는 바와 같이 육사가 루쉰을 만난 것은 1933년 6월 20일 상하이에서였다. 육사는 '편집원 R씨'와 함께, 국민당 남의사원藍衣社員에 의해 암살된 양싱포楊杏佛를 조문하기 위해 상하이 만국빈의사萬國殯儀社를 찾아갔고, 거기서 우연히 루쉰을 만나게 된 것이다. 육사는 「루쉰 추도문」에서 이때의 상황을 이렇게 회고했다.

> 그때 노신(루쉰)은 R씨로부터 내가 조선 청년이란 것과 늘 한 번 대면의 기회를 가지려고 했더란 말을 듣고, 외국의 선배 앞이며 처소가 처소인 만치 다만 근신과 공손할 뿐인 나의 손을 다시 한 번 잡아줄 때는 그는 매우 익숙하고 친절한 친구이었다. 아! 그가 벌써 56세를 일기로 상해 시고탑施高塔 9호에서 영서永逝하였다는 부보訃報를 받을 때에 암연 한 줄기 눈물을 지우느니 어찌 조선의 한 사람 후배로서 이 붓을 잡는 나뿐이랴.[9]

당시 중국을 대표하는 진보적인 문인이었던 루쉰을 만나본 육사의 감회는 남달랐을 것이다. 육사는 첫 대면에서 느낀 감회의 강도만큼이나 루쉰의 부음訃音에 즉각 반응하여 추도문을 써서 그의 죽음을 애도하고 그의 문학을 비평했던 것이다.

육사가 루쉰을 만난 시점은 '군사간부학교' 졸업 직후인 1933년 6월이었지만 그 이전부터 루쉰의 존재를 잘 알고 있었다고 보아야 한다. 루쉰은 1925년 9월부터 1926년 5월 말까지 두 학기 동안 겸임 교수의 신분으

에 설사 중국에서 추도할 가능성이 있다 하더라도 절대 추도회를 열거나 기념 책을 내지 말아달라고 부탁하고 싶다."(「病後雜談」, 『且介亭雜文』, 『魯迅全集(6)』, 172쪽.)

9 李陸史, 「魯迅追悼文」(『朝鮮日報』 1936년 10월 23일), 『李陸史全集』, 209-210쪽.

로 베이징중궈대학에서 강의를 했고,[10] 육사는 그 다음 학기인 1926년 가을학기부터 1927년 봄학기까지 동일한 베이징중궈대학을 다녔다. 베이징중궈대학 재학 시절에 육사는, 도쿄東京에서 문학을 전공한 뒤 귀국하여 문학을 가르치던 'Y교수'로부터 지도를 받았으니,[11] 자연스럽게 중국의 문단 상황과 명성이 높았던 루쉰을 알게 되었을 것이다. "루쉰은 R씨로부터 내가 조선 청년이란 것과 늘 한번 대면의 기회를 가지려고 했더란 말을 듣고"라는 표현에서 드러나듯이 육사는 이전부터 루쉰의 존재를 알고 있었던 것이다. 더욱이 루쉰을 만났던 그 시점을 전후하여 육사가 소설 창작에 몰두하고 있었음에랴.

1933년 5월 무렵, 『조선일보』에 공고된 현상금 1천원圓의 '연재 소설 현상모집'에 육사는 응모를 준비하고 있었다.[12] 1933년 4월 22일 '군사간부학교'를 졸업한 뒤 난징과 상하이에 머물면서 이 '현상 모집'에 응모할 장편 소설 『무화과無花果』를 쓰고 있었는데,[13] 예선 원고 마감일이 6월 30일이었다. 육사는 마감일 전까지 10회분과 줄거리를 썼고, 예선 통과

---

10 『魯迅年譜(第二卷)』(人民文學出版社, 1983), 246쪽 참조. 루쉰은 1925년 9월 23일부터 1926년 5월 31일까지 베이징중궈대학北京中國大學의 '대학부大學部 문과국문계文科國文系 소설학과小說學科 강사講師'로 초빙되어 강의를 맡았었다. 루쉰은 1926년 5월 말까지의 강의를 끝으로 이 대학의 겸임 교수직을 사직하고, 그해 8월에는 남하하여 샤먼대학厦門大學 교수로 부임하게 된다.

11 「季節의 五行」, 『李陸史全集』, 156-157쪽 참조.

12 '군사간부학교' 본부에서는 한국에서 발행되던 잡지 『新東亞』 등을 받아보고 있었으니, 상하이나 난징에서 '현상 공모' 소식을 접하기는 어렵지 않았을 것이다. 「金公信 신문조서(제四회)」에 따르면, "李相求 앞으로 조선 잡지 신동아가 보내왔다. 그것을 읽고 있는데 난징南京 본부의 石正에게서 신동아를 왜 빨리 보내지 않느냐고 해 왔으므로 비로소 그곳으로 보내는 것이라는 것을 알고 본부로 보냈다." (『韓民族獨立運動史資料集 31』, 國史編纂委員會, 1997년, 168쪽)라고 했다.

13 응모 요령은 長篇의 경우 "150回 이내(1回 14字 130行)"로 되어 있다. 강창민, 『李陸史詩의 硏究』(국학자료원, 2002), 47쪽 각주[30] 참조.

후 9월 20일 이전에 80회분가량을 썼으며,[14] 최종 마감일인 10월 30일까지 나머지 원고를 써야 했다(강창민, 2002: 47-48). 육사가 루쉰을 만난 것이 6월 20일이었고 『조선일보』 현상소설 공모 예선 원고 마감일이 6월 30일이었으니 루쉰을 만났던 그 시점을 전후하여 육사는 응모 소설의 원고 구상과 집필에 매진하고 있었던 것이다. 그럴진대 문인이요 소설가로 이름이 높았던 루쉰을 만나본 육사의 심경은 남달랐을 것이다. "늘 한 번 대면의 기회를 가지려고 했던" 육사에게는 비록 뜻밖의 만남이었지만, 그것은 육사의 이후 문학 활동에 어떤 계시를 주기에 충분했다. 루쉰 문학은 육사에게 비춰보는 거울로서 '문학적 실천'의 이상적 모델로 인식되었을 것이기 때문이다. 육사는 루쉰을 만난 이후 좀더 적극적으로 문학창작을 독립운동이나 혁명운동과 동일한 사회적 실천의 범주로 받아들이게 된 것으로 보인다.

사실 육사는 '군사간부학교' 졸업식 때 공연된 연극의 한 대본인 「지하실」이라는 작품[15]을 직접 쓰기도 했는데, 문예 창작에 흥미를 보인 육사

---

14 『朝鮮日報』 1933년 9월 20일자에는 「懸賞小說 豫選 當選者 近況」이 실려 있다. "기간其間 몸을 정양靜養하느라고 여행을 계속하였기 때문에 자연 집필치 못하였습니다. 이지음 명랑한 가을 기분에 승乘하여 80회가량 썼습니다. 정해주신 기일까지에는 완료 예정입니다."(金澤東 編著, 『李陸史全集』, 새문社, 1986, 208쪽.)

15 「金公信 신문조서(제二회)」에서는 군사간부학교 졸업식 이후 공연된 연극을 언급하면서 육사가 지은 「지하실」의 줄거리를 이렇게 소개하고 있다. "식은 아침 九시경 시작해서 정오경 끝나고 일동 기념 촬영을 하고 점심을 마치고 여흥으로 할 무대를 만들고 오후 八시경부터 졸업생 일동이 여흥으로서 소인극을 하였다. 극이라고 하여도 학교가 학교이므로 학교의 목적에 부합하는 것만으로서 조선 독립이나 현재의 계급 제도의 철폐를 풍자한 극인데, 지금 기억에 이는 바를 말하면, 一 조선공산혁명극 육사작. 제목 「지하실」. 줄거리. '경성京城의 모 공장 지하실의 어두운 방에서 노동자 일동이 일을 하고 있는데 라디오의 방송으로 '모월 모일 우리 조선 혁명이 성공하다'라는 보도가 있고, 계속하여 지금 용산龍山의 모 공장을 점령하였다든가, 지금 평양平壤의 모 공장을 점령하였다든가, 지금 부산釜山의 모 공장을 점령하였다든가 하는 방송을 해오고, 마침내 공산 제도가 실현되어 토지는 국유로 되어서 농민에게 공평하게 분배되고, 식당 · 일터 · 주

의 면모가 여실히 드러난다. '군사간부학교' 졸업 직후에 '편집원 R씨'[16]와 교류하고 있었던 것도 육사의 문예 활동에 대한 관심을 엿볼 수 있는 대목이다. 육사는 의열단義烈團 관련 사건으로 검거된 뒤 일본 경찰의 신문 조서에서, '군사간부학교'의 졸업을 앞두고 의열단의 단장 김원봉金元鳳으로부터 호출을 받고 금후 어떻게 하겠느냐는 질문을 받았을 때 "조선독립운동을 위해서는 조선으로 돌아가서 노동자, 농민에게 독립사상을 고취하여야 한다고 주장했더니, 김원봉은 그러면 조선으로 돌아가서 의열단을 위하여 사력을 다하여 활동하라"[17]라고 말했다고 밝힌 바 있다. 일본 경찰의 신문 조서임을 감안하더라도 문맥으로 보건대 육사는 무력 실천보다 독립사상의 고취 쪽으로 자신의 실천 방향을 굳히고 있었던 것이다.

육사에게 문학 활동은 독립사상을 고취하는 주요한 수단이 될 수 있었다. '환등사건'을 계기로 의학에서 문학으로 전향하여 문학 계몽의 길로 나아간 루쉰의 방향이 예시해주고 있듯이 육사는 '문학적 실천'의 의

거 등이 노동자 등에게 각각 지정되어 완전한 노동자 · 농민이 지배하는 사회가 실현되었으므로 농민 · 노동자는 크게 기뻐하여 '조선혁명성공만세'를 고창하고 폐막하였다.' 이에 있어서 나는 기계직공으로 분장해서 출연하였다. 기타의 배역은 방송인은 胡平, 陸史와 李南海는 방송국의 서기, 張守正은 농민으로 각각 분장하였다." 『韓民族獨立運動史資料集 31』(國史編纂委員會, 1997), 149쪽.

16 '편집원 R씨'는 수필 「門外漢의 手帖」(『朝鮮日報』 1937년 8월)에 나오는 '나와 친한 동무' 'R이라는 사람'일지도 모른다. 여기서 'R'은 문학청년으로 묘사되고 있는데 그가 쓴 일기에 "나는 여기서 형이 일찍이 하든 말을 생각해 보았소. 상해 어데선가? 목욕을 갔을 때 불란서 사람과 서반아 사람과 같은 욕조에 들어갔을 때의 감정을 얘기한 것을 기억이나 하시는지요. 그때는 적나라한 몸뚱이들이 모두 꼭 같은 온도를 느낄 수 있더라고 세계는 모름지기 목간통같이 되어야 한다고."(『李陸史全集』, 140-141쪽)라고 하여 상하이에서 육사와 함께 목욕한 경험을 서술하고 있기 때문이다. 상하이에서 함께 목욕한 경험을 가진 'R'은 1933년 6월에 상하이 만국빈의사에서 육사를 루쉰에게 소개해준 바로 그 '편집원 R씨'와 관련이 있지 않을까 추정해볼 수 있다.

17 國史編纂委員會, 「李活 신문조서」(1934년), 『韓民族獨立運動史資料集 30』(國史編纂委員會, 1997), 157쪽.

미를 내면화하고 있었다. 루쉰과의 만남은 육사에게 '문학적 실천'의 의미를 더욱 환기시켜주는 역할을 수행한 것이다. 육사가 '군사간부학교'를 졸업한 직후임에도 불구하고 『조선일보』의 '연재 소설 현상 모집'에 응모하여 소설 창작에 매진한 것을 두고 석연치 않은 행위라고 해석하는 경우도 있지만,[18] 그것이야말로 오히려 육사다운 실천 행위인지도 모른다. 육사는 수필 「계절의 오행」에서 "다만 나에게는 행동의 연속만이 있을 따름이오. 행동은 말이 아니고, 나에게는 시를 생각한다는 것도 행동이 되는 까닭이오"라고 했듯이, 시를 쓰는 행위의 존엄성을 지키려는

---

18 김희곤은 『새로 쓰는 이육사평전』에서 "이활李活이란 이름으로 『조선일보』 1933년 9월 20일자에 실린 이 글을 두고, 육사가 장편 소설도 썼다고 추정해 왔던 것이다.……그렇지만 이 '이활'은 육사와는 이름만 같은, 즉 동명이인이었다. 여기에 등장하는 이활은 황해도 개성 출신으로서 『無花果』라는 제목으로 예선을 통과하였으나 본선에서 떨어졌고, 이후 문단에 그 이름이 다시 나타나지 않은 것 같다."(『새로 쓰는 이육사평전』, 160쪽)라고 했다. 김희곤은 『조선일보』에 응모된 장편 소설 『무화과』가 '이활'의 이름으로 투고되었기에 육사의 창작이 아니라고 하였지만, 당시 정황으로 보건대 육사는 그때까지 본명으로 사용하던 이활이라는 이름으로 현상 공모에 응모했던 것으로 보인다. 육사는 1927년 여름 베이징중궈대학을 중퇴하고 귀국한 후 그해 가을에 장진홍張鎭弘 의사의 조선은행 대구 지점 폭파 사건에 피의자로 피검되어 투옥되었다가 1929년에 출옥하게 되는데, 이후 『中外日報』의 기자로 활동하면서 이활이라는 이름을 사용했다. 예컨대, 『別乾坤』 1930년 10월 호에 실린 「大邱社會團體槪觀」이라는 글의 경우, 목차에서는 저자의 이름이 '이활'로 표기되어 있으나 실제 원고에는 '대구 이육사大邱 二六四'로 되어 있는데, 투고할 때는 본명인 李活이라는 이름을 사용했고 실제 원고에는 '대구 이육사'라는 필명을 사용했던 것이다. 필명 '육사陸史'는 이때부터 사용하기 시작한 것임을 알 수 있다. 육사는 『조선일보』의 대구지국大邱支局 기자로 활동하던 1932년 초에도 본명인 이활을 사용했는데, 조선일보 기자로서 신진작가 장혁주張赫宙를 방문한 뒤에 쓴 「신진작가 장혁주 군 방문기」에서도 여전히 이활이라는 이름을 쓰고 있다. 그렇다면 육사가 1933년 6월 무렵 『조선일보』 연재소설의 현상공모의 응모단계에서 본명인 이활이라는 이름을 사용한 것은 당연해 보인다. '군사간부학교' 재학 시기에, 나중에 필명으로 굳어진 '육사陸史'라는 이름을 사용하긴 했지만, '군사간부학교' 졸업의 비밀을 유지하기 위해서라도 현상 공모에서는 '육사'라는 이름을 사용할 수 없었을 것이다. 오히려 조선일보사에 재직할 때 본명으로 사용했던 '이활'이라는 이름이 더 적절했을 것이다. 따라서 이활이라는 이름으로 응모된 『무화과』를 육사의 창작으로 간주해도 무리가 없을 듯하다.

육사에게 '시를 생각하는 것도 행동이 되는' 까닭에 시를 쓰는 행위, 즉 문학 창작은 사회적 실천과 등가였던 것이다.

물론 육사에게 '문학적 실천'은 문학의 예술성 구축을 전제로 하는 구체적인 창작 활동을 의미하는 것이었다. 육사는 「루쉰 추도문」에서 루쉰 문학의 특징을 매우 정확하게 비평했는데, "그의 소설에는 주장이 개념에 흐른다거나 조금도 무리가 없는 것은 그의 작가적 수완이 탁월하다는 것을 말하지 않을 수 없다"라고 평가했다. 특히 예술과 정치의 관계에서 루쉰이 취한 입장을 정확하게 정리해냄으로써 이후 그것을 자신의 문학 창작의 방향으로 수렴해나갔던 것으로 보인다. 육사는 "루쉰에 있어서는 예술은 정치의 노예가 아닐 뿐 아니라 적어도 예술이 정치의 선구자인 동시에 혼동도 분립도 아닌, 즉 우수한 작품, 진보적인 작품을 산출하는 데만 문호 노신의 위치는 높아 갔고"라고 했는데, 바로 이러한 비평을 통해 문학의 예술적 독립성을 견지하면서 예술과 정치를 통일시켜내는 관점을 확보할 수 있었던 것이다.

예컨대, 육사는 1939년 5월에 발표한 영화 평론 「예술 형식의 변천과 영화의 집단성」에서 「루쉰 추도문」에서 개진한 루쉰 문학에 대한 비평적 입장을 그대로 견지한다. 그는 이 글에서 예술적 장르로서 형식의 문제를 거론하는 사람이 있다고 하더라도 "그것은 무엇보다 먼저 우수한 작품을 생산하면 스스로 해결될 문제"라고 하여 이론적인 주장보다 작품의 생산이 더욱 중요함을 지적한다. 또 당시 개인주의의 부정과 집단 이해의 추구로 말미암아 선전성을 앞세워 영화의 예술성까지 부정하는 경향이 있으나 "진실로 위대한 예술 영화, 양심적인 영화를 제작하려는 데는 이런 것은 기우에 지나지 않는 것"이라고 하여 예술적으로 영화의 진정성이 확보되면 문제될 것이 없다고 보았다. 그래서 육사는 "'씨나리오' 문학은 아무런 데로 구애될 것이 없이 예술적으로 독립해야 할 것"

을 천명한 것이다. 이렇게 육사는 '문학적 실천'으로서의 창작 태도를 견지하면서 문학(영화)의 진정성과 예술성을 놓치지 않았다. "윈갓 고독이나 비애를 맛볼지라도 '시詩 한편'만 부끄럽지 않게 쓰면 될 것을 그래 이것이 무에겠소"(「계절의 오행」)라는 믿음은 창작의 진정성과 예술성을 환기시킨다. 그래서 "나는 내 기백을 키우고 길러서 금강심에서 나오는 내 시를 쓸지언정 유언은 쓰지 않겠소"라는 육사의 다짐은 '시 한 편만 부끄럽지 않게 쓰면 된'다는 믿음과 동일한 의미를 지닌다. 이렇게 '금강심'의 정신적 태도를 지닌 육사에게 진정성이 구현된 예술 창작이라면 그것 자체가 이미 중대한 사회적 실천이기에 정치성을 주장하기에 앞서 예술적 완성이 더욱 중요한 것이었다.

3. 쉬즈모 시의 번역 및 예술성과 사상성의 통일

육사가 중국의 현대 시인 중에서 쉬즈모의 시를 중시하여 그의 시를 번역, 비평한 것은 '부끄럽지 않은 시 한 편'의 창작이라는 문학의 예술성 추구와 무관하지 않다. 육사는 「중국 현대시의 일단면」에서 '혁명문학'이 제기된 이후 "문학인들도 이 시대적 격류에 휩쓸려서 십자가두로 걸어 나오지 않을 수 없었다"라고 전제한 뒤 중국 시단을 이해하는 첩경으로서 신문학 건설의 시대로 올라가서 현대시의 발전 과정을 더듬어보겠다고 하였다. 그리고 후스의 '상시집嘗試集', 시인 캉바이칭康白情, 위핑보俞平伯, 왕징즈王靜之, 궈모뤄, 선인모沈尹默, 시에빙신謝氷心, 주쯔칭朱自淸, 쉬즈모 등을 소개했는데, 이 중에서 시인 쉬즈모의 소개와 그의 작품 번역에 가장 많은 부분을 할애하였다. "이 시기에 누가 중요하니 어떠니 해도 중국의 현대시를 시로서 완벽에 가깝도록 쓴 사람은 쉬즈모라고 한다"라고 소개하여 중국 시단에서의 쉬즈모의 위치를 높이 평가했고, 또한 그의 작품 두 편도 번역하여 함께 실었다. 육사는 쉬즈모의 시적 성취를 시의 형식면에 두어 "그가 중국의 현대시단에 남긴 것도 그 내용 방면보다는 또한 형식과 기교 방면에 있는 것이니, 용운用韻이나 배열排列에 있어 신규율을 창조한 헌獻만이라도 중국시단 전체로 볼 때에는 실로 역사적 공헌이라고 아니할 수 없는 것이다"라고 평가했다. 육사는 쉬즈모의 중국 시단에서의 공헌을 시의 형식과 기교 방면에 한정하여 설명하는 한편 사상 방면에서의 한계도 지적했다. "사상 방면으로 보면 마침내 유한시인幽閒詩人을 면치 못했다는 것은 그의 생활 환경과 사회적 지위가 그로 하여금 한 걸음도 실제 사회의 진실면에 부닥치게 못하고 개인주의의 고성孤城 속에 유한幽閒시키고 만 것이었다." 이러한 사상 방면의 한계에도 불구하고 쉬즈모가 형식과 기교 방면에서 성공을 거두었기에 육사는 이를 중시하여 그의 두 작품, 「배헌」과 「다시 캠브리지를 떠나며」를 번역, 소개했던 것이다. 육사가 시집 『훼멸毁滅』과 『종적踪跡』을 펴낸 주쯔칭을 잊어서는 안 된다고 말하고 "이 시인을 위해서는 후일 구체적인 것을 써볼까 한다"라고 덧붙인 것도, 시의 형상적 이미지를 중시한 "주샹朱湘, 볜즈린卞之琳, 왕두칭王獨清 등 유수한 시인들의 중국 현대시단에 남겨준 공적과 작품"을 다음 기회에 소개하겠다고 약속한 것도 시의 기교와 형상성을 대단히 중시하고 있었기 때문이다.

그렇지만 육사의 시는 쉬즈모 시가 보여주고 있는 형식과 기교의 완결성 추구에만 머물지 않았다. 육사의 시는 쉬즈모 시가 지닌 소박한 감상성과 낭만적 경향에서 완전히 탈피하여 사상성과 형상성 양면에서 월등하게 튼튼한 작품을 만들어내고 있는데,[19] 주지하는 바와 같이 「절정」

19 심원섭 편주, 「李陸史의 徐志摩시 수용 양상」, 『원본 李陸史 전집』(집문당, 1986), 405

과 「광야」는 그 절창絶唱에 해당하는 작품이다. 육사는 내용과 사상 방면에서 '실사회의 진실면에 부닥치지 못한' 쉬즈모 시의 한계를 뛰어넘어 예술성과 사상성을 통일시켜내는 데 성공하고 있는 것이다.

육사가 시 창작을 통해 쉬즈모 시의 한계를 극복해나간 것은 루쉰의

쪽 참조. 심원섭은 육사가 번역한 쉬즈모의 시 「배헌」을 해석하면서 원시原詩 행 형태의 변형과 작품 내용의 자리바꿈 등의 특성 이외에 주목되는 또 하나의 과감한 변형 흔적으로서 "원시의 일부 어휘에 대한 뚜렷한 개작 현상"을 들었다. "즉, 원시 ⑥행의 〈독수리와 제비雕燕〉가 〈어린 제비〉로, 원시 ⑪행의 〈쾌락快樂〉이 〈비단〉으로 각각 번역되어 있다는 것이 그것이다. 후자의 경우엔 고도의 문맥적 변용 문제가 게재되어 있을 것 같아서 필자가 감히 언급을 하지 못할 것 같다. 그러나 〈雕燕→어린 제비〉의 경우엔 어느 정도의 설명이 가능할 것도 같다. 그것은 육사가 원시의 〈雕燕〉을 한글로 〈독수리와 제비〉라고 옮겼을 경우, 문맥의 흐름에 악영향을 미친다고 판단했을 가능성이 있다는 점이다." (심원섭 편주, 『원본 李陸史 전집』, 381-382쪽) 심원섭은 이를 "세심한 의도 아래에서 대담한 변형을 가하는 번역상의 특성"으로 파악했다. 그러나 심원섭은 원문 인용에 주석을 달아놓아 『徐志摩全集』(金川出版社, 民國 68年, 283-284쪽)을 참고했다고 하나 정작 원시는 '雕燕'이 아니라 '雛燕'으로 되어 있다(徐志摩, 『徐志摩全集 1 詩集』, 上海書店, 1994年, 314쪽 참조). 중국어의 '雛燕'은 '어린 제비'의 뜻이다. 또 육사가 〈질거운 비단〉으로 번역한 〈快樂〉의 경우도 이해될 수 있다. 중국어의 〈快樂〉은 '즐겁다'는 뜻인데, 보통 구름은 비단에 비유되므로 육사는 원시의 ⑪행 '天外的雲彩爲你們織造快樂'을 '하늘 밖의 구름은 그대를 위해 즐거움을 짜리'라고 번역하면 의미 전달이 분명하지 않을 것 같아 '快樂'을 '질거운(즐거운) 비단'으로 번역한 것으로 보인다. 물론 육사의 번역이 매우 세심하게 이루어졌음은 분명하지만 오자를 근거로 풀이하는 잘못은 바로잡아야 할 것 같다. 심원섭은 육사의 번역시가 "거의 정형적인 것에 가까울 정도의 엄격한 율격적" 특징을 가지고 있다고 설명하면서 "서지마의 백화白話시가 갖고 있는 형태 · 운율적 특성을 최대한으로 살리려는 의도와도 밀접한 관련이 있을 것으로 생각된다" (『원본 李陸史 전집』, 384쪽)라고 했다. 또한 번역한 어휘의 선택이 매우 감각적인 점을 지적하면서 〈輕輕的→호젔이호젔이〉, 〈青荇→보드란 풋 나뭇잎새〉, 〈油油的→야들야들〉의 예를 들었고, 감정의 직접적 · 적극적 노출의 특징으로 〈一潭→맑은 못이야〉, 〈星輝→어진 별들은〉, 〈悄悄是離別的→서러운 이별의〉, 〈悄悄→서럽되 서럽게〉의 예를 들었다(『원본 李陸史 전집』, 385쪽). 심원섭의 이러한 분석은 대체로 타당성을 갖는다. 다만 육사가 〈悄悄〉를 〈서럽다〉로 풀어쓴 데 대해서는 달리 생각해 볼 수 있다. 현대 중국어에서 '몰래, 은밀히'의 뜻인 '悄悄'를 陸史는 한자의 의미대로 과감하게 풀어쓴 것으로 보이기 때문이다. 한자 '悄'는 '근심스럽다'라는 뜻이 있으므로 '서럽다'로 풀이할 수 있으나, 현대 중국어인 '悄悄'를 '서럽다'로 번역하는 것은 곤란할 듯하다.

쉬즈모에 대한 비평과 맥락을 같이한다. 루쉰은 시의 '음악성'을 강조한 쉬즈모의 시론詩論을 신랄하게 풍자한 적이 있다. 쉬즈모는 1924년 『어사語絲』 제3기에 보들레르의 시집 『악의 꽃惡之華』 중 「시체死屍」라는 시를 번역 게재하면서 번역시 앞에 긴 해제를 달았다. 여기서 쉬즈모는 "시의 진정한 묘처妙處는 그 자의字義에 있지 않고 그것의 짐작키 어려운 음절音節에 있다"라고 말했다. 또한 그는 "나는 우주의 바탕, 인생의 바탕, 일체의 유형의 사물과 무형의 사상의 바탕이 단지 음악, 절묘한 음악일 뿐임을 깊이 믿고 있다. 하늘의 별, 물속에서 헤엄치는 하얀 오리, 숲속에서 피어오르는 연기, 친구의 편지, 전쟁터의 대포, 무덤 속의 도깨비불, 마을 어귀의 돌사자, 나의 어젯밤 꿈……, 어느 하나 음악이 아닌 것이 없다. 그렇다, 모든 것이 음악이다"라고 말했다.[20] 이렇듯 모든 것을 '음악'으로 이해하고자 한 쉬즈모는 장주莊周의 말을 빌려 그것을 '천뢰天籟 · 지뢰地籟 · 인뢰人籟'와 같은 것이라고 설명했다. 이는 쉬즈모가 시의 리듬적 요소를 대단히 중시하고 있었음을 의미한다. 그런데 루쉰이 보기에 쉬즈모의 태도는 신비주의적인 것이었다. 그래서 루쉰은 그것을 "대체로 자기기만적인 이야기에 지나지 않는다"고 비평했고, 오히려 "한번 부르짖어 사람들이 두려워 떨게 하는 부엉이의 진정한 악성惡聲은 어디에 있는가!?"라고 반문했다.[21] '부엉이의 진정한 악성'을 갈망하는 루쉰의 입장은 분명 '천뢰 · 지뢰 · 인뢰'를 감지하려는 쉬즈모의 입장과는 다르다. 따라서 천뢰 · 지뢰 · 인뢰를 감지하려는 쉬즈모의 입장은 육사의 시의 예술적 완결성 추구와 연결되며, '부엉이의 진정한 악성'을 갈망하는 루쉰의 입장은 육사의 시의 사상성 구현과 연결된다.

---

20 徐志摩, 「死屍」, 『語絲』 第三期(1924年12月1日), 6쪽.

21 魯迅, 「"音樂"?」, 『語絲』 第五期(1924年12月15), 4-5쪽.

육사는 1937년에 쓴 수필 「질투嫉妬의 반군성叛軍城」에서 '남이 긍정하는 바를 내가 긍정하는 것'이 아니라 '내가 부정할 바를 부정해나가는' 자신의 상황을 태풍의 경험에 비유한 바 있다. "태풍이 몹시 불든 날 밤 온 시가는 창세기의 첫날밤같이 암흑에 흔들리고 폭우는 화살같이 퍼붓는 들판을 걸어 바닷가로 뛰여나갔습니다. 가시넝쿨에 업더지락 잡버지락 문학의 길도 그럴넌지는 모르지마는 손에 들인 전등도 내 양심과 같이 겨우 내 발끝밖에는 못 비치드군요." 태풍의 경험은 육사가 처한 고난의 현실을 비유적으로 드러내고 있지만, 그것은 문학에 대한 그의 태도를 보여주는 것이기도 하다. '가시넝쿨에 업더지락 잡버지락' 하는 것이 '문학의 길'이라면 문학은 고난의 현실로부터 독립적으로 존재할 수 없다. '겨우 내 발끝밖에는 못 비치'는 전등처럼 문학의 한계가 분명하다고 하더라도 '부끄럽지 않은 시 한편'을 쓰고자 다짐한 육사로서는 쉬즈모 시의 예술적 완결성에만 머무를 수는 없었다.

김학동은 식민지 치하의 독립 투쟁과 저항 정신의 극점을 이룬 작품으로 육사의 「절정」을 예로 들면서 "민족적인 저항 정신과 순수시의 바탕이 서로 융합되어 시의 순수성이 시대와 상황적 현실을 예술로써 승화 결정시킨"(김학동 편저, 1986: 223) 가장 뛰어난 시로 평가했다. 육사는 저항 정신을 순수시의 바탕에 서로 융합시킨 시의 전범典範을 이룩했으니, 루쉰의 '혁명 문학' 관점을 구체적인 창작을 통해 실현하고 있는지도 모른다. 육사의 시는 루쉰의 이른바 '혁명인'이 산출한 진정한 혁명 문학의 전형으로 간주할 수 있기 때문이다. 루쉰은 "문학을 이용하여 선전하고 고무하고 선동하여 혁명을 촉진하고 혁명을 완성할 수 있다는 것입니다. 그렇지만 생각건대, 이러한 글은 무력합니다. 왜냐하면 좋은 문예작품은 여태껏 다른 사람의 명령을 받지 않았고, 이해利害를 고려하지 않았고, 자연스레 마음에서 흘러나온 것이기 때문입니다"라고 했고, "혁명을 위해서는 '혁명인'이 있어야 하며, '혁명 문학'은 급하지 않습니다. 혁명인이 만들어내는 것이라야 비로소 혁명 문학입니다"라고 했다.[22] 선전 선동을 앞세운 혁명 문학을 부정하고 혁명인이 쓴 진정한 혁명 문학을 요청한 루쉰의 관점에 설 때, 육사는 가장 이상적인 혁명 문학을 생산한 시인인 셈이다.

4. '자기의식'과 '조선적 전통' 또는 '동양적인 것'

루쉰 사후 '루쉰선생기념위원회'가 1937년 상하이에서 펴낸 『루쉰선생기념집魯迅先生紀念集』이라는 책의 부록에는 「일본 각 잡지와 신문에 게재된 애도문」 항목이 있고, 여기에는 일본의 잡지 『문학안내文學案內』에 실린 장혁주張赫宙의 글의 제목 「독특한 작풍獨特的作風」이 기록되어 있다.[23] 주목할 만한 것은, 여기에 등장하는 장혁주라는 인물이 바로 육사가 1932년 조선일보사 대구지국大邱支局 기자로 재직하고 있을 때 취재차 방문한 바 있는 한국의 작가라는 점이다. 장혁주는 1932년 3월에 일본 잡지 『개조改造』의 현상 공모 소설에 일어로 쓴 「아귀도餓鬼道」를 투고하여 1등 없는 2등으로 입선하면서 일약 문단에서 촉망 받는 작가가 되었고,[24] 이 때문에 육사는 기자로서 그를 방문하게 된 것이었다. 그리

22 魯迅, 「革命時代的文學」(1927年 6月), 『而已集』, 『魯迅全集(3)』, 418쪽.

23 魯迅先生紀念委員會編, 『魯迅先生紀念集』(上海書店復印, 1979年), 『附錄』 29쪽 참조.

24 장혁주는 이후 한국어 소설로는 『동아일보』에 연재되었던 장편 『무지개』·『삼곡선三曲線』을 위시하여 10여 편의 장단편 소설을 신문과 잡지에 발표했으며, 1936년 渡日하여 많은 일본어 소설을 썼다. 태평양전쟁이 일어난 1942년 이후 일본의 식민정책에 적극 참여하여 일본문학보국회의 황도조선연구회皇道朝鮮研究會 위원과 대륙개척문학위원회大陸開拓文學委員會 위원 등을 역임했다.

고 3월 29일자 『조선일보』에 「신진작가 장혁주 군의 방문기」라는 글을 실었다. 장혁주를 방문한 육사가 "다음에는 또 어떤 작품을 쓰시렵니까?"라고 묻자 장혁주는 "역시 농민들의 생활을 그려볼까 합니다. 일전에도 경남 방면에 자료를 수집키 위하야 갔다 왔습니다"라고 대답했다. 이어 육사는 "작년 가을 모대지주의 농장에 일어났던 대쟁의大爭議 사건의 역사적 광경이 눈앞에 벌어지는 듯하다"라고 서술한 뒤, 글의 말미에서 "그의 눈은 이지에 타는 듯이 빛났다", "우리 장張군은 확실히 눈의 사람인 모양이다"라고 묘사함으로써 장혁주에 대한 호의와 기대를 표현했다(「신진작가 장혁주군의 방문기-개조사 입선 「아귀도」 작가」).

그런데 육사는 장혁주를 만난 뒤 얼마 지나지 않아 조선일보사를 퇴사하고 5월 하순경에 중국으로 건너갔고, 그해 10월에 '군사간부학교'에 입교하여 6개월간 교육을 받는다. 반면 장혁주는 입선 직후인 1932년 4월에 일본의 도쿄로 건너가 『개조』 현상 당선 작가 초대연에 참가하는 등 이후 일본을 자주 왕래하면서 일본 작가들과 교류하게 된다. 육사가 '군사간부학교'를 졸업한 뒤 잠시 상하이에 머물면서 루쉰을 만났던 1933년 6월 무렵에 장혁주는 도쿄에 체류하면서 일본 작가들과의 교류를 확대하고 있었다. 그런데 흥미로운 것은, 1936년 10월 19일에 루쉰이 사망하자 육사와 장혁주가 각기 10월과 12월에 루쉰을 기리는 글을 발표했다는 점이다. 육사는 예의 「루쉰 추도문」을 『조선일보』에 실었고, 장혁주는 예의 「독특한 작풍獨特の作風」을 『문학안내』에 실었다. 1936년 여름부터 일본으로 건너가 활동하기 시작한 장혁주는 『문학안내』의 편집위원이 되어 에구치 칸江口渙, 무라야마 도모요시村山知義 등과 함께 '조선현대작가특집'을 준비하고 있었으며(김학동, 2008: 257-258; 白川豊, 2010: 255, 258-259), 이런 인연으로 인해 그해 12월호 『문학안내』에 루쉰 추도의 글을 실을 수 있었을 것이다. 『문학안내』 12월호에는 에구치 칸의 「루쉰

의 죽음魯迅の死」이라는 글도 함께 실려 있어 그런 추측이 가능하다. 장혁주가 쓴 「독특한 작풍」은 다음과 같은 짧은 문장으로 되어 있다. "루쉰의 작품은 다른 어떤 작가의 영향을 받았다고 하더라도 루쉰 특유의 작풍이었으며, 일면 오리지날이었다는 점을 우리는 인정하고 싶습니다." (장혁주, 1936: 5)

여기서 주의할 것은 장혁주가 일본으로 건너가 활동하면서 점차 전변轉變하여 일본의 식민 정책에 영합하는 작품을 발표하게 된다는 점이다. 김학동은 1945년 해방 이전의 장혁주의 작품 활동을 세 시기로 나누어 설명한 바 있다. 첫째, '초기의 민족적 집필기'의 작품으로서 1930년부터 1933년 사이에 발표된 것이며, 프롤레타리아 투쟁을 강조하면서 민족적 색채를 강하게 띠고 있다는 특징을 지닌다. 둘째, '과도기적 글쓰기'의 작품으로서 1934년 무렵부터 1938년까지에 발표된 것이며, 민족적 저항을 다룬 작품의 집필에서 한 걸음 물러나 여러 인간 군상에 대한 탐구를 시도한다. 인간의 내면 세계에 대한 탐구라는 명목 아래 조선의 유교적 질서에 대한 풍자와 비판을 담아내고 있는 경우가 많다. 셋째, '국책 영합적 집필기'의 작품으로서 「조선의 지식인에게 호소함朝鮮の知識人に訴ふ」이라는 평론이 쓰인 1939년부터 일제의 패전까지에 발표된 것이며, 일제의 만주 침략을 정당화하고 내선일체를 토대로 한 조선인의 황민화皇民化를 독려하는 작품이다(김학동, 2008: 12-13). 김학동의 설명에서 드러나듯이 장혁주는 일본에 건너가 활동하면서 '과도기적 글쓰기' 시기에 루쉰 추도의 글을 발표하기도 했지만, 이후 점차 일본의 식민 정책에 협력하는 방향으로 선회한 것이다. 이와 대조적으로 육사는 「루쉰 추도문」을 발표한 이후 독립운동의 활동을 강화하는 한편 시 창작을 본격화하여 일제에 항거하는 저항시를 쓰는 데 주력했다. 이렇듯 중국을 유학하고 왕래한 육사와 일본을 왕래하고 체류한 장혁주 사이에 루쉰 추도문

을 쓴 시점을 기점으로 이후 작가적 정체성이 확연하게 달라지고 있는 것이다.

중국 유학과 왕래를 반복한 육사가 장문의 루쉰 추도문을 게재한 이후 독립운동을 지속하면서 저항시 창작에 매진한[25] 반면 일본을 왕래하고 체류한 장혁주는 루쉰 추도문을 게재한 이후 점차 일본 식민 정책에 협력하는 작품 활동을 전개해나간다. 육사가 장혁주를 방문하여 취재할 무렵만 해도 「아귀도」를 비롯한 그 시기 장혁주의 작품에 크게 공감하고 있었는데, 그때까지 그들 사이에는 루쉰 사후에 각기 루쉰 추도문을 쓸 수 있는 어떤 정신적 연대가 존재하고 있었던 것으로 보인다. 하지만 루쉰 추도문을 쓴 이후 육사와 장혁주 사이에는 메울 수 없는 정신적 간극이 발생하는데, 이러한 간극은 민족적 사명감에 대한 작가 개인의 자각의 차이에서 발생한 것이겠지만, 그 시기에 중국 유학과 왕래, 일본 왕래와 체류라는 활동 공간의 차이도 중요한 요인의 하나로 작용하고 있었던 것이다.

당시 일제의 탄압으로 인해 한국 지식인들의 활동은 극도로 위축되었는데, 이러한 상황에서 '자기의식'의 확립은 무엇보다 중요한 사안이었다. 육사가 "모두 추종이고 모방밖에 없다. 어데 거기서 인간으로서의 높은 기개를 볼 수가 있는가"라고 반문하면서 "사람이 제 자신을 의식했을 때보다 더 강한 것은 없다"라고 강조한 것(「모멸의 서—조선지식여성

25 육사의 「루쉰 추도문」에는 루쉰의 글 「상하이 문예의 일별上海文藝之一瞥」의 일부가 인용되어 있는데, 그 글의 원문은 "일본의 廚川白村H. Kuriyagawa는 이런 문제, 즉 '작가가 묘사하는 것은 반드시 자기가 경험한 것이라야만 될 것인가?'라는 문제를 제기하고, 스스로 답하길 '꼭 그럴 필요는 없다. 왜냐하면 작가는 관찰할 수 있기 때문이다'라고 했다"(「上海文藝之一瞥」, 『二心集』, 『魯迅全集(4)』, 300쪽)로 되어 있다. 그런데 육사는 "어떤 사람이 일즉 이런 문제를 제출한 적이 있었다.……"라고 번역하여 '廚川白村'의 이름을 그냥 '어떤 사람'으로 표현했다. 이는 일본인의 이름을 생략하려는 의도가 있었던 듯하다.

두뇌와 생활」)은 '자기의식'의 중요성을 역설하기 위한 것이었다. 육사에게 '자기의식'의 확립은 '금강심金剛心'의 정신적 태도와 같은 바, 그것은 「교목喬木」에서 의미심장한 시적 표현을 획득한다. "푸른 하늘에 닿을 듯이/ 세월에 불타도 우뚝 남아서서/ 차라리 봄도 꽃피진 말아라// 낡은 거미집 휘두르고/ 끝없는 꿈길에 혼자 설내이는/ 마음은 아예 뉘우침 아니라// 검은 그림자 쓸쓸하면/ 마침내 호수湖水 속 깊이 거꾸러져/ 참아 바람도 흔들진 못해라" 육사는 우뚝 선 교목처럼 뉘우치지 않는 굳은 신념을 품고 한 치의 흔들림도 없는 정신적 경지에 이른 것이다.

육사의 '자기의식', 이른바 '금강심'의 정신적 태도는 어디서 유래하는가? 근대 교육을 받은 육사였지만 유년 시기에 받은 전통 교육은 평생동안 그의 의식 깊은 곳에 자리 잡고 있어 '자기의식'의 확립에 지대한 영향을 끼쳤던 것으로 보인다. 전통 교육을 받으며 '너무나 행복스러웠던 동년童年'(「은하수」)의 기억은 그러한 사실을 암시해준다. "열다섯 애기시절은 '수신제가치국평천하'의 도를 다 배웠다고 스스로 달떠서 남의 입으로부터 '교동驕童'이란 기농譏弄까지도 면치 못하였"고(「계절의 오행」), "여태까지 읽든 외집外集을 덮어치우고 등잔불 밑에서 또다시 경서經書를 읽기 시작하는 것이였고……장장추야長長秋夜에 책과 씨름을 하고, 밤이 한시나 넘게 되야 영창을 열고 보면 하늘에는 무서리가 나리고 삼태성이 은하수를 막 건너선 때 먼 데 닭 우는 소리가 어즈러이 들리곤 했다."(「은하수」) 유년시절 받았던 유가적 전통 교육은 육사에게 '조선적 전통' 또는 '동양적인 것'에 뿌리내리도록 이끌어 '자기의식'의 정신적 기반이 된다. '조선적 전통' 또는 '동양적인 것'은 육사에게 끊임없이 샘솟는 정신적 자랑이 되어 '금강심'이 자라나는 두터운 토양을 이루는 것이다. 육사가 1941년 요양 차 경주로 내려갔을 때 그곳에 대한 자부심을 표현한 대목은 '자기의식'을 다져주는 '조선적 전통'과 '동양적인 것'의 의미를 명확하게 보여준다. "어데 일초일목一草一木과 일토일석一土一石을 버릴 배 없지마는 임해전 지초돌만 남은 옛 궁터에 서서 가을 석양에 머리칼을 날리며 동남으로 첨성대를 굽어보면 아테네의 원주보다도 라마羅馬의 원형극장圓形劇場보다도 동양적인 주란화각朱欄畵閣에 금대옥패金帶玉佩의 쟁쟁琤琤한 옛날소리가 들리지 않는가? 거기서 나의 정신에 끼쳐온 자랑이 시작되지 않었느냐?"(「계절의 표정」) 육사의 정신적 자랑은 '조선적 전통' 또는 '동양적인 것'에 대한 무한한 자부심에서 유래한다. 그래서 육사는 1934년의 문단에 대한 희망을 묻는 앙케트 조사에서 외국의 문학 유산의 검토도 필요한 것이겠지만 "과거의 우리나라의 문학에도 유산은 적지 아니합니다. 좀 찾아보십시오.—거저 없다고만 개탄하지 말고"(「1934년 문단에 대한 희망—앙케에트에 대한 응답」)라고 주문했던 것이다.

육사가 조선 문화를 세계 문화의 '일윤一輪'이 되어야 한다고 주장하면서 조선 문화의 전통 속에 내재하는 지성知性을 옹호하고자 했던 것도 '자기의식'과 밀접하게 관련되어 있다. 육사는 구주歐洲문화가 르네상스라는 대과도기를 경과한 데 비해 조선문화는 그렇게 하지 못했지만, 그럼에도 불구하고 우리도 어떤 형식이었든지 문화를 가지고 왔으며, 그런 만큼 그것을 사랑해야 한다고 강조했다.

> 우리의 정신문화의 전통 속에 어떠한 형식이었던지 이런(知性을 가리킴—인용자) 것이 있었고 서구와 동양 사상을 애써 구별하려고 해보아도 지금의 우리 머리 속은 순수한 동양적이란 것은 있을 수 없다는 것은 여기에 별 말할 필요조차 없으므로, 지성 문제는 유구한 우리 정신문화의 전통 속에 그 기초가 있었고 우리가 흡수한 새 정신의 세련이 있는 만큼 당연히 문제되어야 할 것입니다. 다시 말하면 루넷상스를 경과한 구주문화도

이제는 벌써 구주歐洲만의 문화는 아닌 것이며, 그들의 정신의 위기도 그들만의 위기라고는 생각해지지 않는 까닭입니다.(「조선문화는 세계문화의 일윤—지성옹호의 변」)

육사는 여기서 '우리 정신문화의 전통'으로부터 유용한 문화적 자원을 발굴해야 한다는 관점을 명확히 제시하고 있다. 육사는 순혈적인 문화란 사실상 불가능하게 된 당대 현실의 문화적 상황을 정확하게 인식하고 있었으니, 동서문화東西文化에 대한 개방적 태도는 오히려 '조선적 전통' 또는 '동양적인 것'으로부터 문화적 자원을 발굴해야 할 필요성을 더욱 자각시켜주는 것이었다. 그래서 육사는 구주문화를 거부하지 않으면서도 '조선적 전통' 또는 '동양적인 것'으로부터 지성의 발견을 모색하고자 했다. 그것은 '우리 정신문화의 전통'으로부터 '자기의식'의 정신적 근거를 마련하는 일이었다.

육사가 1937년 한국의 무용수 박외선朴外仙양을 취재차 방문했을 때, 조선의 고전무용이라고 해도 그것의 의상과 형식에 제약될 필요는 없다고 언급한 그녀의 말을 의미 있게 전한 데서도 육사의 관점이 은연중에 배어난다. 박외선양은 "내가 '이태리'의 옷을 입었다고 그것이 '이태리' 무용이 된다거나 '로시아'의 옷을 입었다고 대번에 '로시아' 무용이라고는 할 수 없지 않어요?"(「무희의 봄을 찾어서—박외선양 방문기」)라고 하면서 소박한 조선의 고전무용에 현대적인 감각을 담아서 신흥 무용을 완성한다는 것은 조선의 문화적 정신과 전통을 '이데올로기'(이념)적으로 구현하는 것이라고 했다. 박외선양 방문기에서 그녀의 말을 통해 암시하고 있듯이, 육사는 '이데올로기'(이념)적으로 '조선적 전통' 또는 '동양적인 것'에 뿌리내려 '자기의식'의 정신적 자양분을 얻으려 했기에 '시경' 시에 애착하는 것은 이상할 것이 없어 보인다. 육사가 가을을 읊은 서양 시인들의 작품을 읽다가 다시 '아세아'로 돌아와 '시경' 시를 번역한 것은 '시경' 시가 그냥 타자로서의 외국시가 아니라 '자기의식'을 다져주는 정신적 자양분으로서 '조선적 전통' 또는 '동양적인 것'에 해당하기 때문이었다. 육사에게 '시경' 시는 국가 · 민족 개념으로서 중국적인 것이 아니라 '자기의식'을 다져주는 문화 전통으로서의 '동양적인 것'이었다.

요컨대, 육사는 '자기의식'의 정신적 근거로서 '조선적 전통' 또는 '동양적인 것'에 뿌리내리고 있었기에 '아세아'가 공유하는 문화 전통의 공간적 표현인 '중국' —민족 · 국가 개념이 아니라 문화적 공간 개념으로 사용한다—에 친연성을 느끼게 된 것은 당연해 보인다. 일본 유학을 9개월만에 청산하고 귀국한 후 중국행을 선택한 것도 그러한 친연성과 무관하지 않아 보인다. 당시 일본 유학이 서구 근대 문화에 대한 동경을 은연중에 내포하는 것이었다면, 중국 유학은 '조선적 전통' 또는 '동양적인 것'에 대한 믿음을 전제하는 것이었다. 독립운동에 투신한 육사로서는 활동 공간의 확보라는 측면에서 중국 왕래가 필수적이었겠지만, 달리 보면 그에게 중국 유학과 왕래는 동양적인 문화 전통의 공간적 표현인 '중국'에 대한 친연성과 무관하지 않은 것이다.

참고문헌

강창민, 『李陸史 詩의 硏究』, 국학자료원, 2002.

김용직 · 손병희 편저, 『李陸史全集』, 깊은샘, 2008 2쇄.

金潒東 編著, 『李陸史全集』, 새문社, 1986.

김학동, 『張赫宙의 일본어 작품과 민족』, 국학자료원, 2008.

김희곤, 『새로 쓰는 이육사평전』, 지영사, 2000.
白川豊, 『張赫宙 연구』, 동국대학교 출판부, 2010.
申石艸, 「이육사의 추억」, 『現代文學』 96호, 1962. 12.
심원섭 편주, 『원본 李陸史 전집』, 집문당, 1986.
이동영 편저, 『이육사—이육사 전집/이육사 평전 · 연구자료』, 문학세계사, 1992.
홍석표, 「李陸史의 중국 유학과 北京中國大學」, 『中國語文學誌』 第29輯, 2009. 4.
國史編纂委員會 編, 『韓民族獨立運動史資料集 30 · 31』, 國史編纂委員會, 1997.
『韓國現代小說理論資料集(22권)』, 韓國學振興院, 1985.
魯迅, 「"音樂"?」, 『語絲』 第五期, 1924. 12. 15.
魯迅, 『魯迅全集』(3)(4)(6), 人民文學出版社, 1991.
魯迅先生紀念委員會編, 『魯迅先生紀念集』, 上海書店復印, 1979.
『魯迅年譜』(第二卷), 人民文學出版社, 1983.
徐志摩, 「死屍」, 『語絲』 第三期, 1924. 12. 1.
張赫宙, 「獨特の作風」, 『文學案內』 2卷 12月號, 1936. 12.

동아시아 삼국과 '윤동주' 읽기*

김진희

1. 동아시아 삼국과 '윤동주'라는 텍스트

최근 한 · 중 · 일 동아시아 문화 공동의 정체성 모색이 동아시아 연구의 주요한 지향점으로 논의되고 있다. 동아시아 삼국의 연구자들은 일국의 관점을 넘어 지역의 관점을 도입함으로써 민족주의에 대한 열린 자세를 추구하고 세계 체제가 작동하는 지역적 특수성에 대한 이해를 도모하고 있다. 나아가 21세기 동아시아 공동체가 추구할 가치로 평화를 제시하고, 각 국가와 체제를 넘어서는, 보편적인 휴머니티가 필요함을 주장하고 있다(사카모토 요시카즈, 2010: 45). 이처럼 냉전 체제의 종식에 따른 동아시아 지역의 반전과 평화의 논리는 실제 각 나라의 생활 세계에도 확산되어 이를 추구하는 시민들의 자유로운 연대와 활동 역시 활

* 이 글은 「The Understanding of Yun Dong-ju in Three East Asian Countries」라는 제목으로 KOREA JOURNAL 52호, AUTUMN 2012에 게재된 논문의 한글본이다.

발해지고 있다.

그러나 평화라는 가치가 동아시아의 미래기획에 중요한 공동의 선善이라는 점은 분명하지만, 한편으로는 미래라는 새로운 기획에 의해 봉인되는, 기억하고 싶지 않은 과거 역사에 대한 분명한 인식론적 성찰 역시 필요하다. 왜냐하면 현재 삼국에게는 착종되고 쓰라린 역사로서 마주해야 할 기억의 동아시아가 존재하기 때문이다. 뿐만 아니라 기억 속의 역사에 대한 각국의 현격한 역사 인식의 차이는 과거 제국과 식민지화의 문제 등에 대한 현재적 평가와 해석을 다르게 하고 나아가 미래의 동아시아에 대한 상상 역시 다르게 한다. 따라서 공동의 동아시아 정체성을 추구하기 위해서는 오늘날 동아시아인의 정서와 인식에 영향을 미치는 동아시아인의 역사적 경험을 점검해볼 필요가 있다. 이를 위해서는 동아시아라는 사고의 지평 속에 다양한 차원과 요소가 교차한다는 점에 주목할 필요가 있다. 지역 내외의 권력 관계를 포함하여 기억되는 역사와 기획되는 미래라는 서로 다른 시간대를 포함하는 입체적인 연구가 필요하다. 동아시아는 지리, 역사, 문화의 과거와 현재가 복잡하게 얽혀 있는 지정학적 개념이자 지문화적 개념이기 때문이다(윤여일, 2010: 315).

동아시아가 가진 이런 특성에 주목하여 최원식은 동아시아를 하나의 텍스트라고 지칭하면서 그 특성을 교차성으로 이야기한다. 이는 동아시아가 이미 하나의 분석 단위, 사유 단위로서 담론과 세상 안에 자리 잡았음을 뜻하며, 텍스트 안에서 동아시아 각국의 현재와 과거, 미래와 역사가 엇갈림과 마주침을 거듭하는 비고립적 역동성을 지닌 지역이라는 점을 강조하고 있다(최원식, 2010: 8). 이런 관점에서 볼 때 시인 윤동주는 동아시아가 가진 교차적이고, 중층적인 특성을 체현한 텍스트라고 할 수 있다. 20세기 초반 동아시아의 지정학적 권력의 역사에서 탄생한 '윤동주'라는 시인은 현재 동아시아 삼국에서 동아시아의 과거, 현재, 미래를 담지한 텍스트로 전유되고 있다.

윤동주는 생전에 시를 발표하지 않았는데, 한국에서는 그의 사후인 1948년에 시집이 출간되어 제국주의에 대한 저항과 민족의 시인으로서의 존재가 부각되었다. 그의 고향인 중국 연변에서는 1985년 일본인 연구자 오무라 마스오大村益夫에 의해 윤동주의 묘가 확인되면서 역시 민족적 영웅으로 알려졌고, 일본에서는 1984년 이부키 고伊吹 郷가 윤동주의 시집을 번역하면서 한국 민족을 넘어 인류 평화의 수호자로 소개되었다. 이후 윤동주의 삶과 작품은 각국의 학문적 논의를 넘어 대중문화의 장에까지 널리 알려지면서 향유되고 있다. 이처럼 동아시아 역사에서 한 시인이 동아시아 삼국에 걸쳐 생활 세계로까지 확산되는 예는 희소한 현상이라 할 수 있다.

윤동주는 1917년, 당시 만주 북간도의 명동촌(현재 길림성 용정)에서 태어났다. 간도는 청나라와 조선 사이에 영토분쟁이 지속적으로 발생하던 지역인데, 청일전쟁 후 간도협약(1909)을 통해 청나라에 권리가 이양되었다. 이 지역은 만주국 건국(1932)까지는 일제의 식민 지배의 힘이 덜 미쳤고, 중국의 관권과도 늘 길항하던 곳이라 상대적으로 독립성을 유지할 수 있었던 곳이었다. 특히 명동은 독립운동가들이 유학 전통을 이어 세운 마을이었는데 민족의식과 문화 수준, 교육열 등이 높았던 곳이다. 이 고향에서 윤동주는 유년 시절과 초중등학교 시절을 지냈다. 이후 그는 고등학교와 대학교 진학을 위해 북간도를 떠나게 되는데, 평양의 숭실고등학교와 서울의 연희전문학교에 입학하면서 한반도에서의 생활이 시작되었다. 그리고 1940년을 전후하여 일본에 건너가 릿교대학立教大學에 입학 후, 다시 교토京都 도시샤대학同志社大學으로 옮겼다. 재학 중 1943년 사촌인 송몽규와 함께 독립운동 혐의로 일본 경찰에 체포되어

1945년 2월 일본 규슈九州 후쿠오카 형무소에서 옥사했다.

이와 같은 윤동주의 행적은 19세기 말부터 동아시아 지역 장場 안에 존재했던 정치적 갈등과 영토 분쟁, 제국과 식민지 건설이라는 역사적 파고 위에 놓여 있다. 즉 윤동주라는 인물은 당대 동아시아 삼국의 긴장과 역학 관계 안에서 살다간 존재라 할 수 있다. 간도 출신인 그는 고향인 북간도를 떠남으로써 인생의 각기 다른 시간에 각기 다른 지역적 공간에 위치하면서, 중국(북간도)-조선-일본이라는 동아시아 삼국에 자신의 행적을 각인시켰다. 이런 의미에서 윤동주는 단지 한 시인에 그치는 존재가 아니라 일종의 사유 단위로서 세상 안에 혹은 동아시아 담론 안에서 일정한 읽기가 가능한 텍스트가 되었다. 시인의 생활과 작품에서 보이는 순수성과 옥사가 환기하는 정치성 간의 대비는 윤동주의 삶에 대한 이해를 복잡하게 만든다. 뿐만 아니라 그의 죽음과 직결된 독립운동과 사상불온, 그리고 생체 실험이라는 극단적인 사건 역시 그를 한국과 일본, 식민지와 제국의 권력, 전쟁과 폭력이 중층화된 텍스트로 읽게 한다.

이 글에서는 교차적이고 역동적인 동아시아의 역사를 상징하는 윤동주가 현재 동아시아 삼국에서 어떻게 읽히는가를, 해석의 주요 특징을 중심으로 고찰할 것이다. 그리고 이런 논의를 통해 동아시아 삼국의 역사인식의 차이와 현재를 이해함으로써 미래 동아시아 공동체의 방향성을 모색해보고자 한다.

2. 한국: 민족주의 정전으로서 윤동주

한국에서 윤동주 시인은 학문적으로나 대중적으로 가장 많은 사랑을 받고 있는 시인인데, 순결한 자의식과 내면 성찰의 언어는 독자들의 폭넓은 사랑을 받고 있다. 『하늘과 바람과 별과 시』는 해방 이후 1970년대까지 꾸준히 베스트셀러였으며 현재까지 스테디셀러이다. 중 · 고교 국어 교과서에도 가장 많은 시가 실렸으며 그에 관한 중요한 연구의 목록은 현대 문학사의 주요 시인들 중 가장 많은 분량이다.[1] 작품의 저항성과 시인의 저항성에 의문을 제기하는 연구도 있었으나(오세영, 1976: 371-388) 그간 학계에서 진행해온 연구의 주요한 경향은 민족의식을 근간으로 하는 '저항시인' 윤동주에 집중되었다. 식민지 현실을 사는 시인으로서의 내면적 고뇌를 담고 있는 시작품, 조선 문화와 민족을 염려하는 산문들, 그리고 일본에서의 죽음 등은 윤동주를 민족 시인의 중심에 있게 했다. 여기에 덧붙여 일제 말기 조선어가 폐지된 상황에서의 한글 시 창작, 민족 문화를 복원하는 동시 창작, 민족을 위한 희생 의지와 기독교적 순교 의식 등의 특성은 제국 일본에 대한 저항의지를 읽게 만든다. 학계에서 이루어진 이러한 해석과 평가 그리고 민족주의 중심의 교육과정에 힘입어 한국 문화에서 윤동주는 대표적인 항일 저항 시인의 위상을 갖고 있으며 그의 작품 역시 항일 저항의 측면에서 높은 가치를 가진 정전으로 평가된다.

> 흰 수건이 검은 머리를 두르고
> 흰 고무신이 거친 발에 걸리우다.
>
> 흰 저고리 치마가 슬픈 몸집을 가리고

---

1 일제 강점기 주요 시인으로, 동일하게 시집 한 권을 출간한 시인인 김소월에 관한 연구 총량에 비해(600여 편) 윤동주 연구는 300여 편이 많은 900여 편에 이른다(2010년 12월, 한국 국회도서관 학술자료 검색 기준).

흰 띠가 가는 허리를 질끈 동이다.

「슬픈 족속」 전문

이 작품은 식민지 현실을 사는 민족을 '흰옷 입은 슬픈 족속'으로 비유하고 있다. 문화적으로 흰옷은 '백의민족'으로 불리던, 순수하고 소박한 한국 민족을 상징한다. 그런데 시에서 가는 허리, 거친 발로 묘사되는 조선 민족의 현실은 가난과 피로에 지쳐 있다. 윤동주는 간결하고 담담한 목소리로 흰 색을 네 번이나 강조하면서 암울한 현실의 어둠에 직면한 민족의 삶을 보여준다. 그는 이런 현실을 살아야 하는 민족을 위해 「마태복음」 5장 3절부터 12절을 인용한 시 「팔복八福」에서 '슬퍼하는 자는 복이 있나니'를 반복하면서 슬픔을 위로하고자 한다. 현실에 대한 이런 인식은 그에게 민족의 슬픔을 극복하기 위해 시인으로서 무엇을 해야 할 것인가라는 고민과 마주하게 한다.

> 나는 어둠에서 태어나고 이 어둠에서 성장하여 아직도 어둠 속에 그대로 생존하나 보다. (중략) 가령 새벽이 왔다 하더라도 이 마을은 그대로 암담하고 나도 그대로 암담하다. (중략) 영리한 나무에게 나의 방향을 물어야 할 것인가. 어디로 가야 하느냐, 동이 어디냐, 서가 어디냐, 남이 어디냐, 북이 어디냐 어라! 저 별이 번쩍 흐른다. 별똥 떨어진 데가 내가 갈 곳인가 보다. (윤동주, 「별똥 떨어진 데」, 1939. 1)

> 이제 나는 곧 종시終始를 바꾸어야 한다. 그러나 내 차에도 신경행, 북경행, 남경행을 달고 싶다. 세계일주행이라도 달고 싶다. 아니 그보다 진정한 내 고향이 있다면 고향행을 달겠다. 다음에 도착할 시대의 정거장이 있다면 더 좋겠다. (윤동주, 「종시」, 1941)

내면의 고민이 시에 비해 직접적으로 드러나 있는 이 산문들에서 윤동주는 어둠으로 상징되는 식민지 현실에서 어디로 가야 하는가, 즉 무엇을 해야 하는가라는 고민을 보여준다. 두 번째 인용문에서는 인간의 생활을 떠난 공부란 의미가 없다는 이야기를 시작으로 자신의 삶의 방향을 묻고 있다. 당대 역사와 시대가 도착해야 할 미래의 정거장을 현실의 삶 속에서 찾으려는 윤동주의 다짐은 '가까운 미래에 우리에게 광명光明의 천지天地가 있다'는 신념을 낳는다. 그러나 윤동주가 걸어갈 세상은 여전히 피로와 울분과 어둠으로 점철된 곳이었다. 그러나 그는 이런 현실 앞에서 능금처럼 단단한 사상, 내면의 견고함을 견지하려 한다(「돌아와 보는 밤」). 그리고 이를 통해 자신에게 주어진 길, 천명天命의 길을 가겠다는 비장하고도 치열한 현실 의식을 강조한다. 윤동주가 마지막으로 쓴 「쉽게 씌어진 시詩」는 그가 지녔던 최후의 결단을 보여준다.

창窓 밖에 밤비가 속살거려
육첩방六疊房은 남의 나라.

시인詩人이란 슬픈 천명天命인 줄 알면서도
한 줄 시詩를 적어 볼까.

땀내와 사랑내 포근히 품긴
보내 주신 학비 봉투學費封套를 받아

대학大學 노트를 끼고
늙은 교수敎授의 강의講義 들으러 간다.

생각해 보면 어린 때 동무를
하나, 둘, 죄다 잃어버리고

나는 무얼 바라
나는 다만, 홀로 침전沈澱하는 것일까?

인생人生은 살기 어렵다는데
시詩가 이렇게 쉽게 씌여지는 것은
부끄러운 일이다.

육첩방六疊房은 남의 나라
창窓 밖에 밤비가 속살거리는데,

등불을 밝혀 어둠을 조금 내몰고,
시대時代처럼 올 아츰을 기다리는 최후最後의 나.

나는 나에게 작은 손을 내밀어
눈물과 위안慰安으로 잡는 최초最初의 악수握手.

「쉽게 씌어진 시」 전문

윤동주는 1942년에 일본 도쿄의 릿교대학 영문과에 입학했다가 그해 10월 교토에 있는 도시샤대학 영문과로 옮겼다. 「쉽게 씌어진 시」는 릿교대학 재학 중 1학기말쯤 창작된 작품이다. 이 작품은 윤동주가 일본에서 공부를 하면서, 그리고 시를 쓰면서 무슨 생각을 했는가, 그리고 앞으로 어떤 삶을 살 것인가가 순차적으로 이야기되어 있다. '육첩방은 남의 나라'라는 표현은, 식민지인으로 일본에 와 있지만 제국 일본은 남의 나라일 뿐이라는, 조선인으로서의 명백한 인식이 들어 있다. 학비를 보내주는 고향의 부모님을 생각하면 열심히 살아야 하지만 늙은 교수의 강의를 들으며 침전하는 '나'는 무력하고 부끄럽게 사는 것 같다. 그러나 윤동주는 부끄러움에 대한 반성적 인식을 토대로 마음의 등불을 켜고 시대의 어둠을 몰아내어 새로운 시대의 아침이 올 것을 기다린다. 이런 깨달음과 결심은 인생은 살기 어렵다는 인식, 그리고 시인은 어두운 삶을 밝힐 등불 같은 시를 써야 한다는 소명의식에서 비롯된다. 윤동주는 시의 끝부분에서 악수를 통해 내면의 방황을 끝내고 시대의 아침을 맞이하겠다는 최후의 결단을 보여준다. 일제 강점 하에서 등불과 아침의 상징적 의미는 해방이나 새로운 세상의 도래를 의미한다. 윤동주는 비록 작은 손이지만, 방황하던 자신의 삶을 새로운 역사적 삶과 악수함으로써 민족의 미래에 헌신하려 한다. 이 작품을 마지막으로 1943년 7월에 윤동주는 독립운동 혐의로 일본 경찰에 의해 검거되었다. 식민지 현실에서 민족을 위해 무엇을 해야 하는가라는 고민의 과정을 통해 그가 상상한 '최후의 나'의 모습은 이런 것이었을지도 모른다.

윤동주 시집이 발간된 1948년 이후 1980년대까지 우리 사회에서 윤동주 시인을 기억하는 일은 대체로 학계와 문단, 그리고 잡지와 신문 등의 매스컴을 중심으로 이루어져왔다. 그런데 1990년대 이후부터는 국가적으로 그를 기억하는 행사가 만들어졌다. 1992년 12월에는 문화공보부에서 그를 '이달의 문화 인물'로 선정했고, 2007년에는 국가 보훈처에서 그를 '이달의 독립 운동가'로 선정했으며, 윤동주의 유고 작품집이 보관되었던, 정병욱 교수의 옛 가옥을 문화재로 재정했다. 이외 윤동주 시집의 국외 번역사업 역시 진행되었다. 특히 2000년대 이후 윤동주는 대중문화에서 주요하게 다루는 텍스트가 되었다. 예를 들어 그의 삶과 죽음이 갖는 드라마틱한 특성을 다룬 뮤지컬 오페라 〈윤동주〉 공연(2007), 한국 최초의 우주인 이소연이 우주 퍼포먼스에서 선보였던 윤동주의 시 〈별 헤는 밤〉 낭송(2008), SBS 시사프로그램 〈그것이 알고 싶다〉에서 '윤동주, 그 죽음의 미스터리' 방영(2009), 〈MBC 스페셜〉 '가을, 윤동주 생각' 방영(2011) 등 윤동주는 다양한 방식으로 대중의 역사 기억에 영향을 주고 있다. 특히 가장 최근 방영된 '가을, 윤동주 생각'은 일본에서 윤동주를 좋아하는 사람들의 관점에서 윤동주가 가진 내면의 순수성과 평화에 대한 사랑과 화해의 메시지 등을 소개했다. 윤동주는 민족의 독립에 대해 고민한 청년으로 소개되지만 강조점은 민족의 독립이기보다는 순수와 평화를 사랑하는 마음에 놓인다. 이런 특성은 현재 동아시아 문화지형 속에서 윤동주에 대한 기억이 민족주의로부터 평화와 순수를 추구하는 보편적 인류애로 전환되고 있음을 반영한다.

3. 일본: 평화와 화해의 아이콘으로서 윤동주

일본에서 윤동주는 1984년, 그의 시집 『하늘과 바람과 별과 시詩』가 이부키 고에 의해 번역되면서 알려졌다(이부키 고, 1984). 이부키 고는 윤동주의 시를 일본에 알린 선구적인 인물이다. 그는 1982년 3월에서 1983년 4월까지 구로사키 주니치黒崎純一와 함께 윤동주의 시를 『기록』이라는 월간지에 공역하여 소개함으로써 일본 학계나 대중문화에서의 수용을 위한 토대를 마련했다. 이후 그는 윤동주의 동생 윤일주와 만나 일본어 번역시집을 출판하는 것을 합의한 후, 1984년에 시집을 출간했다. 이 시집을 통해 윤동주는 일본 사회에 폭넓게 수용될 수 있었다. 이부키 고는 번역 시집의 후기에서 윤동주를 민족 서정 시인, 저항 시인, 예언적

민족 시인 등으로 평가했다.

이부키 고를 통해 알려진 윤동주는 오무라 마스오에 의해 학술적으로 연구되었다(오무라 마스오, 2001). 오무라 마스오는 윤동주의 문학이 세계적 수준임을 강조하면서 엄정한 자료 조사를 통해 윤동주를 역사에 복원함으로써 한국 학계의 연구에도 영향을 끼쳤다. 오무라 마스오는 윤동주 문학을 철저히 실증주의 작업을 통해 살려내었다. 그는 연변대학에 몇 년 간 머물면서 윤동주의 묘소를 찾아내었고, 원전 확정을 위해 필적 고증작업을 하는 한편 윤동주에 대한 인간적 이해를 바탕으로 시의 역사성을 강조했다. 뿐만 아니라 윤동주가 동요 시인의 순수한 마음으로 민족의 아픔을 노래하고 있음 역시 밝혔다. 오무라 마스오의 이런 작업을 통해 일본 학계에서 한국 문학 연구가 진전할 수 있었다.

시집 『하늘과 바람과 별과 시』를 포함하여 윤동주의 삶을 일본에 알린 사람은 여성 시인 이바라키 노리코茨木のり子이다. 그녀는 일본의 군국주의에 대한 경멸과 민주주의 사상을 토대로 윤동주를 이해했는데, 윤동주의 죽음을 통해 일본어 강제 사용, 창씨개명 등 일본의 식민통치의 폭압성에 대한 반성을 촉구했다(양동국, 2009: 117). 그리고 「이웃나라 말의 숲에서」라는 시에서 한글에 대해 "일본 말이 한때 걷어차 버리려 했던 이웃나라 말/ 한글" "용서하세요 '許してください' / 땀을 줄줄 흘리며 이번엔 이쪽이 배울 차례입니다"라며 용서를 구하고 윤동주를 등장시켜 "당신의 젊음이 눈부시고 그리고 애잔합니다"라며 식민지에 대한 죄책감을 강조했다. 이후 그녀는 『한글로의 여행』(1986)이라는 에세이집을 출간했는데 여기 실렸던 수필 「윤동주」가 1990년 일본 고등학교 현대문 교과서에 실렸다(이바라키 노리코, 1986). 한국 시인으로는 최초로 시와 생애가 상세하게 다루어졌다.

이바라키 노리코에서 알 수 있듯, 일본에서 윤동주와 그의 작품은 제국주의의 역사를 가진 일본에 대한 반성의 관점에서 식민지인의 민족적 비애와 제국 일본에 대한 저항 의지를 가진 시인으로 소개되었으나, 1970년대 이후 점진적으로 민족적 저항성이 종교적으로 인류 보편애를 위한 저항으로 전유되었다.[2] 최근에는 한국 민족이라는 특수성은 배제되고, 보편적 인류애를 바탕으로, 자신의 존재에 관해 갈등하고 고민하면서 시대적 악에 저항했던 평화의 상징으로 연구하는 경향이 지배적이다(우에노 준, 1997: 150).

일본에서 윤동주의 수용과 관련하여 주목할 사안은 시 번역에 관한 문제이다. 이부키 고가 번역한 『하늘과 바람과 별과 시』는 학계나 대중문화계에 가장 잘 알려진 출판본으로 현재까지 이 시집은 윤동주 번역시집의 정전이요 정본이다. 그러나 이 시집은 번역상의 문제가 있어 일본 내의 연구자들에 의한 지적과 역자의 해명이 이어졌다. 특히 번역이 잘못되었다고 지적하는 시가 한국이나 일본 양국에서 가장 사랑받는 「서시」라는 점, 그리고 이 작품이 윤동주의 문학관과 인생관이 함축된 작품이라는 점에서 특히 주목할 필요가 있다. 이는 서시의 내용을 반영한 시집 제목인 『하늘과 바람과 별과 시』의 번역에서부터 문제가 된 것이었다. 이부키 고는 시집을 『空と風と星と詩』라는 제목으로 출판했다.

죽는 날까지 하늘을 우러러
한점 부끄럼이 없기를
잎새에 이는 바람에도
나는 괴로워했다

---

2 윤동주가 독실한 기독교인이었으며, 적국에 와서 죽음을 맞이했다는 사실이 순교성을 환기함으로써 일본 기독교인들은 윤동주를 소개하는 데 적극적인 역할을 했다.

별을 노래하는 마음으로
모든 죽어가는 것을 사랑해야지
그리고 나한테 주어진 길을
걸어가야겠다

오늘 밤에도 별이 바람에 스치운다

「서시」 전문

「서시」(1941. 11)는 윤동주가 도일渡日하기 전에 쓴 작품이다. 이 작품은 '부끄러움'이라는 반성을 바탕으로 자신에게 주어진 길을 가야겠다는 윤동주의 문학관과 인생관을 이해하는 데 중요한 역할을 하는 작품이다. 이 시에서 윤동주는 잎새에 불어오는 바람을 고통스럽게 인식하면서 '별-소망'을 간직하는 마음으로, 자신에게 주어진 길을 통해, 폭력에 희생되어 죽어가는 존재들을 사랑하겠다고 다짐한다.

이 시의 번역에서 가장 문제가 되는 부분은 우선 시의 앞부분에서 '하늘'을 어떻게 번역했는가이다. 이부키 고는 하늘을 천天이 아니라 공空으로 번역했다. 따라서 시집의 제목에서도 하늘은 공空으로 번역되었다. 이 작품이 단순히 자연의 존재들인 하늘, 바람, 별을 노래하는 시라면 문제가 없겠으나 하늘을 우러러 한 점 부끄럼이 없기를 바라는 시인에게 그것은 물리적인 공간인 공(空, sky)이 아니라 삶의 준거가 되는 이념적 공간인 천(天, heaven)이다. 이는 동양적 사유 속에서 하늘天이 갖는 의미를 생각해야 하기 때문이기도 하다. 즉 주자朱子에 의하면 하늘天은 창공, 주재자, 그리고 이치의 개념이 포함된 것이며, 잘 알려진 맹자 역시 군자가 지켜야 할 덕목으로 아래로는 백성, 위로는 하늘을 우러러 부끄러움이 없어야 함을 강조하고 있다. 또한 한국 문화는 경천애인敬天愛人

사상 속에서 하늘과 인간을 삶의 중요한 지표로 삼고 있다. 윤동주가 독실한 기독교인이었다는 점을 고려할 때도 그에게 '하늘'은 절대적 진리를 표상하는 공간이다. 이런 의미에서 볼 때 윤동주가 「서시」를 통해 말하고자 했던 것은 동아시아적 윤리관의 토양에 뿌리내린 삶의 준거점으로서 하늘의 이치나 이념이었으므로 공空이라는 번역보다 천天이 더 타당하다. 그러나 이부키 고는 이런 맥락을 놓쳤기 때문에 다음 구절인 잎새에 이는 바람에서도 '이는'('불다'라는 뜻)을 가볍게 '살랑인다'로 번역함으로써 역사적 바람 앞에 놓인 윤동주의 실존적 삶의 무게를 지워버렸다. 또한 나아가 윤동주의 각오인 '모든 죽어가는 것을 사랑해야지'(すべての死んでいくものを愛さねば)라는 구절을 '모든 살아 있는 것을(生きとし生けるもの) 사랑해야지'라는 구절로 바꾸어놓았다. 죽어가는 것을 사랑하겠다는 윤동주의 다짐은 당시 일본 제국의 폭력성과 이에 맞서는 자신의 소명을 잘 보여주고 있다.

그러므로 윤동주의 역사인식을 제대로 이해한다면 이부키 고의 번역, '살아 있는 것을 사랑해야지'는 잘못된 번역이라고 모리다 스스무森田進는 이야기한다. 즉 윤동주 시의 서정이 한국 역사 속에서 지사志士적 문학의 전통 위에 서 있으므로 제국 일본에 대한 저항 정신을 간과할 수 없다는 것이다(모리다 스스무, 1998: 126). 오무라 마스오 역시 이부키 고의 번역이 파시즘이라는 역사적 바람 앞에 놓인 윤동주 시인의 고뇌를 처녀의 감상으로 바꾸어버렸다고 비판했다. 즉 윤동주가 「서시」를 쓴 1941년 11월 20일은 태평양전쟁이 시작되기 직전이었으므로 일본의 군국주의 때문에 많은 한국인이 죽어갔으며, 한국의 민족 문화의 모든 것이 죽어가는 시대였다. 그러므로 '죽어가는 것을 사랑해야지'라고 외친 윤동주의 시 구절을, 이부키 고처럼 '살아 있는 모든 것을 사랑해야지'라고 번역하면 군국주의 주체에 대해 저항하는 윤동주의 시의식과 역사의식을 잘못 이해하는 것이다(오무라 마스오, 2001: 114). 이에 대해 이부키 고는 '죽어가는 것은 살아 있는 것이므로 모든 죽어가는 것과 살아 있는 것은 동의어다'라고 반론한다. 그리고 이 시를 시인의 실존에 대한 응시로 해석하면서 실존의 문제에는 일본의 군국주의에 대한 증오 같은 것은 상관없는 문제라고 결론짓는다. 즉 이부키 고는 윤동주를 실존적인 사랑의 시인으로 보고, 윤동주의 시대 의식은 삭제했다. 그러나 한국의 역사 속에서 '죽어가는 것을 사랑해야지'라는 구절은 폭력적인 현실 앞에 놓인 민족에 대한 사랑으로 이해되고, 중국의 기억 속에서도 그 구절은 일제의 식민지로 전락하는 조국 및 고난에 처한 민중의 삶으로 읽힌다(성후이, 2007: 113).

한편 기노시다 나가히로木下長宏는 번역의 오류를 일본 전통 문학과의 비교 연구를 통해 밝혀내었다. 즉 "삶으로 살아가는 모든 것"은 "삶으로 살아가는 것"이라는 일본인의 의식에 뿌리를 내리고 있는 시구, "삶으로 살아가는 것, 모두가 노래를 읊는구나"[3]를 차용하여 번역한 것인데, 일본인들은 생명 있는 존재에게 호응을 보낼 때 이 구절을 관습적으로 노래한다고 한다. 속담처럼 인용되는 이 구절은 일본 민족의 시 전통을 근원적으로 떠올리게 한다(기노시다 나가히로, 1998: 134-135). 일본어만 쓰도록 강요되던 시기에 민족을 생각하며 한국어로 시를 쓴 윤동주를 생각한다면, 그의 시 번역에 일본 전통 시가의 구절을 가져오는 것은 윤동주 시 세계의 특성은 물론 역사적 의미 역시 제대로 이해하지 못한 것이다. 모든 살아 있는 것을 사랑해야지 하는 것은, 민족에 대한 책임 의식을 개인의 평범한 실존 의식으로 축소시켰다. 살아 있는 것이 아니라 죽어가

3 일본에서 전통적으로 내려오는 가나문자 '假名子'로 쓰인 시구詩句이다. "生で生きて行くすべてのもの, 皆が歌を詠ずるね"

는 것을 사랑하는 것은 과거의 이야기로 끝나는 것이 아니라 현재에도 유효하다. 폭력과 전쟁으로 죽어가는 것에 대한 사랑이야말로 진정 살아가는 삶에 대한 존중을 의미한다. 이런 의미에서 일본이 윤동주를 어떻게 읽는가의 문제는 20세기 초-중반 동아시아 역사에 대한 일본의 인식과 관련되어 있다.

이부키 고의 번역본이 갖는 문제들을 모두 해결하고, 시적 형식까지 고려한 번역은 이후 김시종에 의해 이루어짐으로써[4](김시종, 2004) 「서시」 오역의 문제는 일단락되었다. 그러나 김시종의 시집 제목 역시 이부키 고가 번역했던 제목 그대로인 『空と風と星と詩』를 따름으로써 '하늘'(天, heaven)이 갖는 이념보다는 이부키 고의 번역본에서 지향했던 대중적 감성을 고려하고 있다. 번역 문제에서 시어를 어떻게 해석하고, 시인의 사상을 어떻게 이해할 것인가의 문제는 일본 역사에 대한 일본 대중의 무의식과 관련된다. 일본의 독자들 역시 일본이 식민 지배를 통해 한국을 지배했다는 사실을 잘 알고 싶어 하지 않는다. 따라서 윤동주의 시 역시 일본 고발이 아니라 실존적 사랑의 표백으로 읽고 싶어한다(김응교, 2009: 51). 서경식은 이부키 고의 번역에는 식민지적 죄의식을 피해가려는 욕망이 있음을 보여준다. 그리고 이런 번역의 양상이 "타자 간의 상호이해를 증진시키기는커녕 오히려 오해와 대립을 심화시키는 결과로 이어지는 실례"임을 강조한다(서경식, 2006).

1990년대 이후 일본 사회에서 윤동주를 기억하는 기념 사업은 양적으로 많아지고 훨씬 활발해졌다. 1994년 후쿠오카에는 '윤동주의 시를 읽는 모임'이 결성되어 현재까지 지속되고 있으며, 같은 해에는 윤동주 50

4 김시종은 이 번역에서 그간 문제가 되었던 하늘을 천(天, heaven)으로 번역하고, '살아 있는 것'이 아니라 '죽어가는 것'으로 번역했다.

주기 추모행사로 NHK에서 윤동주 특집을 방영했다. 1995년 그의 모교인 교토 도시샤대학에 시비詩碑가 건립되었는데, 일본 전후 50년을 기억하는 이 시비 건립에 대해 도시샤대학 이사장은 한일 양국의 유대 및 국제 교류를 강조했다. '윤동주는 코리아의 민족 시인이자 크리스천 시인이다'라는 시비의 첫 구절과 같이 영문 표기명 코리아와 기독교 시인 윤동주라는 명명을 통해 1930-40년대 윤동주라는 텍스트에 새겨진 중국 간도와 조선의 역사는 해체되고 21세기가 추구하는 평화와 화해의 논리가 탄생했다.

현재 일본 문화에서 윤동주는 '평화와 예술의 시인', '한일 화해의 Pioneer' 등으로 재생산되고 있다. 윤동주 사후 60주기였던 2005년 일본에서는 각종 추모행사가 열렸고 2008년에는 릿교대학 문학부 100주년 행사에서 '시인 윤동주와 함께'라는 추모행사가 열렸다. 또한 최근에는 윤동주가 도시샤대학 친구들과 방문했던 우지강宇治川에 '기억과 화해의 기념비'를 세우려는 운동이 한일교류 시민운동의 일환으로 이루어지고 있다. 뿐만 아니라 이들은 워싱턴 등에도 시비를 건립 예정이다.

일본 사회에서 이루어지는 윤동주를 기억하는 모임이나 행사는 윤동주를 일국, 즉 한국의 시인으로부터 국가의 경계를 넘는 시인으로 자리매김시키는 데 큰 기여를 했다. 그러나 한편으론 이런 운동들이 윤동주가 가진 과거의 역사보다는 추모하는 주체들의 현재 욕망을 토대로 움직인다는 점을 간과할 수는 없다. 즉 윤동주를 기억하고, 그 기억을 재생산하는 행사들은 윤동주에게서 일본의 침략과 식민 지배라는 함의는 배제시켜버리고 '전쟁'이라는 보편적 상황을 부각시킴으로써 현재와 미래의 비전을 강조하고자 한다. 이런 맥락에서 윤동주는 한국의 민족적 의미를 넘어서 세계 각국에서 평화를 추구하는 사람들에 의해 소개되고 알려지고 있다(이수경, 2009: 132). 특히 그 기억의 주체가 소수의 연구자나 기독교인으로부터 국경을 초월한 시민 연대로 바뀌어가는 이 행사들에서 윤동주를 비폭력과 평화의 상징으로 부각시키고 있음에 대한 비판적 이해가 필요하다.

4. 중국 연변: 소수족의 역사적 기원으로서 윤동주

중국 연변 출신의 윤동주가 자신의 고향에 알려진 때는 그의 사후 40여 년이 지난 1985년도이다. 일본학자 오무라 마스오가 일어와 한국어로 된 시집을 조선족 문단과 윤동주의 모교에 선물함으로써 윤동주의 시는 자신의 고향에 알려지게 되었다. 그 이전까지 고향에서는 윤동주라는 시인의 존재조차 몰랐었다. 이런 현상은 중국의 정치적, 문화적 폐쇄 정책에 기인한 것이었다. 한국과 수교가 단절된 상태였으므로 한국문학 작품이나 작가의 연구는 제한적일 수밖에 없었다.

1980년대 중반 문화대혁명 이후 중국의 문단은 외국문화를 수용하면서 서구의 이론과 작품, 작가가 소개되는 등 예술상에 새로운 변화를 추구한다. 그러나 이런 변화가 조선족 문화에 큰 영향을 미치지는 못했다. 중국어보다 한국어가 익숙하고, 중국 본토에 비해 문화적 수용의 속도가 늦었던 조선족 사회의 경우 20세기 서구 문화에 대한 인식도 낮고 수용의식도 높지 않았다. 따라서 조선족 문학은 정치, 사회적 면에서는 중국문학의 발전과 동보적 관계를 유지했지만 한국어를 중요한 언어 수단으로 삼았기 때문에 문학연구나 창작 활동의 측면에서 북한 문학의 영향을 받으면서 발전했다(강옥, 2010: 8). 그런데 북한 역시 윤동주를 알지 못했으므로 조선족과 북한에 윤동주가 늦게 수용된 것은 중국의 정치적 폐쇄성 때문임을 알 수 있다. 이런 문화적 현실 속에서 1980년대 이후에는 비공식적으로 한국 문학의 수용이 이루어져 조선족의 현대 문학 형성에 많은 영향을 주었다. 1985년 윤동주가 알려진 이후, 윤동주에 관한 연구 역시 한국 문학 연구의 영향 속에서 이루어졌는데, 한 · 중 수교(1992) 이후부터는 보다 활발하게 학술 교류가 이루어지고 있다. 북한에서도 1990년대 들어 윤동주에 대한 문학사적 평가가 이루어졌는데 고독감과 비애감이 문제라고 지적하면서도 순절의 시인, 저항의 시인으로 평가하고 있다.

중국 조선족의 윤동주 연구에는 만주사변 이후 지속되던 항일 해방 문학의 관점이 지속되어 일본에 대한 저항 의식과 민족주의가 중심을 이루어왔다. 또한 한 · 중 수교 이후, 1970-80년대 한국에서 이루어진 평가가 많은 영향을 주어 저항시인으로서의 윤동주의 위상은 그대로 조선족 학계에 수용되었다. 조선족의 문학사는 중국 소수 민족으로서의 민족 문학의 역사 안에서 윤동주를 저항성과 민족성을 가진 시인(조성일 · 권철, 1997: 214)으로 자리매김하고 있으며, 최근에는 민족주의를 넘어서는 인도주의 시인으로도 평가하고 있다(권철, 2006: 129).

조선족의 주된 연구 경향은 저항성을 중심에 놓고, 소수 민족으로서의 자긍심과 지역적 연고성을 강조하는 것이다. 윤동주는 조선족의 시문학사를 한 단계 높인 시인으로 평가되며, '고향이 낳은 시인, 윤동주'로 칭송된다. 이는 한국에서 한국인이 가장 사랑하는 시인으로 윤동주가 평가되지만, 사실 윤동주는 연변의 시인이며, 중국 조선족이 낳은 아들이라는 중국 조선족의 공통된 생각에서 비롯된 것이다(김호웅, 2005: 112). 이처럼 지역성과 민족주의를 토대로 하는 '연변이 낳은 민족시인'(김혁, 2010: 22)이라는 인식은 현재 조선족이 윤동주를 추모하는 의식의 근원에 자리잡고 있다.

한편 윤동주가 연변의 시인이라는 지역적 정체성을 강조하는 경향은 그의 시에서 이주민의 정체성을 읽는 연구와도 자연스럽게 관련된다(량메이순, 2009). 즉 윤동주가 중국 용정 명동에서 태어난 시인이라는 사실의 강조는, 이민 2세대로서 본국에 대한 그리움, 그리고 그가 태어난 고향 용정에 대한 향수 등 이주민의 정체성에 대한 고민을 읽게 한다(장춘즈, 2010: 13). 이런 관점에서 윤동주에게 중국 용정은 민족의식의 원천지이면서 그리움의 대상인 고향으로 인식되며, 점진적으로 한반도를 포함한 조국으로 확장된다(멍잉, 2011: 111).

현재 윤동주의 시는 초 · 중 교과서『조선어문』에 실려 교육 현장에서도 중요하게 다루어지고 있으며, 다양한 기념행사를 통해 대중문화로 확장되고 있다. 고향인 용정에는 윤동주를 기념하는 다양한 행사가 진행되고 기념비가 세워지고 있는데, 모교인 용정중학교의 시비 건립(1992), 윤동주의 생가 복원(1994), 조선족 축제(1995), 연변 연길 인민공원 내 동시비 건립(2010) 등이 이루어졌다. 또한 다양한 기관에서 윤동주 문학상을 제정하고 있는데 용정중학교를 비롯하여『연변문학』이나『중학생』이라는 잡지 등에서 윤동주 문학상을 운영하고 있다. 윤동주를 추모하는 행사의 기본 취지는 조선족의 역사적 인물로서 윤동주를 강조하는 것이다. 예를 들어 활발하게 운영되는 '윤동주 문학상'은 연변 민족의 미래를 열어갈 학생들이 '민족의 시인'인 윤동주의 넋을 기리면서 민족 인재로 성장하는 것을 취지로 천명하고 있다. 또한 윤동주의 고향인 명동 복원 사업을 기획하면서 '용정은 중국 내 조선족 문화의 발상지이고 명동촌은 조선족의 역사가 살아 숨 쉬는 곳이므로 이를 되살리는 것은 우리 민족의 혼을 지키는 것'이라는 인식을 보이고 있다. 이처럼 소수족의 조선족 역사에서 윤동주를 자민족 문화의 기원으로 인식하고, 민족적 영웅으로 복원하는 사업은 소수족으로서의 정치성을 저변에 깔고서 민족성과 저항성이 이것을 강화하는 방식으로 이루어지고 있다. 윤동주 읽기에서 보이는 이런 특성은 윤동주를 기억하는 중국 조선족의 역사의식의 일단을 보여준다.

5. 윤동주 읽기와 동아시아의 미래

이상에서와 같이 윤동주라는 텍스트는 한국을 넘어 일본과 중국 등에서 다양한 방식으로 읽히고 해석된다. 일본에서는 20세기 초 제국과 식민지 관계가 환기하는 폭력과 정치적 상흔의 의미는 탈락되고 순수 서정과 윤리적 실존이 전 인류에 대한 보편애로 해석되어 21세기 동아시아의 문화지형 안에 확산되고 있다. 오역이 수정될 필요가 없는 이유 역시 이런 상황과 무관하지 않을 것이다.

조선족의 경우 중국에 대한 대타적 위상, 그리고 식민 지배로 인한 항일의식과 맞물려 소수 민족으로서의 자긍심의 상징으로 윤동주가 읽히고 있다. 조선족의 이런 이해의 방식은 일국이나 일민족의 이념을 넘어서려는 현재 동아시아 문화의 개방성과 소통이라는 측면에서 재고할 필요가 있다. 즉 윤동주를 자민족의 역사적 기원을 담은 텍스트로 읽는 것은 배타적으로 자신의 역사를 강조하는 방식의 읽기가 됨으로써 20세기 초의 교차적이고 역동적인 시 · 공간 안에서 태어난 윤동주 텍스트의 특성을 단순화하여 이해하게 된다. 이는 일본 역시 마찬가지인데, 일본의 경우 현재와 미래적 가치를 강조함으로써 과거라는 시 · 공간의 축을 배제함으로써 윤동주를 입체적으로 읽지 못하는 한계가 있다.

한국 문학 연구의 경우 탈식민주의 관점에서 민족주의를 윤동주 읽기의 중심에 놓음으로써 윤동주가 탄생한 역사적 맥락을 놓치지 않으려는 경향을 보이지만, 민족주의가 정치적으로 대중의 감성을 조작하는 방식으로 쓰일 수 있다는 점 역시 잊지 말아야 한다. 이런 문제의식이 필요한 이유는 평화와 화해를 강조하는 방향으로 윤동주를 이해하려는 움직임이 민족주의라는 이데올로기 비판에서 출발하기 때문이다.[5]

한편 윤동주를 읽고 재생산하는 주체는 각국의 시민으로 확대되어 자발적인, 다양한 시민 연대 등이 움직이고 있다. 생활 세계를 움직이는 시민들의 힘에 의해 윤동주라는 텍스트는 친근하게 일상 문화에 파고든다. 윤동주를 추모하는 시비가 건립되고, 시 낭송회가 조직되며, 문학상이 제정되며, 정기적인 행사가 진행된다. 대중문화적으로는 주요한 창작 제재로 사용되고 있다. 그러나 일반적으로 역사적 사건을 기념하는 평화공원이 조성되는 추도방식이 등장하면, 그것은 만들어진 유래에서 벗어나 독자적으로 자신의 운명을 갖게 된다(쑨거, 2010: 58). 윤동주를 추모하는 이들은 과거 역사를 기억하기보단 현재와 미래의 평화와 화해의 가치를 희구한다. 따라서 오히려 많은 기념 사업을 통해 윤동주라는 텍스트가 환기하던 역사적, 문화적 의미는 화석화되고, 시민 연대가 추구하는 초국적 공동체의 윤리는 윤동주에게 새겨진 역사적 상흔을 말소시킨다.

윤동주라는 텍스트가 가진 역사성은 보편적인 윤리로만 읽을 수 없다. 왜냐하면 윤동주라는 텍스트가 1930-40년대 동아시아라는 권력 지형, 제국과 식민지의 장場 속에서 탄생하고 있기 때문이다. 그는 마지막으로 쓴 시에서 "인생은 살기 어렵다는데/ 시가 이렇게 쉽게 씌어지는 것은/부끄러운 일이다.// 육첩방은 남의 나라/창 밖에 밤비가 속살거리

5 윤동주의 시에서 과거 역사를 걷어내고 동아시아의 미래 비전을 읽자는 주장은 민족주의적 관점이 아니라 인류애의 보편적 윤리의 관점에서 텍스트를 읽자는 것이다. 이런 연구경향은 순수와 평화, 한일 화해의 교두보로 윤동주를 기억하려는 한국 대중문화계 최근의 변화나 일본 문화계와 학계의 최근 동향과도 유사하다.

는데,//등불을 밝혀 어둠을 조금 내몰고,/시대처럼 올 아침을 기다리는 최후의 나" (「쉽게 씌어진 시」)라고 했다. 이때 '육첩방 남의 나라에서 시인으로 너무 편하게 살고 있는 것은 아닌가'라는 시인의 반성은 당대 식민지 조선의 현실과 자신의 임무를 환기한다.

1930년대 말, 열악해져가는 일제 식민 정책으로 인해 일제 협력으로 삶의 방향을 바꾼 지식인들이 증가하던 시대, 윤동주는 양심적인 지식인의 변화와 실천을 보여준다. 그것이 무엇보다 값지게 느껴지는 것은 그의 이런 변화가 현실과 대응하면서 부단히 자신을 반성하고, 성찰하는 과정 중에서 '힘겹게' 획득한 변화이기 때문이다. 따라서 윤동주라는 텍스트를 이해하는 것은 당대 역사에 대한 윤동주의 고민과 인간적 성숙, 그리고 그것을 바탕으로 한 작품 창작에 관한 해석 모두를 포함해야 한다(김진희, 2007: 198).

일본인 한국 문학 연구자 사에구사 도시카쓰三枝壽勝는 「한국 문학 읽지 않아도 되는 까닭」이라는 냉소적인 제목의 글에서 자국自國의 후학에게 한국 문학을 식민지 역사와 관련하여 읽지 말고 외국 문학으로만 읽기를 권한다(사에구사 도시카쓰, 2000: 11-27). 이 이유로는 한국 문학 연구의 태도에는 식민지에 대한 죄의식이 있는 것 같지만 오히려 식민지에 대한 우월성이 잠재되어 있다는 점, 둘째 식민지에 대한 속죄의식을 갖고 한국 문학을 대하는 것은 다른 평범한 일본인에 비해 윤리적으로 우월하다는 심리를 가질 수 있다는 점을 들고 있다. 또한 일본인들이 한국 문학 연구를 통해 식민지가 아니라 실제 자신에 관해 말하고 있음을 비판하면서 일본은 동아시아의 과거에 대해 반성하는 데 집중하기보다 '앞으로 자신들이 어떻게 할 것인지'에 대해, 즉 미래에 대해 고민해야 함을 강조한다. 사에구사의 논의는 자국의 학자들이 갖게 될지도 모를 제국주의자의 태도에 대해 경계하고 있다는 측면에서는 의미가 있다. 그러나 과거의 역사에 대해 반성적, 비판적으로 인식하는 일은 동아시아 미래 역사를 만들어나가는 기본 토대이다. 이런 의미에서 동아시아 삼국에서 모두 윤동주라는 텍스트를 기념비記念碑로 대체하여 '과거'의 기억으로만 화석화시킨다거나 혹은 시대와 국경을 초월하여 평화와 화해의 메시지를 환기하는 텍스트로 전유하는 것은 과거와 미래 모두에 대해 제대로 말하고 있는 것이 아닐 것이다. 윤동주라는 텍스트가 탄생한 20세기 초의 동아시아 역사를 제대로 이해하는 것이 21세기 동아시아 미래의 지형을 제대로 상상하는 것과 연동되기 때문이다.

왜 동아시아는 윤동주를 계속 현실에 소환하는 것일까. 그것은 그들이 과거 역사에 대한 기억으로부터 자유롭지 못하다는 것이고, 과거의 힘이 현재에까지 영향을 미치고 있음을 의미한다. 동아시아(인)의 정체성에 대해 말하려면 과거 일본의 아시아주의 및 그에 대한 비판에서부터 출발할 수밖에 없다(임춘성, 2010: 72). 그렇다면 그것은 현재나 미래에 관해 이야기하는 것으로 끝나는 것이 아니라 과거 역사에 관해 재고하고, 그것을 현재나 미래에 투사해야 한다. 현재 동아시아 지역 질서에 흐르는 경제적, 군사적 권력구도는 평화를 표방하지만, 여전히 군국주의를 환기시킨다. 지난 역사에 대한 한, 중, 일의 기억에는 차이와 균열이 존재하고, 그 차이들은 중층적이고 복합적이다. 그러므로 오늘의 역사 현실은 단순히 과거의 역사를 봉인하고, 미래 평화라는 가치를 동아시아 공동체가 획득할 수 있을지에 대해 고민하게 만든다.

동아시아 각국이 보여주는 기억의 방식은 윤동주라는 텍스트가 가진 역사적, 문화적 흔적들을 지워버리고, 동시에 동아시아 역사의 교차적이고, 중층적인 특성을 단순화함으로써 윤동주를 기억하고 재생할, 미래의 역사 주체들에게서 역사에 대한 자성성을 배제해버린다. 동아시아 미래의 상상에는 균열이 가 있다. 균열을 메우기 위해서는 방법은 간극과 차이 있음을 인식하고 일국의 논리가 아니라 동아시아의 교차적이고 역동적인 역사에 대한 비판과 반성 위에서 동아시아의 미래를 기획해야 할 것이다. 윤동주라는 텍스트는 과거와 현재, 미래의 동아시아를 살면서 우리에게 책임 있는 읽기를 요구한다.

참고문헌

강옥, 「한중수교와 중국 조선족 문학」, 『비평문학』, 36호, 2010.6.

권철, 『중국조선민족문학』, 한국학술정보, 2006.

기노시다 나가히로木下長宏, 「윤동주론尹東柱論을 위한 네 개의 단장短章」, 이누가이 미쯔히로犬養光博 외, 『일본 지성인들이 사랑하는 윤동주』, 고계영 옮김, 민예당, 1998.

김신정, 「일본 사회와 윤동주의 기억」, 『한국문학이론과 비평』 제43집, 2009. 6.

김응교, 「일본에서의 윤동주 인식」, 『한국문학이론과 비평』 제43집, 2009. 6.

김진희, 「윤동주의 저항시 이해와 교육방안 연구」, 『한국시학연구』, 18호, 2007.

김혁, 「디아스포라의 화자-윤동주」, 『아동문학평론』, 2010, 35권 3호.

김호웅, 「별을 노래한 시인 윤동주」, 중국조선족 중학생 《윤동주 문학상》운영위원회 자료집, 2005.

량메이순梁美順, 「尹東柱作品的離散硏究」, 延邊大學校, 碩士學位 論文, 2009.

류준필, 「분단체제론과 동아시아론」, 『아세아연구』, 제52권 4호, 2009.

린쭝신林鍾信, 「尹東柱詩的山水田園傾向硏究」, 延邊大學校, 碩士學位 論文, 2007.

마루야마 마사오丸山眞男, 가토 슈이치加藤周一, 『번역과 일본의 근대』, 임성모 옮김, 이산, 2000.
멍잉孟穎, 「對尹東柱詩中所體現的故鄕意識考察」, 『華章』, 2011, 34호, 111.
모리다 스스무森田進, 「윤동주, 그 기독교 정신」, 이누가이 미쯔히로犬養光博 외, 『일본 지성인들이 사랑하는 윤동주』, 고계영 옮김, 민예당, 1998.
______, 「尹東柱の位置と再評価–東アジアが生んだ倫理的な抒情詩人」, 『福音と世界』 60(2), 2005.2.
백영서 외, 『동아시아의 지역질서-제국을 넘어 공동체로』, 창비, 2005.
사카모토 요시카즈坂本義和, 「21세기에 '동아시아 공동체'가 갖는 의미」, 최원식 외 편, 『교차하는 텍스트, 동아시아』, 창비, 2010.
사에구사 도시카쓰三枝壽勝, 『사에구사 교수의 한국문학 연구』, 심원섭 옮김, 베틀북, 2000.
서경식, 「母語라는 監獄」, 《한겨레신문》, 2006. 7. 14.
성후이盛輝, 「詩人尹東柱和他的《序詩》」, 『吉林华桥外国语学院学报』, 2007. (02).
송우혜, 『윤동주 평전』, 푸른역사, 2004.
송현호 외, 『중국조선족 문학의 탈식민주의 연구』, 국학자료원, 2008.
쑨꺼孫歌, 『아시아라는 사유 공간』, 류준필 외 옮김, 창비, 2003.
쑨거孫歌, 「나하에서 상하이로 : 루쉰과 타께우찌 요시미 사이에서」, 최원식외 편, 『교차하는 텍스트, 동아시아-21세기를 위한 점검』, 창비, 2010.
양동국, 「이바라기 노리코(茨木のり子)와 한국」, 『일본어 교육』, 49호, 2009.
오무라 마스오大村益夫, 『尹東柱와 韓國文學』, 소명출판, 2001.
오세영, 「윤동주의 시는 저항시인가」, 『문학사상』, 1976. 4.
우에노 준上野 潤, 「尹東柱論－その後期詩編を中心に」, 『星うたう詩人 : 尹東柱の詩と研究』, 尹東柱詩碑建立委員會 編, 東京 : 三五館, 1997.
윤여일, 「동아시아라는 물음」, 『황해문화』, 2010, 겨울.

윤일주 편, 이부키 고伊吹 郷 역, 『空と風と星と詩』, 影書房, 日本, 1984.

이계황 외 지음, 『기억의 전쟁－현대 일본의 역사인식과 한일관계』, 이화여자대학교출판부, 2003.

이바라키 노리코茨木のり子, 『한글로의 여행』, 박선영 옮김, 뜨인돌, 2010.

이수경, 「군국주의 무력행위에 저항한 문학청년 고찰」, 『아시아문화연구』 제17집, 2009. 11.

이유선, 「동아시아 공동체의 가능성과 시민사회」, 『사회와 철학』, 제11호, 2006.

임춘성, 「동아시아인의 정체성 형성, 장애와 출구」, 최원식 외 편, 『교차하는 텍스트, 동아시아』, 창비, 2010.

조성일 · 권철 외, 『중국조선족 문학통사』, 이회문화사, 1997.

짱춘즈張春植, 「與星對話-朝鮮族現代詩人尹東柱與他的詩」, 『民族文學研究』 2010(04).

최원식, 「21세기 동아시아를 바라보며-왜 교차하는 텍스트인가」, 최원식 외 편, 『교차하는 텍스트, 동아시아』, 창비, 2010.

최원식 · 백영서 엮음, 『동아시아인의 '동양'인식 : 19-20세기』, 문학과지성사, 1997.

한중일3국공동역사편찬위원회, 『한중일이 함께 쓴 동아시아 근현대사 1, 2』, 휴머니스트, 2012.

허정, 「윤동주 시의 정전화와 민족주의 지평 넘기」, 『어문론총』 제51호, 2009. 12.

양건식의 중국 고전 소설 번역 및 수용*

정선경

1. 한국 근대 문학사와 중국 고전 소설

한국 근현대 문학사에서 중국 문학의 전신자로서 양건식梁建植의 성과는 상당히 중요하다. 이 시기 대다수의 지식인들은 일본과 서구의 선진화된 문명을 배우는 데에 몰두하며 서둘러 일본으로 유학을 떠났다. 중국과 우리의 전통적 가치가 폄하되는 사회적 상황 속에서, 양건식은 오랜 기간 긴밀한 영향 관계에 있었던 중국과의 문학적 교류 상황에 주목했다. 중국의 영향을 받아온 우리 문학의 정체성을 논구하며 새로운 학문과의 조화를 강조했던 그는 현상윤, 이광수, 백대진 등과 어깨를 나란히 했던 근대의 대표적인 신지식인이었다. 그러나, 그에 대한 연구는 1970년대에 와서야 비로소 주목되기 시작했다. 그가 발표했던 창작 단

* 이 글은 『중국어문학논집』 제73호 (2012년 4월)에 실린 논문을 수정 보완한 것이다.

편 소설들뿐 아니라 서둘러 국내에 소개했었던 중국 작품의 번역은 한국근대문학사에서 정당한 평가를 받지 못하고 있다. 진보적 지식인들을 중심으로 전통의 가치를 평가 절하시키려던 의식이 팽배했기 때문에 중국 전통 문학에 대한 연구는 중심적 논의의 뒤편으로 밀려나 있었고 더불어 양건식에 대한 문학사적 평가 역시 소략되어왔던 것이다.

새로운 문물과 문명에 눈 돌리며 전통을 부정하고자 했던 시기에, 발전된 내일을 위해서 어제를 알고자 했던 양건식의 중국 고전 소설 수용은 어떠한 모습으로 이루어졌는지, 그가 구상했던 근대 사회는 어떤 형상이었는지 추적하고자 한다. 이것은 그간의 연구 경향과는 다른 각도에서 한국과 중국의 문화 교류 현황을 바라볼 수 있게 해줄 것이다. 또, 양건식의 문학사적 위상을 검토해봄으로써 근대 전환기 한국과 중국 문학의 소통 양상을 살피고, 전통은 어떻게 접목되었는지, 외국 문학의 번역이 근대 사회의 형성에 어떠한 영향을 미쳤고 그 의미는 무엇인지 살피게 될 것이다.

중국 고전 소설에 대한 번역문과 평론문을 중심으로 한국 근대 문학사에서 간과되어온 중국 문학에 대한 인식을 새롭게 시도해보고자 한다.

2. 근대 사회와 양건식

근대와 번역

중국과 한국은 예로부터 전통 문화에 대한 자긍심이 강했다. 중국이 세계의 중심이라는 중화주의 사상과 그것에 영향을 받을 수밖에 없었던 조선의 역사, 그리고 바깥의 사람들을 '양洋'·'왜倭'·'이夷' 라고 불렀던 민족적 자부심을 돌이켜본다면, 서구 열강들의 각축지가 되어버린 19세기 말 조선의 상황은 암울함과 절망 자체였다. 서구와 일본이라는 외래의 척도로 재단된 근대성은 우리 전통에 대한 타의적이고 부정적인 인식을 심어주었다. 우리의 문화 유산은 하루아침에 근대적이지 못한 낙후된 것으로 치부되었고(앙드레 슈미드, 2007: 226) 젊은 지식인층과 유학생들은 하루빨리 일본처럼 서구의 개화된 문명을 받아들이고자 했다. 봉건적이고 폐쇄적인 조선의 상황을 바꾸려면 중국의 그늘에서 벗어나는 길만이 최선이라고 생각하면서 일본의 문물을 받아들이고자 앞다투었다. 서구의 문명을 추종하다가 우리의 전통을 완전히 부정하면서 제국주의의 입장까지 옹호하게 되었던 그릇된 판단들과 그것을 주장한 지식인들조차 우리 역사의 얼룩진 부분으로 남겨진 것이 사실이다.

윤치호尹致昊의 언급에서도 확인되듯이, 수천 년 영향을 주고받았던 중국과의 관계 자체를 청산하고 부정하고 싶었던 지식인층이 확산되었다(『윤치호 일기』 제3권, 1974: 227-228). 그러한 시점에서 경제적 여유가 없었던 조선이 개화된 문명을 받아들이는 가장 손쉬운 방법은 외국 문학서의 번역이었다. 한국에서 서구식 근대화를 이룩할 수 있는 유일한 길은 서구문헌을 한국어로 번역하는 것이었는데, 번역이야말로 외국인을 초빙하거나 자국 학생이나 시찰단을 외국에 보내는 것보다 쉬운 방법이었다(김욱동, 『번역과 한국의 근대』, 2010: 23).

일본을 좇아 서구 텍스트를 번역해야 할 필요성을 느끼면서 통역과 번역을 담당하는 기관 및 교육기구를 설립하고 번역문을 발표할 신문과 잡지의 발간도 서두르게 된다. 널리 알려진 것처럼, 유길준俞吉濬의 『서유견문』에서도 외국어 교육의 필요성이 부각되었다. 『한성주보』 1886년

2월 15일자 '사의私議'란[1]과 『독립신문』 1896년 4월 25일자 기록[2] 등에서도 알 수 있듯이, 당시의 지식 계층은 외국어 번역이야말로 자국민을 교육시켜서 계몽으로 이끄는 첫걸음임을 알고 있었다(김욱동, 『번역과 한국의 근대』, 2010: 24-26).

계몽을 위하여 외국어 교육과 번역의 필요성을 자각했으나, 전문적인 번역을 담당할 인재를 양성하는 것도 큰 문제였다. 유학생일지라도 중국의 한자와 일본어를 제대로 번역하는 것이 쉽지 않았으니 프랑스나 독일어 · 러시아어의 번역은 말할 것도 없었다. 서양 선교사들의 도움으로 기독교의 전파와 함께 교육 기관을 설립하고 외국어 교육에 힘을 쏟을 수 있었다. 육영공원 · 배재학당 · 이화학당 등이 설립되고 1894년 관립 한성영어학교가 인가를 받으면서 근대시기 외국어 교육은 본격적인 기반을 마련했다. 우리나라에서 최초로 번역된 서구의 문헌이 성경과 찬송가임을 상기한다면(김병철, 1975: 17) 근대번역문학사에서 기독교 선교사들의 공로가 중요한 토대가 되었음을 알 수 있다. 암흑 같던 한국 근대 교육사에 등불을 밝혀주었던 호러스 언더우드Horace Grant Underwood와 헨리 아펜젤러Henry Gerhard Appenzeller가 처음 함께 한국에 들어올 때도 이수정李樹廷이 일본에서 번역한 『마가전 복음서언해』를 들고 왔고, 서재필徐載弼이 미국에서 망명할 때 성경을 영어로 번역했던 일례들(김욱동, 『근대의 세 번역가』, 2010: 21-22)은 이미 밝혀진 바와 같이 우리 근대 번역 문

---

1 "우리나라에서도 학교를 설립하여 의당 언문諺文으로 학생들을 교습시켜야 한다. 공맹孔孟 성현의 책에서부터 유럽인의 식화술殖貨術에 이르기까지 모두 언문으로 번역하여 가르쳐야 한다."

2 "한문 학문만 가지고ᄂᆞᆫ 이 셰샹에 아모일도 ᄒᆞ기 어려운거시 첫ᄌᆡ는 한문 ᄎᆡᆨ이란거ᄉᆞᆫ 대개 청국에서 ᄆᆞᆫᄃᆞᆫ ᄎᆡᆨ인ᄃᆡ 여러 ᄇᆡᆨ년 뒤거시 만히 잇슨즉 가량 그 ᄎᆡᆨ들이 그 ᄆᆞᆫᄃᆞᆯ ᄯᆡᄂᆞᆫ 청국 ᄇᆡᆨ셩의게 유조하엿스려니와 오날ᄂᆞᆯ 죠션 인민의게만 그 학문이 유죠ᄒᆞᆯ거시 업슬 ᄲᅮᆫ아니라……"

학사가 기독교 선교와 깊이 관련되어 있음을 보여준다.

우리나라 최초의 민간 신문이자 첫 한글 전용 신문이라고 할 수 있는 『독립신문』의 기사에서도 신문을 한글로 출간하고, 외국 문학 작품을 우리말로 번역하여 많은 사람들이 외국의 학문과 지식을 알아야 함을 주장했다.[3] 『조선문학사』(安廓, 1922: 124-125)에서 밝혔던 것처럼, 개화기의 번역은 정치와 민족의식에 깊이 관련되어 있었으며 봉건성에서 탈피하여 문호를 개방하고 국권을 지켜내기 위하여 중요한 역할을 담당하고 있었다.

일제강점기에는 일본 정부의 식민 정책의 일환으로 식민지인들의 관심을 다른 곳으로 돌리려는 정치적, 의도적인 목적으로 번역이 이용되기도 했다. 일본의 선정적인 작품들이 번역되어 일간지에 연재되기도 했지만, 근대 계몽기에 폐쇄적인 사상에 젖어 있던 조선의 민중을 개화시키고 계몽시킬 수 있는 일차적인 관문은 바로 외국 작품의 번역이었다.

양건식과 중국 문학

19세기 말에서부터 20세기 초 국내 학계의 경향은 일본을 통해서 서구 근대 지식을 수입하는 데에 몰두해 있었기에 중국 문학에 대한 수용은 소외되어 있었다. 다만, 중국 문학에 대한 평론문을 작성했던 김광주金光洲와 루쉰魯迅 작품에 관심을 가지고 연구했던 이육사李陸史, 또 양건식 등이 중국 문학을 국내에 소개하고자 했으며, 그중 양건식의 적극적인 중국 문학 수용에 대한 문학적 성과와 의의에 주목할 필요가 있다.

양건식의 일생에 관해서는 명확하게 남겨진 기록이 없다. 흩어져 존

3 "지금 죠션에 뎨일 급선무ᄂᆞᆫ 교휵인ᄃᆡ 교육을 식히랴면 남의 나라 글과 말을 ᄇᆡ혼 후에 학문을 ᄀᆞᄅᆞ치랴 ᄒᆞ거드면 교휵ᄒᆞᆯ 사ᄅᆞᆷ이 몃이 못 될지라. 그런고로 각ᄉᆡᆨ 학문 ᄎᆡᆨ을 국문으로 번력ᄒᆞ여 ᄀᆞᄅᆞ쳐야……"(1897년 8월 5일)

재하는 기록으로 추정해보면, 1889년 5월 경성에서 태어나서 한성관립학교를 다녔던 것으로 보인다. 『삼천리三千里』 제67호(1935. 11)에는 경성京城 탑동塔洞 출생이라고 했으나, 김영복金榮福은 경기도 양주 출생으로 1944년 2월 서울 홍파동에서 세상을 떠났다고 기록했다(『양백화문집』 3, 1995: 355). 또 잡지 『동광』 제18호에 실린 「유학십년遊學十年」에 보면 그가 졸업한 후 다년간 중국에서 유학 생활을 했던 것으로 추정된다(『양백화문집』 3, 1995: 30). 실제로 유학을 했는가 그 여부에 관한 논의는 차치하고라도 꾸준히 중국 소설 및 희곡을 번역했던 그의 중국어 실력은 상당히 높았을 것으로 짐작된다. 고재석은 출생지와의 인접성과 관리경력 및 중국문학 권위자였던 점을 근거로 양건식이 다녔던 한성관립학교는 바로 관립한성외국어학교를 가리키는 것으로 추정했으나(『양백화문집』 3, 1995: 369-370) 김영금은 일반 관립중학교에서 한문 독해와 번역을 공부했던 것으로 주장했다(김영금, 2005: 47-48).

그는 1910년대에 거사불교운동에 참여했는데 이것은 명진학교明進學校와 능인학교能仁學校의 교장으로서 각종 외국어에 통달했던 이능화李能和와의 만남과 관련있다. 1912년 12월 26일 각황사의 석가세존 성도기념식에서 관립한성외국어학교 학감을 지냈던 이능화와 함께 연사로 참여했으며 1915년 1월 9일 불교진흥회 설립총회 임시서기가 되어 『불교진흥회월보』를 편집하게 되면서 불교에 더욱 심취하게 된다.

양건식은 어려서부터 중국 고전 문학을 자주 접하면서 성장했다. 1934년경 『매일신보』에 취직하게 된 것도 뛰어난 한문 실력 덕분이었다. 중국 문학을 좋아해서 항상 중국책을 곁에 두었는데 매일신보사에 입사한 후 그가 아끼던 중국 서적이 없어지자 상사에게 대들던 일, 먹을 것이 없을 때조차 원고료를 변통해서 당서唐書를 사던 일, 특히 중국 소설을 좋아하여 작품의 심오한 내용을 알기 위해 불교 강습소에 입학한 일

등의 사건으로 미루어 보면 그의 중국 문학에 대한 애착이 어느 정도인지 짐작이 된다. 양건식은 새로운 문체 속에 새로운 내용을 담아내고자 노력하던 당시 문단의 상황에 맞게 문단 활동을 했으나, 생활고로 신문사에 취직하면서부터 창작 소설을 발표하기보다 번역료를 벌기 위한 문인 기자로서 활동하게 된다. 글을 발표할 때마다 국여菊如, 백화白華, 백화생白華生, 노하생蘆下生, 금래今來, K.S.R, 성서한인城西閑人, 천애天愛 등의 호를 사용했으며 그중 국여, 백화를 즐겨 사용했다(최용철, 2007: 180).

그의 문학적 성향은 크게 두 가지로 나눌 수 있다. 첫째, 중국신문학운동을 국내에 널리 소개하고자 했고 둘째, 중국 고전 문학과 현대 문학 작품을 번역했다. 양건식의 중국 문학 소개 및 번역과 관련한 기존의 연구성과를 정리하면 다음과 같다.

학계에서 처음으로 그의 연구를 주목한 논문은 1976년 이석호의 「중국문학 전신자로서의 양백화－특히 중국 희곡과 소설을 중심으로」(『연세논총』 제13집, 1976)이다. 박재연의 「양백화의 중국 문학 번역작품에 대한 재평가－현대 희곡과 소설을 중심으로」(『중국학연구』 제4집, 1988), 고재석의 「백화 양건식 문학 연구－3.1운동 이전까지의 생애를 중심으로」(『양백화문집 3』, 1995)를 들 수 있으며, 또한 최용철의 「양건식의 『홍루몽』 평론과 번역문 분석」(『중국어문논총』 제6권, 1993), 「백화 양건식의 중국 문학의 연구와 번역에 대하여」(『중국어문학』 제28집, 1996), 성현자의 「백화 양건식의 중국신문학운동 수용연구」(『비교문학』 Vol 24., 1999) 등이 있다.

단행본으로는 남윤수 · 박재연 · 김영복 편의 『양백화문집』 1, 2, 3(강원대학교 출판부, 1995)[4]을 들 수 있으며, 최근에 김영금이 연변대학교 학위

---

4 이 글의 인용문은 기본적으로 남윤수 · 박재연 · 김영복 편의 『양백화문집』 1, 2, 3(강원대학교 출판부, 1995)에서 근거했으며 이 책에 수록되지 않은 양건식의 글을 인용할 때에는 출전과 년도까지 별도로 표기했음을 밝힌다.

논문을 한국에서 출판한 『백화 양건식문학 연구』(한국학술정보(주), 2005)가 있다. 그 밖에 양건식과 그의 문학 활동에 관한 전문 연구서는 거의 찾을 수가 없다.

2000년대에 들어와 학위논문에서 양건식에 관한 연구가 속출되고 있다. 대부분은 양건식의 중국 현대 소설 및 희곡 작품 번역에 중점을 두고 있는데 최근 한국 내 중국 유학생들의 증가와 함께 양건식 업적의 문학사적 재평가가 이루어지고 있음을 알 수 있다. 발표되는 연구 논문들도 대부분 중국신문화운동에 초점이 맞춰져 있고, 고전 소설에 관한 것으로는 홍상훈의 「양건식의 삼국연의 번역에 대하여」(『한국학연구』 제14집, 2005)가 있다.

20세기 초 시대가 남겨놓은 민족적 고뇌와 지식인의 현실 인식을 중국 문학 번역을 통해서 자국민에게 일깨우고자 했던 양건식에 관한 연구는 1976년에 처음 발표되고 1990년대까지 손가락에 꼽을 정도이며, 이후에도 계속 주목받지 못하다가 최근에 와서야 학위 논문 등의 형태로 발표되고 있는 실정이니 이에 관한 심도 있는 후속 연구가 이어져야 할 것이다.

아래에 이 글에서 연구의 주요 대상으로 삼고 있는 고전 소설 관련 번역 작품과 평론문을 발표 시기, 발표 신문 및 잡지, 글의 성격 등을 중심으로 도표로 정리하여 다음 장을 위한 토대로 삼아본다.

번호	작품명	게재지	호수	시작일자	종료일자	분류
1	小說 西游記에 就ᄒᆞ야	朝鮮佛敎總報	3	1917. 5		평론
2	支那의 小說及戱曲에 就ᄒᆞ야	每日申報		1917. 11. 6	1917. 11. 9	평론
3	紅樓夢에 就ᄒᆞ야	每日申報		1918. 3. 21		평론
4	紅樓夢	每日申報		1918. 3. 23	1918. 10. 4	번역소설
5	小說로 觀察한 佛敎	佛敎	7	1925. 1. 1		평론
6	石頭記	時代日報		1925. 1. 12	1925. 6. 8	번역소설
7	水滸傳 이야기	東亞日報		1926. 1. 2	1926. 1. 3	평론

8	新譯 水滸傳	新民	9–18	1926. 1	1926. 10	번역소설
9	水滸序	新民	12	1926. 4		평론
10	紅樓夢是非	東亞日報		1926. 7. 20	1926. 9. 28	평론
11	五字嫖經	文藝時代	창간호	1926. 1. 1		평론
12	中國文化의 根源과 近代學問의 發達	東亞日報		1929. 1. 19	1929. 1. 29	번역평론
13	三國演義	每日申報		1929. 5. 5	1931. 9. 21	번역소설
14	中國의 名作小說 紅樓夢의 考證	朝鮮日報[5]		1930. 5. 26	1930. 6. 25	평론
15	長板橋上의 張飛	新東亞	24	1933. 10		평론
16	朝鮮의 文學을 위하여	每日申報		1935. 1. 1	1935. 1. 8	평론
17	水滸再讀	每日申報		1935. 8. 14		평론

3. 중국 고전 소설의 번역과 수용[6]

『서유기』

『서유기』와 연관해서 그가 발표한 문장은 모두 평론문으로 도표 1번 「소설 서유기에 취ᄒᆞ야」와 도표 5번 「소설로 관찰한 불교」의 총 2편이다.

그는 불경 연구를 위하여 1910년 각황사에 불교강습소가 개설되자

5 박재연, 김영복 편 『양건식문집』 1 부록과 고재석의 『한국근대문학지성사』 부록에 모두 『동아일보』라고 되어 있으나, 이 시기 『동아일보』는 정간된 상태였고 실제로는 『조선일보』에 연재되었음을 최용철 교수가 밝힌 바 있다(최용철, 『홍루몽의 전파와 번역』, 신서원, 2007, 190쪽).

6 논의 항목의 순서는 양건식이 발표한 시기에 따른 배열이며, 발표 분량이나 횟수와 무관하다. 기타 중국 고전 소설을 소개 · 번역한 바 있으나 여기에서는 양건식의 문학관이 비교적 구체적으로 명시되어진 육대기서六大奇書를 중심으로 다루었다.

『능엄경楞嚴經』과 『유마경維摩經』을 공부했다. 문학을 연구하는 과정에서 불교와 인연을 맺게 되었고 1915년 3월에 첫 단편 소설인 『석사자상石獅子像』을 발표하여 불심을 통해서 적자생존의 사회 현실을 구원하자는 입장을 밝혔다. 뒤이어 발표했던 단편 소설 『미迷의 몽夢』(1915, 4-5) 역시 불교적 주제를 다루었으며, 이후 불교진흥회의 전임서기이자 『불교진흥회월보』의 기자를 역임했다. 불교에 심취했었던 그가 제일 처음 소개하고자 했던 중국 문학 작품이 『서유기』였음은 자연스러운 결과이기도 하다.

1917년 5월 『조선불교총보朝鮮佛敎總報』에 『서유기』에 관한 평론을 처음 발표했다. 양건식은 중국의 소설을 연구하면서 이미 불교의 필요성을 간파했는데 1928년 9월 잡지 『불교佛敎』에 발표했던 「인류를 구제하

朝鮮佛敎叢報 47

死ᄒᆞ나嗤笑를被ᄒᆞᄂᆞᆫ境遇가不少ᄒᆞ니라
佛家에ᄂᆞᆫ布施、愛語、利行、同事、를四攝法이라謂ᄒᆞ니此四攝法을善用ᄒᆞ면前項의
弊習은改正키容易ᄒᆞ니라詩曰
人與人間接際時　謝他言句要常隨　利行同事俱親切　愛語先頭有布施

小說西遊記에就ᄒᆞ야

菊如居士

長春眞人의作인西遊記ᄂᆞᆫ宗敎小說의上乘이라
蓋佛敎가印度로부터支那에渡來ᄒᆞᆫ後에漢文學에至大ᄒᆞᆫ影響을與ᄒᆞ야一時ᄂᆞᆫ全思想界를風靡ᄒᆞ얏슴으로此에對ᄒᆞ金玉名篇이多出ᄒᆞ야今日漢文學上에重要ᄒᆞᆫ地位를占ᄒᆞ고後來吾人으로ᄒᆞ야금喜悅을不勝케ᄒᆞ도다然ᄒᆞ나一種可怪ᄒᆞᆫ事ᄂᆞᆫ佛敎에關ᄒᆞᆫ韻文、散文은大히發達되얏스나此에關ᄒᆞᆫ小說에至ᄒᆞ야ᄂᆞᆫ獨히寥々無聞ᄒᆞ얏스니當時元明淸以來로小說戲曲이非常히好尙되야宗敎의色彩를帶ᄒᆞᆫ傑作이多少出來ᄒᆞ야可觀ᄒᆞᆯ者가有ᄒᆞ얏스되佛敎에ᄂᆞᆫ西遊記를除ᄒᆞ고可讀ᄒᆞᆯ者別無ᄒᆞᆷ이라予ㅣ淺學寡聞ᄒᆞ야此以外에又有ᄒᆞᆫ지不知ᄒᆞ거니와以予觀之컨ᄃᆡ小說로此와如ᄒᆞᆫ傑作은更無ᄒᆞᆫ듯ᄒᆞ며戲曲에對ᄒᆞ야ᄂᆞᆫ支那戲曲硏究大家今關天彭先生의言을依ᄒᆞ면名作이多有ᄒᆞᆫ듯ᄒᆞ나予ᄂᆞᆫ姑히未見ᄒᆞ얏슴으로其書名ᄭᆞ지未知로라然ᄒᆞ면西遊記ᄂᆞᆫ如何ᄒᆞᆫ点으로觀ᄒᆞ야佛敎小說의上乘이라云ᄒᆞᄂᆞᆫ가從來流行ᄒᆞᄂᆞᆫ支那ᄂᆞᆫ朝鮮의

「소설서유기에 취ᄒᆞ야」
(『조선불교총보』 3호, 1917. 5)

小說로 觀察한 佛敎

白華 梁建植

小說로 본 佛敎를 뎟마대 말하라하시는데 對하야는 나는 西遊記를例로 들어 말슴하겟습니다。西遊記는 佛敎의唯一한小說로 明代無名氏의傑作인데 內容은 唐의名僧玄奘三藏이 天竺에들어가서 佛經을 가지고온事實을 가지고 絶大한幻想을 運用하야 佛旨를 小說的으로 演述한것입니다。드르는사람은 혹이 西遊記는 長春眞人丘處機의作이라하며 金丹의宗旨를말한것이라합니다。그러나 長春眞人의作인西遊記二卷은 單純한紀行文으로 全然히 달은것입니다。그런데 만이 [illegible]脫線이되엇습니다만은 아세 말슴한西遊記는 全部比喩를가지고 巧妙히 人類의作情을 曲寫하유煩惱를버리고 解脫을求하는方便을말하야 幽玄한佛理를 童話的으로 演述하야 [illegible]誕한뜻하나 寓意的譬喩譚으로 그想의幽玄하고 그筆의疑幻함과 그結構의雄大함은 世界에그比를 볼수업는作品입니다。「五雜俎」에말하기를

西遊記曼衍虛誕、而其縱橫變化、以猿爲心之神、以猪爲意之馳、其始之放縱、上天下地、莫能禁制、而歸於緊箍一咒、能使心猿馴伏、至死靡他、蓋亦求放心之喩、非浪作也、

말하면 途中의毒魔惡怪는 人心의煩惱요 그惡魔를 降伏하면서 大小八十一難을겪고 西天에 들어가서 靈鷲峰頭에 佛果를 엇고 諸佛羅漢이되얏다하는것은 即煩惱를 버리고 解脫을 求하야悟道에 들어가는經路를 말한것입니다 그런즉 西遊記는 佛敎의奧妙한敎理를 小說化한것이니 이意味에잇서 이우에 몃마데말슴은 小說로 본 佛敎라할수잇습니다。하물며 釋尊의傳記가 小說的이요 戲曲的이며 佛敎經典이 모다 小說的戲曲的으로되엿스니 이經典을 小說로본다하드래도 世界에 다시업는 至高至當한雄[illegible]傑作이라할수잇습니다。그러나 나의말을 誤解하시지마심을 바랍니다

「소설로 관찰한 불교」
(『불교』 7호, 1925. 1. 1)

는 종교」에 보면 신앙보다는 불교 사상에 심취했었음을 잘 알 수 있다.

불교를 '인류를 구제하는 종교'라고 여겼던 양건식은 한용운과 함께 불교잡지 『유심』지를 통해서 민족적이고 시대적인 과제를 논의했다. 비록 그 둘의 나이차는 있었으나 국가와 민족의 미래를 고민하는 지식인으로서의 면모는 마찬가지였다. 불교라는 사상적인 유대성을 공고히 하며 현실적인 모순을 인식하고 식민지 시대를 헤쳐나갔다. 그러나 1944년 동일한 년도에 사망했던 양건식과 한용운의 사후 평가는 상당한 차이를 보여준다. 당시에 주목받지 못했던 중국문학 수용을 주장하면서 생활고와 정신 질환으로 사망했던 점은 양건식에 대한 문학적 평가를 낮추는 이유 중 하나로 작용했을 것이다.

『서유기』에 관한 평론은 문학작품에 대한 심도 있는 논설이라기보다 불교 전파의 목적과 교화의 의도가 다분했다.

> 글자 하나하나가 다 약동하니 실로 하나의 신기축新機杻을 출出한 종교문학의 상승일 뿐만 아니라 그 문장으로 말할지라도 자못 영활자재靈活自在하여 서인西人의 이른 바 불률어不律語의 비유시譬喩詩에 가까운 것이니 저 기독교의 소설 번역의 『천로역정』이라든가 또는 『아라비안 나이트』에 비하여 훨씬 나으며 고래로 기경 심오한 교훈을 주어 불교뿐만 아니라 풍교風敎에 도움 됨이 적지 않다.……우리 조선에도 『서유기』가 수백년 전에 도래하여 언역諺譯되어 일반 사대부가에 성히 환영되었고 금일 방간坊間에도 두세 역본이 유행하나 역필이 자못 졸렬한즉 금일 불교 진흥할 시기에 이 책을 선역善譯하여 방간에 유포함도 전도상에 일조가 될가 한다(「소설 서유기에 대하여」, 『양백화문집』 3, 1995: 189-190).

종래에 유행하던 지나나 조선의 불교소설은 구조가 치밀하지 못하고 그 내용이 천편일률적이라서 염세적으로 불교에 귀의한다는 내용이라고 지적했다. 이전 작품들은 불교의 중심 교리가 오해될 소지가 다분했으나 『서유기』는 비유로써 불설佛說의 이치를 설명하는 것이 뛰어남에도 불구하고 오히려 그 가치가 제대로 평가받지 못했다고 밝히고 있다.

> 아까 말씀한 『서유기』는 전부 비유를 가지고 교묘히 인류의 심정을 곡사曲寫하여 번뇌를 버리고 해탈을 구하는 방편을 말하여 유현한 불리佛理를 동화적으로 연술하여 좀 황탄荒誕한 듯하나 우의적 비유담으로 그 상想의 유현하고 그 필筆의 변환함과 그 결구의 웅대함을 세계에 그 비를 볼 수 없는 작품입니다.……그런즉 『서유기』는 불교의 오묘한 교리를 소설화한 것이니 이 의미에 있어 이 위에 몇 마디 말씀을 소설로 본 불교라 할 수 있습니다. 하물며 석존釋尊의 전기가 소설적이요 희곡적이며 불교 경전이 모두 소설적 희곡적으로 되었으니 이 경전을 소설로 본다 하더라도 세계에 다시 없는 지고지귀한 웅편 걸작이라 할 수 있습니다(「소설로 관찰한 불교」, 『양백화문집』 3, 1995: 191-192).

『서유기』에 대한 높은 평가는 「파수만초破睡滿草-금운교전金雲翹傳」에도 나와 있다(『양백화문집』 3, 1995: 168). 양건식이 중국 문학을 국내에 처음 소개했던 작품이 소설 『서유기』였으나 아이러니하게도 그에 관한 번역은 시도하지 않았다. 사대기서四大奇書 중 유일하게 번역을 하지 않았고 평론문만 발표했다. 1917년과 1925년에 발표했던 평론문 모두 『서유기』라는 작품에 대한 평가와 문학적 가치를 논의하기보다 불경 연구와 불교 교리 전파를 위한 소개, 불교의 가치를 환기시키기 위함이었다.

『홍루몽』

『홍루몽』에 관하여 그가 발표한 글은 평론 3개, 번역소설 2개이다. 평론으로는 도표 3번 「홍루몽에 취ᄒᆞ야」와 도표 10번 「홍루몽시비」, 도표 14번 「중국의 명작소설 홍루몽의 고증」이고, 번역소설로는 도표 4번 「홍루몽」, 도표 6번 「석두기」이다.

양건식은 『홍루몽』에 대하여 두 차례 번역을 시도했다. 처음은 「홍루몽」이란 제목으로, 두 번째는 「석두기」란 제목으로 시도했으나 둘 다 완역하지 못한 채 중간에 중단되고 말았다. 그의 번역이 발판이 되어서 1930년 장지영張志瑛이 『조선일보』에서 「석두기」란 제목으로 번역을 시도하게 되며 양건식이 서문을 썼다(최용철, 1993).

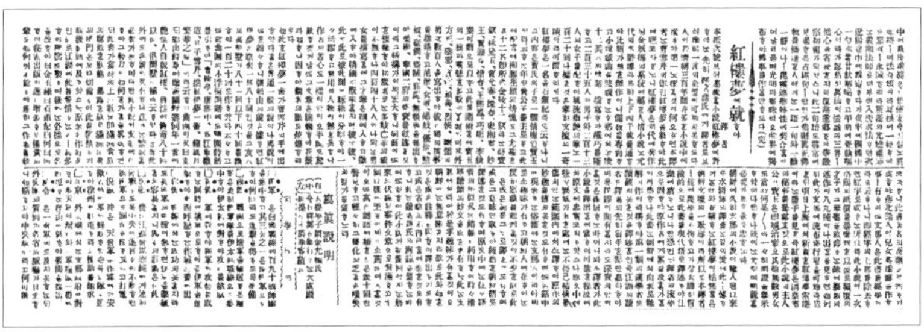

「홍루몽에 취ᄒᆞ야」(『매일신보』 1918. 3. 21. 1면)

「홍루몽」(『매일신보』 1918. 3. 23. 1면)

양건식은 중국 사대기서 중 『수호전』과 『홍루몽』의 가치에 주목하여 일찍이 높이 평가했다. 『수호전』에 관해서는 문학적 가치에 주목했고, 『홍루몽』은 작품에 내포된 사회적 고발이나 현실비판적 의식을 부각시켰다. 비록 미완성이긴 했지만 번역을 두 차례나 시도했고 평론문을 세 번이나 발표했다는 점에 근거해 봐도 『홍루몽』에 대한 애착이 특별했었음을 알 수 있다.

먼저, 1918년 3월 21일 「홍루몽에 취ᄒᆞ야」라는 평론문을 『매일신보』에 발표한다. 이틀 뒤 동일 신문에 「홍루몽」이란 제목으로 1918년 3월 23일부터 그해 10월 4일까지 낙선재본 번역문과는 다른 당시의 현대 어투로 번역을 시도했다. 총 138회를 연재했는데 원전의 제28회까지 해당된다. 작품자체의 내면적 문제와 일간지 발행이라는 환경적 요인 때문에 아쉽게도 미완에 그치자 1925년 1월 12일 『시대일보』에 「석두기」란 제목으로 다시 번역을 시도한다. 그러나 1925년 6월 8일까지 총 17회, 원전의 제 3회까지만 연재한 뒤 마감해야 했다. 이듬해인 1926년에는 「홍루몽시비」라는 평론문을 『동아일보』에 총 17회 발표해서 『홍루몽』의 문학사상의 지위, 문학적 가치, 저자 문제, 『수호전』과의 비교적 논의, 주인공의 역할을 논증하고, 전체 줄거리를 요약했으며 호적과 고힐강顧頡剛의 연구를 인용하면서 『홍루몽』에 대한 문제의식을 깊이있게 다루었다. 또, 1930년 5월 26일부터 「중국의 명작소설 홍루몽의 고증」이란 제목으로 총 17회의 평론문을 『조선일보』에 연재했다.

먼저, 1918년 『홍루몽』에 관한 첫 평론에서 『수호전』과 더불어 중국의 양대 명저로 손꼽히고 있음을 밝히고 있다.

> 『紅樓夢』은 明代에 著作된 『金瓶梅』의 系統에 屬한 人情小說노 元代의 『水滸傳』과 共히 上下 四千載를 通ᄒᆞ야 比流가 無ᄒᆞᆫ 傑作이나 儒教를 專

尙ᄒᆞ고 小說 戱曲을 賤視ᄒᆞᄂᆞᆫ 支那에서 金陵 十二美女의 佳話를 描寫ᄒᆞ야 纖巧를 極ᄒᆞ고 二百三十五人의 男子와 二百十三人의 女子를 配ᄒᆞ야 風流幽艶의 筆노 一百二十回나 編ᄒᆞᆫ 것은 寧히 文壇의 一 奇蹟이라 可謂ᄒᆞ리로다 …… 朝鮮에 久히 支那의 小說이 輸入된 以來로 『水滸傳』의 譯書는 임의 世에 此가 傳하거ᄂᆞᆯ 此와 竝稱ᄒᆞᄂᆞᆫ 『紅樓夢』이 姑無ᄒᆞᆷ은 朝鮮文壇의 一恥辱이라(「홍루몽에 취ᄒᆞ야」, 『매일신보』 1918. 3. 21).

위의 예시문처럼 중국 문학사상에서 차지하고 있는 두 작품에 대한 양건식의 높은 평가를 확인할 수 있는데 1926년 「홍루몽시비」에서는 더욱 구체적으로 분석하고 있다.

소설 홍루몽은 청조 삼백년의 제일 걸작으로 상하 사천년을 통하여 다시 없는 대장편이니 명대의 수호전과 아울러 중국소설의 일월日月이다. 유교를 숭상하여 소설 희곡을 천히 여기던 중국에서 풍류유염風流幽艶한 붓으로 이러한 대작을 지어냈다 하는 데 대해서는 또한 문단의 한 기적이라고 아니할 수 없다. 이 소설은 원명이 『석두기』이다.……저 『수호』는 주로 36남아의 강ㅇ을 다종다양으로 사출寫出하였지마는 『홍루』는 이에 반하여 금릉 12채 36미인의 여성미를 각인각양으로 발휘하기에 힘써 온유, 한장閑粧, 청고淸高, 연애, 집착, 질투, 천려淺慮, 음즐陰騭 등 모든 정해情海의 파란을 곡진하여 남녀 양성의 비환이합悲歡離合 희소노매喜笑怒罵의 심리상태를 상세히 연술演述하였다. ……『수호』는 기를 묘描함에 호탕에 이루지 않음이 없고 본서는 정을 술함에 정미精微를 다하지 않음이 없어 피彼와 차此가 중국소설의 이대 명주明珠니 대재가 아니면 어찌 이를 지을 수 있으랴 하였다(「홍루몽시비」, 『양백화문집』 3, 1995: 219, 221-222).

『수호전』과 『홍루몽』의 주요인물, 주제, 서사 구도, 서사 기교, 묘사 방법 등을 구체적으로 비교하면서 문학적 가치에 대해 높은 평가를 내리고 있다. 『수호전』은 기개가 광활하고 사건이 웅장하며 영웅 호걸들의 풍회風懷를 잘 전달하고 있는 반면에, 『홍루몽』은 정情과 운韻을 묘사하는 데 뛰어나고 여인들의 심정변화를 아름답고 곡진하게 펼치는 데 뛰어났다고 평가하고 있다.

> 이 세계적 명작소설이 오늘날 중국어학中國語學의 제일인자인 열운洌雲 선생의 연달鍊達한 붓으로 조선에 소개되는 마당에 필자의 이 해설적 고증이 그다지 무의미한 일은 아닐까 한다(「중국의 명작소설 홍루몽의 고증」, 『조선일보』 1930. 5. 20).

그는 첫머리에서 자신이 5, 6년 전에 「홍루몽시비」라는 글에서 『홍루몽』의 대의大義를 소개한 적이 있었다고 밝히고, 열운 장지영의 부탁으로 다시 그것에 관해 기록한다고 썼다. 또 『홍루몽』이 문제가 많은 작품이기에 고증적 해석이 없다면 독자들이 읽어나가는 데 이해가 되지 않아서 흥미를 잃는 곳이 많기 때문에, 이로 인해 소설의 가치와 작가의 고심도 간과될까 두려워 자신이 다시 언급하게 되었다고 이유를 밝히고 있다. 재차 『홍루몽』에 대해 고증해야 할 필요성을 강조하고 있는데 이미 두 번의 번역을 시도했고 세 번의 평론문을 발표한 상황에서 또다시 문제를 제기하고 심도 있게 다루려 했던 것을 보면, 이 작품이 가부賈府와 청 제국의 몰락을 통해 암담한 조선의 현실과 내면적인 자기모순을 고발함으로써 비판 의식과 계몽 사상이 고취되어야 할 조선의 현실과 맞닿아 있었기 때문으로 추정할 수 있다.

『수호전』

『수호전』에 관해서는 평론 4개, 번역소설 1개, 총 5개의 글이 있다. 우선, 평론으로는 도표 7번 「수호전 이야기」, 도표 9번 「수호서」, 도표 11번 「오자표경」, 도표 17번 「수호재독」이고, 번역문으로는 도표 8번의 「신역 수호전」이 있다.

『수호전』에 대한 높은 평가는 그가 발표한 글에 산발적으로 많이 등장하고 있으며 그에 대한 애착은 이미 어렸을 때 형성되었다. 「수호재독」에 보면, 어려서 우연히 『수호전』을 읽고 너무 기뻐했다는 기록이 있다. 조선의 『허생전許生傳』에 비할 수 없을 만큼 그 규모와 무대가 넓고 커서 광활한 세계에 온 것 같다며 『수호전』을 다시 읽을 필요성을 제기하고 있다. 또 「오자표경」에서는 일역본日譯本 『수호전』의 오역 상황을 꼼꼼하게 꼬집고 있는데 아마도 1926년 『신민新民』이라는 잡지에 『수호전』을 번역하면서 일역본을 참고하다가 발견한 듯 하다. 교쿠테이 바킨曲亭馬琴, 구보 텐즈이久保天隨, 간바라 하루오蒲原春夫 등의 일역본 오역을 비판했는데 근대 전환기 신구교육을 받은 지식인으로서 글자의 표면적 해독을 넘어서 심층적인 의미를 간파할 수 있었던 그의 학문적 역량을 여실히 보여주는 부분이다. 「신역 수호전」은 노지심의 이야기를 풀어놓은 것이고, 「수호서」는 재미가 있어서 의역한다고 밝히고 있다.

水滸傳 이야기 (一)

「수호전 이야기」(『동아일보』 1926. 1. 2. 4면)

양건식이 1926년 『신민』에 「수호전」을 연재하고 2년 뒤 윤백남이 1928년 5월 1일부터 『동아일보』에 「신역수호전」이라는 제목으로 번역을 시도했다. 물론 양백화의 번역본이 기초가 되었다. 양건식의 『수호전』에 대한 애착은 그의 사후 회고록에서도 살펴질 수 있다. 그가 죽은 지 10여 년이 지난 후 조용만趙容萬이 양건식을 추모하며 『민성民聲』에 「백화의 음서벽淫書癖」이란 글을 발표한 적이 있다. 이 글에서 양건식이 구보仇甫 선생과 가까이 왕래하면서 『조선문단』에 기고했었음을 밝히고 있는데, 여기서의 음서란 바로 『수호전』을 일컫는 것으로 추정된다(김영금, 2005: 67).

> 유래로 우리 조선같이 중국의 문학을 연구한 나라는 없지마는 그 대신 중국을 안다는 것은 수호전 한 질을 읽은 지식만 못하다. …… 『수호전』은 말할 것도 없이 중국소설 전체 중의 걸작이니 중국을 아는데도 저 십삼경十三經이나 이십사사二十四史를 평생을 두고 뇌를 썩혀가며 읽는 것보다 도리어 나은 작품이요 문학사상으로도 세계적 가치를 가진 대작이다.……중국소설은 두셋을 제한 외에 거의 사건 중심을 주로하고 인물의 성격은 돌아보지 아니하는 폐가 있지마는 『수호전』은 성격의 묘사로든지 그 사실의 포치布置로든지 안전하다 할 만치 성공한 작이다.…… 그 결구의 웅대하고 문사文辭의 탁려함은 참으로 중국소설의 관면冠冕이다(「수호전 이야기」, 『양백화문집』 3, 1995: 193-194).

> 문학적 작품이라고 별로 볼 것이 없는 이 땅에서 자라난 나로서는 이때까지 자차분한 이야기만 듣고 보다가 별안간 이러한 위대한 작품을 대하고 보니 마치 소천지에서 돌아다니다가 광활 세계로 갑자기 뛰어나온 듯이 그 규모의 크고 무대의 넓음에 놀라지 아니할 수 없었다.……대개

중국소설 중에 이 『수호』는 그 최고의 위位를 점하는 작품이니 첫째 그 문장으로 말하더라도 김성탄이 '천하지문장무출수호우자'라 하듯이 천고의 기문인데다가 …… 누구나 한번 읽을 만한 것이요 더욱이 현대 청년으로는 반드시 좌우에 두고 볼만 한 것이니 나는 이 만대불멸의 명저 『수호전』으로써 중국의 상하 사회를 여실히 묘사한 가장 가치있는 작품이요 문헌이라고 믿는다(「수호재독」, 『양백화문집』 3, 1995: 199-200).

그는 「수호재독」에서 『수호전』에 대하여 극찬을 하고 있다. 『수호전』의 특색을 통쾌임리痛快淋漓하다고 하고, 등장 인물의 다양한 성격 묘사와 눈앞에서 펼쳐지는 듯한 생생한 사건의 서술, 다변하는 줄거리와 굴곡진 구성 등을 높게 평가했다. 규모와 배경의 광활함에 놀라면서 천하의 기서奇書에 비유하고 13경經이나 24사史보다 높다고 칭송했다. 이것은 이념이나 교훈을 강조하는 경전經傳이나 사서史書보다 당시의 혼란한 사회를 살아가야 할 대중들의 현실적인 고민을 염두했던 그의 문학관을 잘 반영하고 있다. 조선의 소설 중에서도 구성과 내용이 뛰어난 것으로 박연암의 『허생전』을 손꼽을 수 있으나 『수호전』에 비할 수 없으며 『수호전』을 천독千讀하고 만들어낸 것이 걸작 『홍길동전』이라는 한 작가의 말을 인용하고 있다.

『수호전』을 "십삼경이나 이십사사를 평생을 두고 뇌를 썩혀가며 읽는 것보다 도리어 나은 작품"이고 "세계적인 가치를 가진 대작"이며 "만대불멸의 명저", "중국 소설 중 최고의 위치"라고 극찬을 한 배경에는 뛰어난 소설적 구성과 내용적 광활함도 있겠으나 상층 계급과 하층 계급의 현실적 모순을 세밀하게 잘 묘사하고 있던 『수호전』 자체의 주제가 한일병합 후 더욱 억압받던 조선의 정치, 사회적 상황에 비견될 수 있었기 때문이다. 통치 계급에 의해 소외된 삶까지 반영했던 『수호전』에 담긴 현실 비판적 특성을 높게 평가했었음을 알 수 있다. 따라서 중국과의 사이가 나날이 가까워 오는 이때에 『수호전』을 반드시 다시 한 번 읽을 필요가 있다고 강조한 것이다.

『삼국연의』

『삼국연의』에 관한 글로는 총 859회의 번역 소설인 도표 13번의 「삼국연의」와 평론문인 도표 15번의 「장판교상의 장비」를 들 수 있다.

우리나라와 일본에서 가장 사랑받았던 중국 소설 『삼국연의』는 근대 시기에 낙선재樂善齋의 번역필사본 이후 양건식에 의해서 처음 번역되었다. 그의 번역에 뒤이어 한용운이 『조선일보』에 『삼국지』라는 제목으로 1939년 11월 1일부터 1940년 8월 11일까지 총 281회로 번역 연재하다가 완역하지 못했다. 이후, 박태원의 번역본이 출판되었고, 또 정비석은 일본 요시카와 에이지吉川英治가 번안한 일본어판 『삼국지』를 기반으로 자신의 창작을 가미하여 1963년 1월부터 1967년 10월까지 월간지 『학원學園』에 「소년삼국지少年三國志」라는 이름으로 연재한 후 1968년 5월 5권 분량의 단행본으로 간행했다(홍상훈, 2005: 71). 양건식의 『삼국연의』 번역은 일본어판의 중역이 아니라 중문판 120회 장편을 모두, 최초로 완역했다는 점에서 큰 의의가 있고 더욱이 당시의 현대어로 번역했다는 것에 주목할 수 있다. 그때는 한국의 지식인들이 서둘러 일본 유학을 떠났고 일본화된 서구의 근대 지식을 받아들이면서 외국 작품의 일역본을 중역重譯하는 경우가 상당했기 때문이다.

양건식은 『홍루몽』과 『수호전』에 관해서 번역뿐 아니라 평론문을 발표함으로써 시대의 명작임을 강조했었으나 『삼국연의』에 관해서는 작품의 중요성이나 번역의 필요성을 언급한 적이 없다. 오히려 다른 사대기서의 작품에 비해 뒤떨어지고 있음을 표현한 바 있다.

> 이 외에 나관중羅貫中이 지은 바 『삼국지』의 대작이 있으나 평범하여 특색이 없고……(「지나의 소설급희곡에 취ᄒᆞ야」, 『양백화문집』 3, 1995: 161).

1926년 『동아일보』에 발표한 「수호전 이야기」에 보면 『수호전』이 모든 작품 중에 가장 뛰어난 대작임을 설명하면서 『삼국연의』는 그에 미치지 못한다고 밝히고 있다.

> 중국소설에 『수호전』이니 『서유기』 『삼국지』니 『금병매』니 『홍루몽』이니 하는 작품은 모두 적당한 배경을 가지고 적당한 취미와 적당한 수완 아래 된 것이지만는 그중에 『수호전』은 이 모든 작품을 대적할 만한 걸작이요 이에 비견할 작품은 달리 없다. 가령 예를 들어 말하면 『삼국지』는 역사적 흥미와 그 결구結構에 있어 볼만 하지마는 『수호전』 중에 『삼국지』가 있느냐 『삼국지』에 『수호전』이 있느냐 하면 『수호전』 중의 어느 한 부분은 『삼국지』의 흥미가 있지마는 『삼국지』 중에는 『수호전』 만한 것을 포유包有치 아니하였다……어쨌든지 소설 『수호전』은 …… 『삼국지』 『금병매』 따위는 따르려면 어림도 없을 뿐만 아니라 그 글이 피 같은 문자요 불 같은 문자인 동시에 읽는 사람으로 대장부의 본령을 알게 하고 국국절절局局竊竊하여 사람이 모두 유염有髥의 부녀자의 누습에서 벗어나게 하는 최고의 문학서이다(「수호전 이야기」, 『양백화문집』 3, 1995: 193-194, 196).

그러나 불과 3년 후인 1929년에 와서는 『삼국연의』가 완역되어 한국 최초로 신문에 연재된다. 일제의 식민 통치에 대하여 독자들의 이목을 돌리고 신문 판매 부수를 늘리기 위한 신문사측의 정치적 · 경제적 의도

三國演義 [1]

「삼국연의」(『매일신보』1929. 5. 5. 3면)

三國演義 [三]

「삼국연의」(『매일신보』1929. 5. 7. 5면)

도 있겠으나, 장편의 『삼국연의』는 별 탈 없이 완역될 수 있었다. 연재문을 보면 제목 옆에 일정한 그림을 삽입시켰고 번역문 중간에 당일 번역 내용과 관련된 그림을 2-3단에 걸쳐 크게 싣고 있다.

『삼국연의』 번역 연재문에 내용과 부합되는 그림을 실었다는 점이 기타 다른 번역문 연재와 확연히 다른 부분이다. 일간지에 매일 새로운 그림을 삽입함으로써 독자들의 흥미를 유발시켰다. 또, 1933년 『신동아』에 발표했던 「장판교상의 장비」에서는 이전에 비해서 긍정적인 평가를 내린다.

> 우리가 『삼국연의』를 애호하는 이유의 하나도 여기 있거니와 통틀어 말하면 이 『삼국연의』에 나오는 그 시대의 인물은 『수호전』의 가작인물假作人物과 달라 실재인물인 만큼 우리에게 홍미를 더 많이 준다(「장판교상의 장비」, 『양백화문집』 3, 1995: 214).

예시된 기록에서 알 수 있듯이 1910년대에서 1920년대 양건식은 『삼국연의』에 관해 주목하지 않았으나 1930년대에 와서는 실제 역사를 바탕으로 한 흥미로운 작품이라고 재평가하고 있다. 용감한 대장과 영웅의 아들이 사람을 경탄케 하는 이야기들은 천고에 뛰어난 비장하고 쾌절快絶한 무용담이라며 『삼국지』의 문학성을 역사적 근거에서 찾고 있다. 촉한의 명장 조자룡이 아두를 품고 조조의 백만 대군을 헤치며 빠져나오는 초인적 용맹을 예로 들면서, 고아한 기개와 충군의 기상을 높이 칭송하고 있다. 이것은 아마도 1929년부터 2년 4개월간 총 859회에 걸쳐 신문에 번역 연재하면서 작품의 문학성에 대해 새롭게 인식하게 되었기 때문으로 보인다. 이전에는 "역사적 흥미와 결구"에서 그저 볼 만했던 작품이었으나 1933년에 와서는 "천고에 뛰어나 비장하고 쾌절한 무용담"이라고 격상된 평가를 받게 되는 것이다.

『수호전』에 대한 문학사적 가치와 사회사적 평가에 훨씬 미치지 못하지만 육대기서 중 유일하게 완역된 작품이 『삼국연의』였음을 고려한다면, 작품 자체에 대한 예술성보다 근대시기 한국 사회가 갈망했던 시대적인 요구가 투영되었음을 알 수 있다. 양건식 자신이 언급했듯이, 실제 인물의 사적을 근거로 만든 작품이기 때문에 현실적인 개연성을 부각시킬 수 있었다. 혼란한 사회를 구원할 영웅이 억압되고 부조리한 현실에서 벗어나게 해줄 것이라는 희망을 역사에서 반추하려던 것이다. 이러한 점에서 양건식은 『삼국연의』를 완역한 후에 이전과는 상반된 새로운 평가를 내릴 수 있었다. 실제 역사에서 근거한 소설을 소개함으로써 일제 통치 하에 억압받던 조선인들에게 암담한 현실을 헤쳐나갈 수 있는 긍정의 메시지를 전달하고자 했다.

4. 전통의 번역과 근대성

이상에서, 근대 전환기 각종 신문과 잡지에 발표된 중국 고전 소설 번역문과 평론문을 중심으로 양건식의 중국 문학 수용양상을 살펴보았다.

낙선재에 보관되어온 조선시대의 중국 소설 번역 필사본의 발견은 19세기 말 한국 근대 문학사의 중요한 일부가 되었다. 이후 단절되었던 중국 소설에 대한 번역은 20세기 초 양건식에 의해서 재개되었다. 그의 중국 소설 및 희곡 작품의 번역은 국내에서 처음 시도되는 작품들이 상당수 포함됐다는 점에서 더욱 주목할 만하다. 그는 번역과 평론을 통해서 이상과 현실이 괴리된 사회현실을 반성하고 조선이 나아갈 바를 계획했다. 번역과 함께 계몽 사상과 개화 의식을 전달하고자 노력했으나 한 나라의 문화가 녹아든 문학 작품을 다른 나라의 언어로 완벽하게 번역해내는 것이 불가능함을 이미 인식하고 있었다. 번역가의 입장에서 원문을 함부로 삭제하거나 첨가하는 것을 반대했고, 독자의 입장에서 부자연스러운 번역 때문에 내용적 오해를 초래할까 고심했던 흔적이 뚜렷하다. 신문에 번역문을 연재할 때는 축자번역에 대한 독자들의 지루함을 달래고 번역가로서의 고충을 토로하고자 독자와 소통하는 호소문을 기재하기도 했으며 번역에 대한 자신의 견해를 피력하기도 했다. 번역자의 태도로써 기본적으로 직역을 고수했으나 원작의 뜻을 왜곡시키지 않는 범위 내에서 부분적인 의역을 시도했다.

> 本 譯者가 此小說을 譯出홈에 當ᄒᆞ야 可能ᄒᆞᆫ 程度에서 原文에 忠實코저 ᄒᆞ얏스나 原文 中에 些少 變氣가 有한 處에ᄂᆞᆫ 不得已 結構를 傷치 안ᄂᆞᆫ 範圍 內에서 改譯ᄒᆞ야 原作의 妙趣를 傳치 못ᄒᆞᆫ 것도 有하며……(「홍루몽에 취하여」, 『매일신보』 1918. 3. 21. 1면)

그 편언척구片言隻句의 미微에 내포된 묘미가취妙味佳趣를 전하기는 도저히 불가능합니다. 그러기에 원뜻을 상치 않도록 의역을 시도한 곳이 많아, 역문은 다만 그 형을 그리고 그 선을 모摹치 못하였으며 다만 그 말을 기록하고 그 소리를 쓰지 못한 때문에……그 진지 산초酸楚한 정신의 금옥문자를 화하여 용렬무미한 와락瓦礫을 만든 죄는 이 나의 감수하고 깊이 부끄리는 바입니다(「비파기琵琶記」, 『양백화문집』 2, 1995: 6).

한자에 대한 해박한 소양을 갖춘 그였으나 일본판의 번역도 모두 참조하면서 번역의 어려움을 인식했을 뿐 아니라 어설픈 번역이 초래하는 왜곡된 현상을 우려했던 것이다. 번역이 창작 이상의 수고로운 노력이 필요함은 다음의 문장에서도 분명하게 밝히고 있다.

이 극본을 역출할 때에 삼인의 역본을 호상 참조하였는데 극중의 동일인의 말로 세 역본이 정반으로 다 같지 아니함에 이르러는 역자도 한참은 곤란하였다. 번역이 창작보다 어렵다 함이 이를 이름인지(「인형人形의 가家에 대하여」 附言, 『양백화문집』 3, 1995: 125)

양건식의 중국 고전 소설 번역은 단순한 내용의 전달, 의미의 옮김이 아니었다. 그 스스로가 언급했던 것처럼 발전된 내일을 위하여 과거를 알아야 했다. 한국의 근대는 번역과 함께 성장했다. 일본이라는 창을 통해서 서구의 선진 문물을 받아들이기 위해 외국의 작품을 번역했다. 식민지 시대에 억눌린 심정이 현실에 대한 적극적인 저항으로 나타나지 못하고 전통을 부정하고 과거를 단절하고픈 소극적인 방식으로 분출되었다. 지나간 역사를 지우고픈 과거에 대한 부정의식은 세상을 향한 적극적인 저항이 아니라 자아 내부를 향한 냉소적인 반응이었고, 극복할 수 없는 현실 부조리에 대한 왜곡된 의식의 발로였다.

이 시기를 전통의 단절과 외래 문화의 이식이라는 각도에서 접근한다면 양건식의 중국 고전 문학 수용에 대한 업적은 간과될 수밖에 없다. 서구 및 일본의 강압적인 개입 속에서 성장한 타의적인 근대성과 전통을 부정하려는 시각은 재고해야 할 문제이다. '동쪽'에서 온 근대는 전통을 무시한 개혁에 치중했고, 뿌리 없는 꽃을 피우기에 전념했기 때문이다. 이러한 사회적 배경 속에서 양건식은 신문학의 도입뿐 아니라 고전 문학의 중요성을 부르짖었으나 그의 외침은 정세의 시급함에 묻혀버렸다.

양건식에게 외국 문학을 연구하는 목적은 자국 문학을 발달케 하기 위함이었다. 조선 문학에 크게 영향을 미쳤던 중국문학을 이해해야만 한국과 중국의 전통적 동질성과 변별점을 파악하고 그 기초 위에 새로운 세상으로 나갈 수 있다고 파악했다. 중국 문학을 소개하는 이유는 전통을 부활시키자는 복고의 목적이 아니었다. 오히려 현실을 정확히 파악하고 미래를 대처하기 위한 기반이었다. 과도기적 근대성의 발판을 단절되어야 할 전통이 아닌 뿌리처럼 녹아든 '옛 것'에서 찾았다. 동쪽에서 온 개화된 문명의 필요성은 인정했지만 전통과 혁신의 조화를 꾀하고자 하였으니, 전통이 부재한 문명의 단순 이식이 아니라 전통에서 발아된 한국화된 근대를 꿈꾸었던 것이다.

외세의 개입으로 본격화된 근대는 전통이라는 토대를 어떻게 접근하는가에 따라 새롭게 평가될 수 있다. 서구에서 건너온 '떠오르는' 근대성을 정착시키기 위해서 과거의 제국 지나에서 온 문학들이 비판받아 '마땅했던' 그 시대에도,[7] 부정할 수 없었던 동아시아 공공의 문화가 수천

7 "당시 서구 열강이 전 세계로 자신들의 세력을 확장시키기 위해 사용한 '문명'이라는 개

년의 시간 속에서 함께하고 있었기 때문이다. 시대의 흐름과는 '다른' 방식으로 계몽을 부르짖었고, 대다수의 지식인과는 '다른' 시각으로 근대에 접근했기에 양건식에 대한 연구가 소략되어왔던 것은 사실이다. 그러나 일본 유학파들이 '새 것'에 대한 희망을 꿈꿀 때 양건식은 '옛 것'에서 뿜어져나온 기층 문화의 힘을 자각하고 있었고, 그것을 토대로 중국의 신문학과 문학 혁명이라는 새로운 사회 변화를 주시할 수 있었다.

그에게 있어 중국 신문학 및 백화 문학을 번역하는 것과 고전 문학을 번역하는 것은 다른 맥락이 아니었다. 중국과 우리의 상황이 유사했고, 우리의 기층적 사고관이 중국의 사상과 문화에 밀착되어 있었던 현실을 고려했기 때문이다. 한국 문단에 새로운 기풍과 신문학에 대한 인식을 고취시키기 위하여 고전문학 번역에 매진했다.

> 반신문학의 작품이 어미, 사상, 예술 두 방면에서 보아 입각할 여지라고는 조금도 없는데 어째서 저들에게 대두할 기회를 주었는가? 이는 필연코 신문학이 보통적으로 국인國人의 환영을 받지 못하고 국인國人의 신사상에 대한 이해가 부족한 까닭인 듯 하다(「반신문학反新文學의 출판물이 유행하는 중국문단의 기현상」, 『양백화문집』 3, 1995: 324).

그는 신문학이 국민의 호응을 받지 못한 이유로 사상과 예술 방면에서 깊이가 없고 신식부호를 함부로 남용한 미숙한 백화문만 즐비하게

넘을 『황성신문』 편집자들은 동양의 기원을 재해석하는데 적용했고……한국과 중국 고대로부터 이어 내려온 이야기들은 이에 따라 새롭게 편집되었고, 개화된 것으로 칭송받을 만한 업적들은 강조되었지만, 이전에 인정받은 업적이라 할지라도 문명의 개념적 틀에 들어맞지 않으면 쓸모없는 역사로 격하되었다." (앙드레 슈미드, 『제국, 그 사이의 한국』, 정여울 옮김, 휴머니스트, 2007, 225쪽)

쏟아져나왔기 때문이라고 지적하며 상투적인 작품 내용과 형식이 반反신문학의 기세를 높이게 된 주 원인이라고 꼬집었다. 결국, 그의 궁극적인 목적은 반反신문학이 아니라 내용과 형식이 성숙치 못한 신문학에 반대했을 뿐 근대문인 장빙린章炳麟, 후스胡適, 왕궈웨이王國維, 황쭌셴黃遵憲, 천두슈陳獨秀, 저우수런周樹人, 청팡우成仿吾, 고힐강顧頡剛 등의 저명한 글을 번역하고 인용, 소개하면서 우리와 상황이 비슷했던 중국의 상황을 타산지석으로 삼고자 했다. 대가들의 글을 번역하고 국내에 소개하면서 스스로도 신문학의 필요성을 깨닫고 있었고 근대 신문학의 형성과 신문화의 적극적인 도입에 전통이 기초가 되었음을 파악하고 있었다.

> 문예부흥의 근인은 고전문학의 수입과 신대륙의 발견 등이었다. 중국의 문학혁명도 외국사상의 수입이 근인이요 그 결과는 문예부흥과 마찬가지로 소위 '인간의 발견'이었다(「반신문학의 출판물이 유행하는 중국문단의 기현상」, 『양백화문집』 3, 1995: 324).

> 조선과 비교적 습속이 근사한 저 지나의 그 사상 감정과 상상의 반영인 소설과 희곡의 평민문학을 연구하여 금일 일부 청년문사에 의하여 수입되는 서양문학과 잘 융합 조화하여 조선문학에 공헌하는 인사가 있으면 이 행심幸甚이로다(「지나의 소설급희곡에 취ᄒᆞ야」, 『양백화문집』 3, 1995: 166).

그는 일본을 통한 무조건적인 서구 문화 수입에 동의하지 않았다. 조선 문단의 정체성을 파악하고 있었기에 중국과 뿌리 깊은 전통적 공공성을 재고한 후 조선의 주체적인 특성을 발양시켜 서구 학문과 조화시키고자 했다. 일역본을 참조해서 중국 문학을 번역하기도 했던 것은 객관적인 평가와 입장을 견지하면서 전통의 가치를 일깨우고, 왜곡된 번역물의 출판이 미치는 악영향을 방지하고자 함이었다. '제대로' 된 번역을 통해서 계몽을 이끌고 조선의 현실에 맞는 신문학을 창작하여 근대사회를 맞이하고자 했다. 「원시시대의 예술」 기자부언記者附言에 보면, "朝鮮藝術이 衰敗를 極한 今日에 處하야 半萬年의 燦然하든 古代藝術을 復興하고 同時에 新時代의 藝術을 創造하야써 統一하고 調和하야 新朝鮮 藝術을 表現함이 吾人에게 무엇보다도 焦眉의 急務"(『동아일보』 1920. 5. 18. 4면)라고 했다. 모두가 일본과 서구를 바라보며 '새 것'에 대한 개혁을 부르짖을 때 홀로 중국의 '옛 것'을 꿋꿋하게 소개했던 것은 전통에 대한 객관적인 평가 위에 창신함을 조화시켜 조선의 상황에 맞는 신문학의 출로를 찾고자 했던 것이다. 이런 점에서 양건식의 중국 고전 문학 수용은 근대 시기 한국과 중국을 위시한 동아시아 문학의 전파와 수용에 대해 새로운 시각을 제공해줄 수 있으며, 한국 근대 번역 문학사에서 소략되어온 중국 문학과의 교류 및 영향 관계에 다층적인 조망을 가능케 해줄 수 있다.

참고문헌

가라타니 고진, 『일본근대문학의 기원』, 박유하 옮김, 도서출판b, 2010.

강내희, 「근대성과 번역」, 『비평과 이론』 제14권 1호, 2009.

김병철, 『한국근대번역문학사연구』, 을유문화사, 1975.

김복순, 『1910년대 한국문학과 근대성』, 소명출판, 1999.

김영금, 『白華 梁建植文學 硏究』, 한국학술정보(주), 2005.

김영민, 『한국 근대소설의 형성 과정』, 소명출판, 2005.

김욱동, 『번역과 한국의 근대』, 소명출판, 2010.

______, 『근대의 세 번역가』, 소명출판, 2010.

김현미, 『글로벌 시대의 문화번역』, 또하나의 문화, 2005.

남윤수 · 박재연 · 김영복 편, 『양백화문집』 1,2,3, 강원대학교 출판부, 1995.

리우, 리디아, 『언어횡단적 실천』, 소명, 2005.

벤야민, 발터, 『언어 일반과 인간의 언어에 대하여; 번역자의 과제 외』, 최성만 옮김, 길, 2008.

사에구사 도시카쓰 외, 『한국근대문학과 일본』, 소명출판, 2003.

사카이 나오키, 『번역과 주체』, 후지이 다케시 옮김, 이산, 2005.

선문대학교 중한번역문헌연구소, 박재연 校註, 조선시대 중국소설희곡번역자료총집, 『삼국지통속연의』, 학고방, 1998-1999.

선문대학교 중한번역문헌연구소, 김장환 · 박재연 · 김영 공역, 조선시대 중국소설희곡번역자료총집, 『서유기』, 학고방, 2005.

선문대학교 중한번역문헌연구소, 박재연 校註, 조선시대 중국소설희곡번역자료총집, 『슈호지』, 학고방, 2001.

선문대학교 중한번역문헌연구소, 권도경 · 박재연 · 김영 校註, 조선시대 번역고소설 총서17, 『홍루몽』 상 · 하권, 이회문화사, 2004.

수요역사연구회 편, 『식민지 조선과 매일신보』, 신서원, 2003.

安廓, 『조선문학사』, 한일서점, 1922

앙드레, 슈미드, 『제국, 그 사이의 한국』, 정여울 옮김, 휴머니스트, 2007.

윤치호, 『윤치호 일기』 제3권, 서울국사편찬위원회, 1974,

李孝德, 『표상공간의 근대』, 박성관 옮김, 소명, 2002.

조재룡, 「동서양의 문화번역론 비교연구 - 루쉰과 베르만, 베르만과 루쉰」, 『비교문학』 제48집, 2009.6.

崔溶澈, 「梁建植의 紅樓夢 評論과 飜譯文 분석」, 『中國語文論叢』 제6권, 1993.

최용철, 『홍루몽의 전파와 번역』, 신서원, 2007.

페데리코, 마시니, 『근대중국의 언어와 역사』, 이정재 옮김, 소명출판, 2005.

한원영, 『한국신문연재소설의 사적 연구』, 푸른사상, 2010.

홍상훈, 「梁建植의 三國演義 번역에 대하여」, 『한국학연구』 제14집, 2005.

『每日申報』 영인본, 경인문화사, 1984

『每日申報』 http://gate.dbmedia.co.kr.access.ewha.ac.kr/

『東亞日報』 http://www.donga.com.access.ewha.ac.kr/pdf/archive/

『朝鮮日報』 http://srchdb1.chosun.com.access.ewha.ac.kr/pdf/i_archive/

이인로의 『파한집』으로 본 한중 문학의 관계

쉬즈샤오

1. 이인로와 『파한집』

이인로李仁老는 자가 미수眉叟, 아명은 득옥得玉, 호는 쌍명재雙明齋이고, 고려조 의종毅宗 6년(1152)에 태어나 고려조 고종高宗 10년(1220)에 죽은 고려조 제일의 대시인이다. 이인로의 일생은 세 시기로 나눌 수 있다. 어린 시절 그는 총명하고 글을 잘 썼으나, 안타깝게도 어려서 부모를 여의고 의지할 곳이 없었으므로 화엄승통華嚴僧統이었던 숙부 요일廖一의 손에서 성장했다. 이 기간에 삭발을 하고 5년 동안 탈속적인 생활을 유지하다가 나중에 환속했다. 명종明宗 연간 과거에 장원급제하여 계양군桂陽郡의 서기로 부임했다가 14년 동안 사한史翰으로 출입했다. 신종神宗 연간에 예부원외랑으로 자리를 옮겼다. 만년인 고종 연간 초에는 비서감의 우간의대부右諫議大夫를 지내다가 정중부鄭仲夫의 난이 일어나자 벼슬에 뜻을 두지 않고, 오세재吳世才, 임춘林椿, 조통趙通, 황보항皇甫抗, 함순

咸淳, 이담지李湛之 등과 가깝게 지냈으므로, 세상 사람들이 '죽림고회竹林高會', 또는 '해좌칠현, 강좌칠현海左七賢, 江左七賢'이라 일컬었다. 그 후 마침내 생을 마쳤다.

고려의 대시인으로서 이인로는 일찍이 중국의 삼분오전三墳五典과 제자백가를 익히 읽었고, 직사관으로 14년 동안 종사하면서 '이 나라는 오직 동방의 당나라 기풍을 오래도록 흠모하며, 문물과 예악은 실로 이 제도를 지킨다'라고 하는 당시의 분위기에 힘입어 중국 시화詩話의 영향을 받은 『파한집破閑集』을 저술했다. 그는 책의 발문跋文에서 본서를 편찬한 의의를 다음과 같이 밝히고 있다. '중외中外의 제영題詠 가운데 법으로 삼을 만한 작품을 모아' 이를 따라 '후대에 전함'으로써 '아주 사라져 전하지 않는' 지경에 이르지 않도록 한다는 것이다. 이로써 이인로가 중국 시화 저작의 형식으로 자국 및 중국의 영향을 받아 '법으로 삼을 만한' 작품을 수집하고 후대에 전할 만한 시화를 남겨, 비록 '시화詩話'라는 제목을 걸지 않았으나 시화의 유형에 따르는 그의 저작 『파한집』을 지었다는 사실을 알 수 있다.

『파한집』을 통독하면, 먼저 다음과 같이 강렬한 인상을 받게 된다.[1] 책 속에서 한국 시인과 그 작품에 대한 내용을 언급한 것에 주목하지 않는다면, 이 저술 전편의 내용이 중국 시화 저작과 전혀 다름이 없다는 점이다—체제는 물론이고, 글이 진행되는 방식, 인용이나 문장 구성, 전고典故, 직접 창작한 오언 및 칠언의 시가 작품에 이르기까지 '진짜와 헛갈릴' 정도이다. 『파한집』 전체에 흘러넘치는 농후한 한문의 분위기는 이것이 중국식을 모방한 가장 이른 시기의 한국 시화 저작임을 증명하기

1 본문에서 상술한 이인로의 『파한집』 자료는 한국 국립 충남대학 조종업 선생이 편찬하고 한국 태학사에서 1996년에 간행한 『수정증보한국시화총편』에 근거한다.

에 충분하다.

아래에 몇 가지 방면으로 논증과 분석을 진행하려 한다. 먼저 중국의 역사적 사실－역사적인 인물뿐 아니라 역사적인 사건과 전고 등을 인용할 것이다. 이 방면의 사례와 증거가 많지 않지만, 작가가 중국 역사에 대해 은연 중 숙지하고 있음을 알기에 충분하다.

예를 들어 『파한집』 중권 첫 머리에서 “지혜로운 이는 형체가 아직 없을 때에도 미리 알아보지만, 어리석은 이는 이를 보고 아무 일도 아니라면서 태평하게도 아무 걱정을 하지 않는다. 환란이 일어나서야 초조하게 구원을 받고자 노력하니 어찌 생사존망과 성패에 이로울 것인가!智者見於未形, 愚者謂之無事, 泰然不以爲憂, 及乎患至, 然後雖焦神勞力思欲救之, 奚益於存亡成敗數哉!”라고 말하면서 그는 전적으로 중국의 역사적 사실을 예로 들고 그에 대한 설명으로 증거를 삼는다. “이는 편작扁鵲이 제齊나라 환공桓公의 병을 구할 수 없었던” 이유와 같고, “옛날 한漢나라 문제文帝 때에 내정이 안정되고 백성들이 부유하였으나 가의賈誼는 그것을 걱정해서 뼈아프게 울었던” 이치와 같으며, “당唐나라의 문황文皇이 나라를 세운 뒤에 나날이 삼가고 두려워하는 일이 늘었으며 전보다 더 나태하지 않으려 했음에도 위징魏徵이 십점十漸의 상소를 올렸던” 것과 같다. 여기서 작가가 열거한 중국의 역사적 사실은 모두 잘못이 일어났을 때 철저히 방비하며, 환란이 일어나기 전에 미리 방지해야 한다는 이치를 밝히는 전형적인 사례로서 저자가 말한 “지혜로운 이는 형체가 아직 없을 때에도 미리 알아보지만, 어리석은 이는 이를 보고 아무 일도 아니라 한다”라는 근거로 삼기에 부족함이 없다. 또한 이는 저자가 중국 역사에 대해 깊이 이해하고 있음을 명백히 드러내 보이는 사례이기도 하다. 또한 몇몇 시가 문학 작품과 관련한 화제를 언급하면서도, 저자는 그 문제를 설명하기 위해 상고 시대의 신화와 전설을 포함한 중국 역사를 자유롭게 언급하며, 인물의 성명과 사적을 들어 이야깃감으로 삼고 있다. 예를 들어 "복희伏羲씨가 천하에 왕 노릇할 때부터", "막고야산邈姑射山에 신인神人이 있다", "이윤伊尹, 부설傅說, 직설稷契", "공자孔子, 맹자孟子, 순자荀子, 양자楊子", "한위漢魏로부터 육조六朝를 지나 당송唐宋에 이르기까지 면면히 이어져"와 같은 구절들에서 성군, 현신, 고사高士, 승려 등을 한데 아울러 저자의 붓으로 술술 풀어내고 있는 것이다. 이는 그가 문학-특히, 시가 창작에 있어서 중국의 역사적 사실을 자유자재로 운용하는 능력을 갖추고 있었음을 확인시켜주기에 충분하다.

2. 『파한집』에 인용된 중국 시화

물론 책의 전편에서 중국 문학의 사례들을 인용한 것이 중국 역사의 사례를 든 것보다 훨씬 더 많다. 이 책은 어쨌거나 시화 저작이기 때문에 언급하는 주요 내용도 문학-시학을 둘러싸고 전개된다.

책의 전편을 두루 살펴보건대, 이러한 인용은 대략 두 종류로 나눌 수 있다. 하나는 직접 인용이고, 또 하나는 간접 인용이다. 직접 인용의 예를 들면 『파한집』 상권 앞부분의 두 번째 부분에 이런 내용이 있다.

> 혜홍惠弘의 『냉재야화冷齋夜話』를 읽었는데, 열 일고여덟 작품이 모두 맑고 고와서 탈속적인 구상을 갖추고 있으므로 원작을 꼭 보고 싶다. 가까이 『균계집筠溪集』을 놓고 보니 대부분 증답편贈答篇이라 재미삼아 볼 수는 있지만 모두 앞의 시들에 심히 미치지 못한다. 혜홍은 비록 뛰어난 재능을 지닌 인물이지만 쓸모없음을 아주 면하지는 못했다.

여기서 작가는 『냉재야화』와 『균계집』이라는 혜홍의 책 두 권을 직접 인용하며 그에 대한 평론을 진행하고 있다. 한편으로는 작가가 중국 시화 저작 및 시가 작품에 대한 자신의 관점을 피력함으로써 한국 시인들이 창작하는 데 귀감을 제시하고 있다. 다른 한편으로는 이로부터 작가의 감상 및 상응하는 사고를 촉발시키고 있다. 그러나 책에서 직접 인용이 상대적으로 많은 것은 시가작품, 그중에서도 "바람 소리 쏴아아 역수는 차가워라風蕭蕭兮易水寒"라든가, 「민농憫農」의 "누가 소반에 놓인 밥에 대해 아는가! 한 알 한 알 다 쓰리고 아픈 것을誰知盤中餐, 粒粒皆辛苦"과 같은 구절이다. 특별히 주의할 만한 가치가 있는 것은 작가가 글 속에서 한국 시인의 회문시回文詩를 설명하면서 전적으로 중국의 회문시를 소개하고 있다는 점이다.

> 회문시는 제량齊梁 시기에, 아마도 일종의 문자 유희로서 시작되었을 것이다. 옛날 두도竇滔의 아내가 비단을 짜고 났는데, 베틀의 날줄, 씨줄의 대가 그대로 남아있었다. ……대저 회문이라 하는 것은, 바로 읽으면 쉽게 읽히고, 거꾸로 읽으면 읽는 소리가 아무래도 어색하고 막히는 듯 하고 말의 뜻은 거의 없으니 기술적이라고 일컫는다.

이 글에서는 한국 시인의 회문시 창작 기원이 중국 회문시와 그것의 특징으로부터 비롯되었음을 직접적으로 소개하는 한편, 이 특수한 형식의 시가에 대한 설명을 부연하고 있다.

간접 인용은 대부분 물그림자를 훑는 듯 두루뭉술한 데 그치며 깊이 있는 논의를 진행하지 않는다. 예를 들어 화엄월사華嚴月師는 "시를 짓는 데 가도賈島의 풍골風骨이 있었다"라고 하는데, 과연 '가도의 풍골'이라는 것은 무슨 뜻인가? 화엄월사의 그 시 어디에 '가도의 풍골'이 드러나 있는가 등에 대해서는 언급하지 않았다. 인용한 한국 시화 가운데 중국 시인의 사적을 예로 들면서도 분명하게 풀어쓰지 않았다. 예를 들어 "요즘 사람들이 말하기를, '옛날 송옥宋玉이 가을을 슬퍼했다고 들었는데, 오늘날에는 황원黃元이 저녁놀을 두고 목 놓아 우는구나'라거나 '송옥의 옆집에서 사마상여司馬相如를 뽑았다더니, 시어의 유창하고 아름다움이 모두 한 가지더라' 등의 구절이다. 언급할 필요가 있는 것은 다음의 구절이다. 작가는 상권에서 한국의 유명한 명승지인 지리산을 묘사하는 글에서 청학동을 소개하면서 특별히 도연명陶淵明의 『도화원기桃花源記』에 등장하는 세외도원世外桃源을 인용한다.

> 어제 서재에서 우연히 『오류선생집五柳先生集』에 실린 '도원기桃源記'를 거듭 보았다. 대저 진秦 왕조 때 사람들이 전란에 염증을 내고 처자를 거느린 채 깊은 산골의 험한 오지를 찾아들어 갔는데 나무를 하거나 약초를 캐는 사람들조차 그 사는 곳을 알지 못했다. 진 왕조 태원太元 시기의 어부가 요행히 한 번 그곳에 이르렀지만, 결국 그 길을 잊어 버려서 다시는 찾아가지 못했다고 한다.

흥미로운 점은 작가가 '도화원'과 '청학동'을 비교하면서 양자가 실로 "다르지 않다"라고 여기는 점이다. 그는 이 두 곳이 모두 "신선의 낙원이 어디에 있느냐 물으면, 꽃 떨어져 물 흐르며 사람을 유혹하는 곳이라 試問仙源何處是, 落花流水使人迷"는 시구로 묘사되는 유토피아라고 생각한다.

직접 인용이든 간접 인용이든 작가 이인로가 책에서 대량으로 인용하거나 직접 편찬한 오언시, 칠언시 및 초사楚辭 · 이소체離騷體의 시, 사육변려문四六騈儷文 등 작품이 모두 농후한 중국 문학적 정서 및 구조를 드러낸다는 점, 그리고 작가 자신이 탄탄한 한문의 공력을 지니고 있다는 사실을 유심히 살펴야 할 것이다.

3. 이인로와 중국 문인의 문학관 비교

이인로는 문학의 가치와 작용에 대해 독특한 자신만의 견해를 가지고 있었다. 이러한 견해가 비록 중국에서 기원한 것이라고 명시되지는 않았지만, 중국 문인들의 입론과 다른 점이 전혀 없으며, 어느 정도로 엇비슷하게 일치하는 것이 사실이다. 예를 들어, 『파한집』 하권에 이런 언급이 있다.

> 천하의 일 가운데 신분의 귀천과 재산의 빈부로 높고 낮음을 정하지 않는 것은 오직 문장뿐이다. 문장을 짓는 것은 해와 달이 하늘에 아롱지는 것과 같다. ……이로써 말을 하건대, 문장은 스스로 가치를 정한다. 부로도 깎아내릴 수 없는 까닭에 구양영숙歐陽永叔은 이렇게 말한 바 있다. "후대 사람들은 참으로 공정치 않아라, 오늘날에 이르러 성인도 현인도 자취가 없구나."

여기서 이인로의 문장의 가치와 작용에 대한 인식은 조비曹丕가 『전론典論』의 「논문論文」에서 "문장은 나라의 기틀이 되는 큰 사업이며, 영원히 쇠퇴하지 않는 융성할 사업이다文章乃經國之大業, 不朽之盛事"라고 주장한 내용과 약속한 듯이 일치하며, 이른바 "해와 달이 하늘에 아롱지는" 이라는 표현은 곧 "문장은 나라의 기틀이 되는 큰 사업이며, 영원히 쇠퇴하지 않는 융성할 사업이다"라는 뜻과 다름이 없다. 뿐만 아니라, 작가는 여기서 특별히 천하의 일 가운데 오직 문장을 짓는 일만이 "신분의 귀천과 재산의 빈부로 높고 낮음을 정하지 않는"다고 말한다. 또한 구양수의 말을 빌려 증거를 보완한 것으로 미루어 중국 문인의 문학 인식이 한국 시인 이인로에게 얼마나 깊은 영향을 주었는지 알 수 있다. 그는 문학文章의 가치와 작용에 대한 중국 문인의 주장을 표준으로 삼아 천하의 문장을 판단하고자 했다. 동시에 우리는 고려 왕조의 위대한 시인 가운데 한 사람인 이인로의 문학(물론 시가를 포함하여)에 대한 인식과 중시를 확인할 수 있으며, 그 깊이가 상당한 수준에 이르러 당시 한국 문단에서 쉽게 찾아보기 어려운 수준이었음을 알 수 있다.

문학의 가치와 작용에 대한 인식으로 말미암아 우리는 이인로 시의 창작 규율에 대한 총론과 개괄을 확인할 수 있다. "시는 마음에서 근원한다詩源乎心"라는 그의 시각은 중국 시인이 예부터 표방해왔던 "시는 뜻을 말하며, 노래는 말을 읊는 것이다詩言志, 歌詠言"(『서경書經』「순전舜典」), "시라는 것은 뜻이 가는 대로 이루어지나니, 마음에 있으면 뜻이요, 말이 되어 나오면 시이다詩者, 志之所之也, 在心爲志, 發言爲詩"(『모시毛詩』「서序」), "시라는 것이 심령을 이끄는 까닭은 감정과 의지를 노래하기 때문이다詩者所以導達心靈, 歌詠情志者也"(『수서隋書』「경적지經籍志」) 등의 주장과 완전히 일치하며 일맥상통한다. 작가는 『파한집』 하권에서 두 문인의 앵부시鶯賦詩를 들었을 때의 일을 언급하며 "시는 마음에서 근원한다"라는 그의 입장을 표명하고 이렇게 말했다.

> 옛날과 오늘날의 시인은 사물에 뜻을 의탁하는 경우가 많았다. 두 사람의 작품은 처음에 서로 기약한 바가 없는데도 사용한 어휘의 처연한 아름다움이 마치 한 사람의 입에서 나온 것만 같다. 스스로 재주가 있음에도 쓰이지 못하는 막막함을 천지를 헤매며 정처 없이 떠도는 상황으로 그리는데, 다만 몇 자를 적은 것만으로 그런 정서가 또렷하게 드러나니, 이를

일러 시는 마음에 근원을 둔다고 하는 것이리라!

이인로는 두 사람의 문인이 "처음에 서로 기약한 바가 없는데도" 도리어 "사용한 어휘의 처연한 아름다움이 마치 한 사람의 입에서 나온 것만 같다"라고 말했다. 두 사람이 회재불우懷才不遇의 감정을 드러내는 데 있어 그토록 닮아 있다는 사실은 시가작품이 분명 마음의 뜻을 기탁한 것이며 동일한 마음의 뜻은 동일한 마음의 소리를 내기 마련임을 설명한다. 여기서 우리가 특히 주목해야 할 점은 그가 제기한 "사물에 뜻을 의탁하는" 기법으로, 이는 중국의 『시경』 시대에 이미 제기된 시가 창작의 수법—비흥比興에 다름 아니다. 이인로는 이 점을 충분히 인식하고 있었으며, 이를 시인의 작품 및 그 예술 기법의 표준 가운데 하나로 삼았다.

이인로는 『파한집』 뿐 아니라 그가 서술한 『쌍명재시집雙明齋詩集』에서도 "시는 마음에서 근원한다"라는 인식 및 관점에 대해 피력했다. 그는 이 시집의 「서」에서 이렇게 말했다.

> 옛날 「복상서蔔商序」에 이르기를, "마음에 있으면 뜻이요, 말이 되어 나오면 시이다"라고 했다. 양자운楊子雲도 다음과 같이 말했다. "마음의 소리를 말하노니 모두 마음일 따름이다. 비록 하늘과 땅 사이가 늘 고요와 어둠 속에 잠겨 그 형상을 볼 수 없을지라도, 말에 의지해야만 나중에 시에서 드러나는 것이다. 그런 후에는 쇠와 돌같이 소리가 없는 사물들도 두드리면 소리가 나는 법이다. 이로써 굴원과 송옥의 서글픔, 도연명과 사령운謝靈運의 고즈넉함, 이백李白과 두보杜甫의 구속되지 않는 초탈함 등은 천년이 지난 후에도 그 시를 읽는 사람이면 누구나 그 사람됨을 가히 상상할 수 있다. 투명하게 빛나서 더 이상 전혀 바랄 나위도 없는 것처럼, 옛

사람의 정서와 상황을 알고자 한다면, 시를 버리고 어찌 하겠는가?"

이 서문 형식의 글에서 우리는 "시는 마음에서 근원한다"는 이인로의 '선언'을 충분히 확인할 수 있다. 그리고 그의 '선언'에서 드러나는 논의와 인증 또한 여느 중국 문인의 시론과 엄연히 흡사하다. 그 논술의 언어와 열거한 시인, 제기한 바의 견해는 만약 이 글이 어떤 고려 왕조의 문인의 손으로 쓰인 것이라는 사실을 몰랐다면, 읽으면서 대개 어떤 중국 문인의 시집에 실린 「서」라고 생각했을 것이다. 이인로가 받은 한문의 영향은 이 「서」에서 더욱 심화되어 진짜 중국 한문과 섞어놓아도 거의 구별되지 않을 지경에 이른다. 게다가 이인로가 「서」 가운데서 제기한 "시는 그 사람과 같다詩如其人" — "그 시를 읽는 사람이면 누구나 그 사람됨을 가히 상상할 수 있다讀其詩可以相見其爲人"라는 관점, "옛 사람의 정서와 상황을 알고자 한다면, 시를 버리고 어찌 하겠는가?欲知古人之情狀者, 舍其詩奚以哉"라는 주장은 사실 맹자가 초기에 시가를 논하며 이른바 '사람을 알고 세상을 논하다知人論世'라고 한 것과 동의어처럼 보인다.

그러나 한국 문학 비평사 속에서 자신만의 독특한 풍격 특징을 갖춘 비평가로서 이인로의 시가 창작 이론이 보다 더 중국의 영향을 많이 체현하고 있는 부분은 형식적인 표현을 중시한다는 경향이다. 여기서 『파한집』을 부석해보고자 한다.

이인로는 특히 두보少陵를 중시하며 추종했다. 그래서 탁구법琢句法 — 시구에 대한 정밀한 조율과 수정 작업 — 을 중시하고 주장했다. 그는 『파한집』 상권에서 이에 대해 한바탕 논의를 개진하며, 소식蘇軾과 황정견黃庭堅까지 언급한다.

탁구琢句하는 법은 오직 소릉만이 그 오묘함을 다하여 "해와 달은 우리

안의 새에게도 미치며, 하늘과 땅은 물가의 부평초에게도 같아라"라든지 "십년 더위 속 민산의 갈옷을 입고 지내며, 삼년 서리 속 초나라 땅 작은 집에서 빨래를 했네"와 같은 시구를 지어냈다. 대저 사람의 재능은 그릇의 모나고 둥근 것과 같이 준비되지 않으면 이루어지지 않으며 천하에서 새롭고 특이한 장관을 보여 사람들의 마음과 눈을 즐겁게 하기 심히 어려우니 진실로 재능을 계발하는 데 게으름을 피우지 말아야 한다. 마치 느린 말이 연나라에서 월나라까지 먼 길을 가는 것처럼 채찍으로 때리며 부지런히 하지 않으면 목적한 곳에 닿을 수 없다. 그래서 옛사람들은 비록 뛰어난 재능이 있더라도 감히 망령되이 손을 놓지 못하고 반드시 시구를 갈고 닦는 수고를 더했다. 그런 뒤에야 하늘에 드리워진 서광과 무지개처럼 아롱져 천고에 빛나는 걸작을 지어낼 수 있었던 것이다. 날이 가고 계절이 바뀌도록 고치고 다듬으며 아침저녁으로 시를 읊고 짓는데 한 글자를 쓰더라도 쉽게 정하지 못하였으며 평생 다만 세 편 밖에 짓지 못하더라도 '퇴推'자를 쓸까, '고敲'자를 쓸까 고민하며 경조윤의 수레를 침범하고 지나치게 몸이 마르도록 반산飯山을 넘고 서봉西峰에서 뜻을 다하며 한밤중 종소리가 날 때까지 잠 못 이루기를 셀 수 없이 하였다. 소식과 황정견에 이르러서 그 일을 다루는 방법이 더욱 정묘해져 빼어난 기세가 사방으로 뻗어가니 탁구하는 법의 뛰어남이 가히 두소릉과 나란히 할 만 하더라.

이 글에서 이인로가 시구의 조탁과 퇴고를 특히 중시했으며, 그의 이러한 시 작법에서 두소릉, 소동파蘇東坡, 황산곡黃山穀은 특별한 표본이자 전범으로 제시되었다는 점을 분명히 알 수 있다. "대저 사람의 재능은 그릇의 모나고 둥근 것과 같이且人之才如器皿方圓"라는 구절에서, 그는 사람의 재능을 그릇에 비유하여 "반드시 시구를 갈고 닦는 수고를 더必加

煉琢之工"해야 비로소 "천고에 빛나는輝映千古" 걸작을 지어낼 수 있다고 강조했다. 그러므로 이인로의 붓 아래서 "날이 가고 계절이 가도록 고치고 다듬으며 아침저녁으로 시를 읊고 짓는데旬鍛季煉, 朝吟夜諷"라는 가도賈島식의 '퇴고推敲' 노력은 가장 추종하고 숭상할 만한 것이었다. 실로 한국의 조종업 선생이 지적한 바와 같이, 이인로의 시론은 특히 '용사用事'－즉 수사법－를 중시하여, 당시의 다른 시인(이규보李奎報 등)들이 이른 바의 논지(새로운 뜻의 강조)와는 일치하지 않는다. 이인로는 '용사'－"그 일을 다루는 방법을 더욱 정묘하게 하여使事益精"에 대해 『파한집』 하권에 다음과 같은 주장을 남겼다.

> 시인이 시를 지음에 용사를 많이 하는 것을 '죽은 사람 명부點鬼薄'라 일컫는다. 이상은李商隱의 용사가 하도 편벽되어 서곤체西崑體라 불렸는데 이는 문장을 짓는 데 있어서 일종의 폐단이라. 근자에 소식과 황정견이 잇달아 일어났는데, 비록 그 방법을 추종하고 숭상하나 글을 짓는 방법이 날로 교묘해져서 마치 도끼와 끌의 흔적이 없는 것과 같으니 가히 청출어람이라 이를 만하다.

여기서 작가는 소식, 황정견과 이상은을 비교함으로써 소식, 황정견의 "글을 짓는" 방법이 용사의 가장 뛰어난 사례라고 설명한다. 그래서 이인로의 시대에 한국 시단은 송대의 시인들에게 더욱 강한 영향을 받았음을 알 수 있다. 동시에 중국의 종당宗唐과 종송宗宋 기풍의 영향이 당시 우리 나라에까지 미쳤음을 헤아릴 수 있다. 바로 이 때문에 비로소 이인로는 대담하게 황정견의 '환골탈태換骨奪胎' 기법을 '용사' 즉 시가 형식의 방면에서 내딛은 큰 진보라고 주장했던 것이다. 『파한집』 하권에서 그는 이렇게 적었다.

> 황산곡은 시를 말하면서 고인의 뜻을 바꾸기는 어렵지만 말은 만들어 낼 수 있다고 하며 이를 '환골換骨'이라 불렀다. 고인의 뜻을 모범으로 삼고 따라서 그것을 형용하는 것은 일컬어 '탈태奪胎'라고 했다. 왕창령王昌齡이나 곽정일郭正一처럼 기계적이고 생경한 방식을 모방하면서 높은 경지에 오른다고 하더라도, 지나치게 경박하거나 너무 심오해서 알기 힘든 기술이 될 따름이니, 어찌 이른바 고인이 이르지 못한 곳에서 새로운 뜻을 찾는 것을 정묘하다 하리오!

여기서 이인로가 주장한 내용은 사실 북송의 황정견으로 대표되는 강서시파江西詩派의 '환골탈태'법이다. 이른바 "고인의 뜻을 바꾸기 어렵"기 때문에 "고인의 뜻을 모범으로 삼고자"라고 한 것은 사실 뜻을 중요시하지 않고 '용사' 즉, 수사와 표현을 중시하는 입장이다. 이인로의 시론이 특히 시가 창작의 형식 방면에 치중한 중국의 영향을 받았다는 사실을 알 수 있다. 그는 '용사'를 강조하고 탁구법과 '탈태환골'법을 주장하여 한국 문학 비평사에서 고려 시론사의 형식론자로 간주된다. 이에 대해 조종업 선생의 다음과 같은 글이 참고가 될 것이다. 그는 이렇게 말했다.

> 용사란 무엇인가? 고사故事, 고어故語, 고의故意를 사용하는 것을 일컬음이다. ……용사가 있으면 반드시 수사는 그것을 따르기 마련이다. 그러지 않으면 도용이 되기 때문이다. 이는 용사의 수단이 내용을 중시하는 데 있지 않으며 형식적인 수사의 수단임에 기인한다. 고려 중엽의 시풍은 송대의 소식과 황정견의 영향을 받았으며, 특히 산곡의 환골탈태법에 비교적 치우치는 경향이 있었는데, 그 가운데 종주가 되는 사람이 이인로이다. 이인로는 당시 칠현七賢의 무리와 더불어 죽림고회竹林高會를 결성하고 그

우두머리가 되었다.

이인로의 전적인 '용사' 중시, 즉 시가 형식에 치중하는 경향은 당시 이규보, 최자崔滋 등이 '의意'를 중시한 것과 선명한 대조를 이루며, 고려 시론의 양대 유파를 형성한다. 대개 이인로는 시론, 시작법의 방면에서 '용사'를 중시했을 뿐 아니라, 시가 창작의 실천에 있어서도 이러한 주장을 체현하고자 했다. 그러지 않았더라면 최자가 『보한집補閑集』 중권에서 그의 작품을 다음과 같이 평가하지 않았을 것이다.

> 미수眉叟는 도얏만을 말하고 꽃은 말하지 않았으니 비록 용사의 공력이 깊다고 하나 무슨 성과가 있는가? ……이학사李學士의 글은 구절구절 모두 용사가 있어서……대저 사물을 체현하는 작품에서 용사는 언리言理에 미치지 못하고 언리는 형용함에 미치지 못한다. 그러나 그 기술이 졸렬하면 그저 뜻을 세우고 말을 만드는 데 급급할 따름이다.

최자의 포폄褒貶이 이 글에 충분히 드러나는데, 당시 시단이 이인로가 극력 주장한 용사, 시가 형식의 중시에 전혀 찬동하지 않았음을 알 수 있다. 이는 자연스레 최자가 이인로 『파한집』의 후속편으로 나중에 『보한집』으로 개명했던 『속파한집續破閑集』을 지은 뜻이 어디에 있었는지에 대한 생각으로 이어진다.

4. 『파한집』에 대한 평가

상술한 분석을 통해, 우리는 고려 왕조의 위대한 시인 가운데 한 사람인 이인로가 분명 중한 문학 관계의 축소판이자 표준이 된다는 사실을 분명히 알 수 있다. 『파한집』만 보더라도 전체를 세 권으로 나눈 가운데 83조의 시화를 싣고 있는데, 대부분이 한국 역사 속의 삼국, 통일신라, 고려 왕조의 시인 및 그 작품에 속하지만, 광범위하게는 중국의 역사, 문화 및 시인들의 작품과 이론을 포괄하고 있다. 이 책은 시화를 제목으로 걸고 있는 한국 최고의 대작은 아니지만, 한국시화 창작의 물길을 튼 작품으로 이후 대량의 시화 작품들, 예를 들어 『백운소설白雲小說』·『보한집』·『동인시화東人詩話』 등을 이끌어 한국 문학사상 대단한 성과를 거두었다. 『파한집』은 유구한 역사를 지닌 중한 문학 및 문화 관계사상 우뚝한 이정표로서 한국 문인들이 외국문학을 귀감으로 삼은 사례가 되는 동시에 현지의 창작 실제와 결합해 국가적이고 민족적인 특색을 지닌 문예 이론으로 총괄하여 풍부한 자국문화의 보고를 이루었음을 보여주는 대표적인 사례이다. 이는 중한 양국 문학 관계사의 뚜렷한 사적을 형성했을 뿐 아니라 후세를 위한 모범이 되었기로 매우 기뻐할 만한 일이다.

제2부

세계 문학과 동양적 가치

서구의 시각으로 본 당대 문학의 가치 판단과 세계 문학의 기준

왕훙투

1. 당대 문학의 가치

최근 학계에서는 중국 당대 문학當代文學의 가치에 관한 논쟁이 격렬하게 벌어지고 있다. 그리고 그에 대한 사람들의 견해도 제각기 다양하다. 몇 년 전 독일의 한학자 쿠빈顧彬이 중국 당대 문학에 대해 냉정하고도 부정적인 의견을 발표해 큰 파문을 일으킨 바 있다. 이번 논쟁은 주로 중국 본토 학자들 사이에서 벌어졌지만 논쟁의 요지는 여전히 쿠빈의 폄하적 발언과 밀접하게 연관되며, 그의 담론에 대해 긍정과 부정, 두 측면에서 해석 또는 재해석한 것이다.

천샤오밍陳曉明은 당대 중국 문학이 1960년대의 발전을 거치면서 유례없는 고도의 경지에 도달했다고 여긴다. 그는 "당대 중국 문학은 결코 퇴락한 역사가 아니다. 몇몇 작가들과 작품들은 탄탄한 토대를 마련했고, 그것들은 세계적 수준의 작품들로서 중국 문학의 독특한 경험을 창조했다. 이는 현대 세계 문학에 대한 하나의 공헌이다"라고 주장한다(천샤오밍, 2010: 34-35). 그러나 샤오잉肖鷹의 관점은 이와 첨예하게 대립된다. 그는 현재 중국 문학이 매우 저속한 상태에 있으며, 천샤오밍이 선도하는 당대 문학에 대한 평가는 '중국 학자적 입장', 즉 본토 학자의 문화적 입장이라는 기치 아래 재건된 것으로서, 현상에 안주해 폐쇄적인 '만리장성격 태도'를 고수하는 경향이 있다고 규정한다(肖鷹, 2009-2010, 王彬彬, 2009-2010).

논쟁 시 쌍방의 말투는 격렬했고 사용 어휘는 신랄했으며 때로는 감정적인 대응을 보였는데, 이는 무엇이 문학적 가치이고, 어떻게 당대 문학 작품을 평가할 것인가에 대한 양쪽 입장의 심각한 견해 차이에 기인한다. 이러한 이견이 발생한 원인은 각자의 학술 배경, 지식 계보의 차이 때문이다. 그러나 그보다 더 중요한 원인은 그들이 가진 인문 가치에 대한 정서가 다르기 때문이다. 이 논쟁에서 그들은 사실상 서로 다른 문학적 기준을 인용하여 중국 당대 문학의 가치를 평가하고 있다. 천샤오밍은 어떻게 하면 현재의 중국적 경험에서 출발하여 본토 문화의 가치를 확립할 것인가 하는 입장을 중시하는 반면, 샤오잉을 중심으로 한 학자들은 보편적인 문학 기준을 염두에 두고 현재의 문학 발전이 보여주는 갖가지 불만스러운 상황들을 지적한다. 본토의 경험과 입장 그리고 보편적 기준이 여기서 서로 충돌하기도 하고 어긋나기도 하면서 파란을 일으키는 것이다. 학자들 사이에 깊숙이 침투되어 있는 보편적 문학 기준은 19세기 초에 시작된 '세계 문학' 이념과 밀접한 관계가 있다. 이 글은 '세계 문학' 이념에 대하여 분석하고, 이를 통해 중국 당대 문학의 가치에 대한 논쟁의 본질과 의의를 보다 명확하게 이해하고자 하는 데에 그 목적이 있다.

2. 세계 문학: 아름다운 신세계, 패권적인 보편 기준인가?

'세계 문학'을 언급할 때마다 사람들은 대부분 1827년 1월 괴테가 에커만에게 했던, 지금도 인구에 회자되는 어록을 회고한다. 괴테는 그가 막 읽은 중국 소설 한 편[1]과 프랑스 시인 베랑제의 작품을 언급하면서, "나는 점점 더 확신한다. 시는 인류가 공유하는 정신적 재산이다…… 민족 문학은 이제 아무것도 아니다. 이미 세계 문학의 시대가 도래했다. 이제 한 사람 한 사람 모두 자신의 역량을 발휘하여 그 시대를 앞당겨야 한다"(艾克曼, 2002: 221)라고 선언했다.

괴테의 이 말은 눈앞에서 창을 열고 부르면 아름다운 신세계가 저 지평선 위에서 나올 것같이 생생하다. 사람들은 머지않아 아주 새로운 세계로 진입할 것이다. 각 민족의 물질 생산 교류가 나날이 빈번해짐에 따라, 문학과 같은 정신 창조 활동도 더 이상 민족의 울타리에 갇히지 않고 상당 정도 다른 민족의 영향과 침투와 제약을 받게 되며, 전면적인 교류를 통해 상호 작용하는 상황에 도달하게 된다. 이는 교류가 모든 것이 되는 시대에, 교류에서 살아남지 않으면 곧 사멸됨을 의미한다. 그것이 기존의 문학 판도를 바꾸어 전 인류의 일체화된 문학, 세계 문학을 촉진할 것이라는 것은 의심의 여지가 없다.

세계 문학의 시대에도 민족 문학은 단기간 내에 소실되지 않는다. 그러나 일체화된 문학은 반드시 모종의 보편적인 문학 가치 기준을 생산할 것이다. 민족의 역사 발전과 심미 취향의 차이 때문에 각 민족 문학의 평가 기준이 똑같이 획일화될 수는 없다. 세계문학 담론에서 각 민족은 비록 추상적 의미의 평등을 향유하지만 그 지위와 영향력은 사실

---

1 쭈광치옌朱光潛 선생은 괴테가 언급한 중국 소설이 『風月好逑傳』일 수 있음을 밝힌 바 있다.

상 각각 다르다. 강한 힘을 가진 민족의 문학 기준은 세계 문학의 보편적 기준이 될 수 있으며, 보편적 기준의 형성에서 더 큰 발언권을 향유한다. 괴테의 다른 어록을 살펴보면, “우리는 외국 문학을 고도로 중시하는 동시에 또한 모종의 특수 문학을 고집하여 그것을 본보기로 받들어서는 안 된다. 만약 본보기가 필요하다면 우리는 작품 속에서 아름다운 인간을 생생하게 묘사하는 고대 그리스에서 구해야 한다. 기타 모든 문학에 대해서는 역사적 시각에서 관찰할 필요가 있다”(艾克曼, 2002: 221)라고 했다.

괴테가 한 말의 전반부는 매우 타당하다. 그는 어떤 민족 문학도 다른 모든 민족을 능가하는 상위의 본보기가 될 수 없다고 생각한다. 그것이 중국이든 세르비아이든 스페인이든 모두 마찬가지이다. 그러나 후반부에 이르러 그의 관점은 놀랄 만큼 급격하게 전환되며, 상당 정도 전반부의 관점을 뒤집는 것이다. 이는 한 민족 문학이 면제권을 획득했다는 사실인데, 여기서 그는 일종의 역사를 초월하는 특권을 인정한다. 이 민족 문학은 바로 유럽 문학의 근원이라 일컫는 고대 그리스 문학이다. 고대 그리스 문학은 그 자체로 또한 하나의 민족 문학이나 역사적 정경이나 민족적 배경을 뛰어넘는 보편적 본보기의 자리로 추숭된다. 그 예술 풍격, 미학적 선호, 제재 선택, 가치 취향이 기타 민족문학의 선악과 미추美醜를 판정하는 기준과 척도가 되는 것이다. 여기서 ‘고대 그리스인’과 ‘인류’는 거의 같은 부호로 자유롭게 상호 대체될 수 있다. 물론 그 보편적 기준은 다른 민족 문학의 장점을 흡수할 수 있지만 이는 다만 국부적인 조정일 뿐이며, 전체 구조의 변화에까지 근본적으로 영향을 미치지는 못한다.

백여 년의 서학동점西學東漸은 중국문화의 면모를 철저히 바꾸어놓았다. 중국인의 마음속에서 세계 문학의 보편적 기준이 오랫동안 확실히 서구 중심이었다는 사실은 1980년대 사람들이 어떻게 '세계 문학'이라는 개념을 이해했는지 살펴보는 것만으로 알 수 있다. 당시 상당히 영향력이 있던 현대 중국 및 외국 문학 관련 연구 저작을 읽으면서 사람들은 '세계 문학'에 대해 다음과 같이 이해했다. "세계 내에서의 각 민족 문학은 유럽 문예 부흥 이래 인문주의 문학사조를 기초로, 문학 이념, 창조 방법, 비평 원칙, 예술 풍격, 미학 이론 등 각 방면에서 다른 의견에 대해서는 배타적이고 단지 일치된 의견만을 추구하는 상호 교류와 융합의 세계 공통 언어를 획득했다"(曾小逸, 1985: 22). 이 개념이 20여 년 동안 중국 문학계의 주류 담론을 형성한 이치는 너무도 자명하다. 괴테가 고대 그리스 문학을 추앙했던 것과 마찬가지로 세계 문학 역시 매우 유럽 중심주의적이다. 설사 '구동존이求同存異', '상호교류', '융합' 등 풍부한 친화적인 어휘를 사용한다 하더라도 유럽의 문화적 패권이라는 의도를 은폐하지는 못한다. 이 세계 문학의 큰 틀 속에서 유럽은 원천源泉일 뿐 아니라 뿌리이자 핵심이고 초석으로서 지배적 영향력을 발휘하며 발전 방향을 이끌어간다. 다른 민족의 문학은 단지 그 빛에 세례를 받으며 겸손하고 공손하게 그 젖을 받아먹음으로써만 총체적 세계 문학의 대열에 참여할 수 있다. 그렇지 않으면 곧 도태의 위험에 직면하는 것이다. 비록 그동안 이에 대한 의문과 추궁의 음성이 적지 않았으나 대부분 문학이라는 거대한 서사시에 가려져 사라졌다.

지금 사람들이 묻고자 하는 것은 민족과 문화의 경계를 초월하는 보편적 문학 기준이 정말 존재하느냐는 것이다. 어떤 사람들에게는 보편적 기준의 존재가 일월성신과 같은 불변의 진리라 의심 행위 자체가 허용되지 않는다. 그러나 정말 그러한가? 서양의 사상사를 거슬러 올라가 보면 소위 보편적 기준이란 것도 절대적으로 객관적인 존재가 아니며 어느 정도 사람들의 사유로부터 구축된 것임을 확인할 수 있다. 많은 사람들이 복잡 다양한 사물의 표상 뒤에 플라톤 식의 이념이 감추어져 있다고 굳게 믿는다. 영국 철학가 아이자이어 벌린以賽亞伯林의 말을 빌리자면, 이러한 관점은 "어떤 보편적 진리가 존재하고, 그것은 때와 장소를 막론하고 모든 사람들에게 진실한 것일 뿐 아니라, 이 진리는 보편적 법칙에서 체현된다"라는 확신에 차 있다. 단도직입적으로 말하자면, 보편적 인성론이 그 이론의 기초이다. 이들은 "어느 때, 어느 장소를 막론하고 인류의 기본 목표는 모두 일치한다……진리의 빛 또한 마찬가지이다. 설령 인간은 늘 덕성이 부족하고, 우둔하거나 혹은 나약하여 그것을 발견하지 못하고, 혹은 그것을 보았다 하더라도 그 빛 가운데 생활할 수 없다 하더라도"(以賽亞伯林, 2009: 33-34, 54)라고 주장한다. 그 밖에 이 보편적 가치와 기준의 담론은 강렬한 낙관주의적 분위기를 내포한다. 이는 인류 역사가 이성의 승리라는 최종 목표를 향해 부단히 전진한다고 확신하며, 단일한 방향으로의 발전 궤적은 "모든 고급문화는 계몽이라는 커다란 하나의 나무 위에 뻗어난 가지이며, 인류의 진보는 기본적으로 앞을 향해 용감하게 전진하는 일종의 운동이므로 중간에 쇄락하고 붕괴되어 끊어지는 시기가 있을 수는 있지만, 심각하게 파괴되었더라도 부단히 갱신될 뿐 아니라, 이성이라는 최종 승리를 향해 무한히 나가는 것"(以賽亞伯林, 2009: 56)이라고 믿는다.

이 사유 논리에 의하면, 지구상의 모든 민족은 먼저 민족 문학 시기를 경험한다. 지역이나 집단의 문학이 교류를 통해 민족 문학으로 융합되는 것이다. 이는 민족 문학의 내부에서 교류가 이루어지는 시기이며, 민족 문학이 세계 안에서 다중심多中心으로 제각기 발전하는 시기라 할 수 있겠다. 근대에 이르러 각 민족 문학은 세계적 교류가 증가함에 따라 점차 일체화된 '세계 문학' 의식을 갖기 시작했다. 각 민족 문학은 교류와 융합을 통해 총체적 성격을 띤 세계문학으로 생성 · 결합되었으며, 또한 이전에 내부 교류가 차지했던 주도적 지위는 각 민족 문학 간의 의식적인 외부 교류로 대체되었다(曾小逸, 1985). 이러한 상황에서 세계 문학은 어느덧 논쟁이나 의심의 여지가 없는 인간의 정도正道로 자리매김했다. 세계 문학은 수많은 사람들이 바라고 원하는 대동세계大同世界를 이룩했고 그 기준은 자연히 문학을 평가하는 보편적 기준이 되었다.

그러나 동질화, 보편성의 패권 담론에 대한 저항도 싹트기 시작했다. 이 끊임없는 목소리들은 서서히 힘을 갖게 된다. 18세기 중후반부터 적지 않은 사상가들이 문화 차이에 관심을 기울였고, 이를 기초로 문화 다원론에 관한 다양한 논의가 발전했다. 어떤 사람들의 눈에는 작은 세부적 표상에 불과해 보이는 복잡하고 다양한 차이가 독일 비평가 헤르더 Johann Gottfried Herder에게는 그 이론의 중심이 되었다. 그는 각 민족 문화의 차이를 인정했다. 그는 "인류의 각 민족 집단은 생활 방식과 제도가 다양하고 생활 의식과 경험이 다르므로 그것들을 천편일률적인 단순한 공식으로 묶는 것은 불가능하다"(以賽亞伯林, 2009: 57-61)라고 주장했다. 또한 이태리 사상가 G. 비코는 그의 거작 『신과학新科學』에서 문화 다원론의 사유 방식을 고대 신화, 의식, 법률, 예술 형상의 분석에 응용했는데, 여기서 그는 "모든 문화는 자신의 예술 작품, 사상을 표현한 생산품, 그리고 생활과 행동방식을 통해 자신을 표현한다. 그것들은 각각 자신의 개성적인 특징을 가지고 있으며, 이러한 특징은 결코 하나로 결합될 수 없다. 또한 그것은 꼭 유일한 목적을 향해 단일한 방향으로 발전하는 단계일 필요도 없다"(以賽亞伯林, 2009: 67)는 입장을 표명했다. 비코는 이러한 입장을 통해 "하나의 단일한 절대적 기준—이 기준은 사실상 후세의 비평가와 이론가의 기준이다"를 이용하여 어떤 한 세대의 성과를 평가한다는 것은 비역사적이고 시대착오적일 뿐 아니라, 잘못된 기초 위에 건립된 것이라고 주장한다. 즉 영구적인 기준—이상적 사회의 이상적 기준—의 존재를 가정하는 것이다"(以賽亞伯林, 2009: 69-70)라는 결론을 이끌었다.

'세계 문학' 이념이 보여주는 것은 바로 인류의 문학 활동이 하나의 방향으로 발전하는 원대한 전경前景임을 어렵지 않게 알 수 있다. 그것은 유럽의 문학 경험에 뿌리를 내리고 있어 이를 이용해 유럽 외 문학을 비평하고 평가할 때 균열과 실수가 발생할 수 있다.[2] 중국 고대 문학 연구에서, 이러한 경우가 늘 발생한다. 서사시나 희곡이 유럽 문학에서는 숭고한 지위를 차지하기 때문에 많은 중국학자들은 종종 중국 고대 문학에 체계적인 신화나 장편 서사시가 결여되어 있다는 사실을 부끄러워한다. 이 때문에 그들은 그 흔적을 억지로 짜깁기하며 『시경』, 『초사』나 선진 제자백가의 글 가운데서 이미 없어진 신화나 서사시의 모체를 복원해내는 작업에 엄청난 노력을 쏟는다. 희곡 문학의 발생이 늦어 원대元代에 이르러서야 완성된 형태가 나타난 점에 대해서도 적지 않은 학자들이 당혹스러워한다. 문학 체재의 구분도 골치 아픈 문제다. 예를 들면, 지금 통용되는 시가, 산문, 소설, 영상 문학을 포함한 희곡의 분류법은 서구의 분류법을 답습한 것이다. 외국 문학의 영향을 깊게 받은 중국 현·당대 문학에 이를 적용하는 것은 비교적 자연스러운 일이다. 그러나 유럽 문학과 직접적인 영향 관계가 없는 중국 고대 문학까지 같은 원칙으로 재단하는 것은 빠져나오기 어려운 늪에 빠지는 것만큼 위험한 일이다. 송대宋代 이후 출현한 희곡과 백화 소설을 제외하면, 중국 고대 문학은 시문詩文을 주요 체재로 삼는데 그 분류는 유럽 문학과 사뭇 다

2 여기서 논의된 유럽적 경험이란 유럽어(영어, 불어, 스페인어와 포르투갈어)를 사용하는 북미와 남미 지역까지 포함한다. 설령 미주 지역의 문학은 원래 존재하던 유럽적 경험에 수정과 개척을 가미했으나 사실 그 원류부터 언급하자면, 엄연히 유럽 문학에서 파생되어나온 가지이다.

르다. 『소명문선昭明文選』의 목록을 훑어만 보아도 거기에 수록된 작품은 시詩와 부賦 이외에도 문장文章의 많은 하위 장르, 즉 소詔, 책冊, 령令, 교教, 표表, 상서上書, 계啟, 전箋, 서書, 격檄, 설론說論, 서序, 송頌, 론論, 뢰誄 등을 포함한다. 부는 시와 일반 문장의 중간 체제로 운문과 산문의 혼합체이다. 문장은 부분적으로 산문체를 이용하여 쓴 것 이외에 상당 부분 시구를 이용하여 질서 정연한 대구對句, 두드러진 성운의 조화, 화려한 어휘들을 이용한 변려문駢儷文으로 쓰였다. 지금 통용되는 문학의 기준에서 보면 『소명문선』에 수록된 수많은 작품 가운데 지극히 일부만이 문학 범주에 편입되며, 그 외 작품은 대부분 실용적 기능에 편중되어 비문학적 요소가 문학적 요소보다 훨씬 더 많다. 작품의 분류가 이러하므로 문학적 개념, 취향, 풍격, 비평기준, 미학 이상 등 영역으로 폭을 확대하면 방대한 중국 고대 문학 체계는 사실상 단일한 '세계 문학'기준으로는 도저히 정리, 분류, 평가가 불가능하다.

그러나 서양 문화가 대거 중국 땅에 유입된 상황에서 백여 년 동안 사람들은 엄청나게 다양하고 복잡한 중국 문학을 '세계 문학'의 개념을 빌려 해석하고 분석했다. 문화적 자부심이 위축된 시기에 사람들은 '세계 문학'이 아닌 본래의 방식으로 중국 문학을 분석하는 것을 잊어버렸고, 전통 자원 가운데서 쓸모없는 것을 버리고 좋은 것을 새로운 방향으로 발전시켜나가는 능력마저 상실했다. 패권적 위치에 있는 서구의 '세계 문학' 담론 하에서, 사람들은 전전긍긍하며 몸을 낮추고 뒤처지는 것에 대해 두려워한다. 수천 년에 이르는 중국의 독특한 문학 경험은 서구의 개념과 틀의 맥락에서만 이해되고 합리적인 가치를 인정받았다. 그리고 이러한 보편적 기준에 흡수되거나 순화되거나 예속될 수 없는 요소들은 한쪽으로 버려졌다.

3. 복잡한 장력: 보편적 기준과 중국 경험의 경계에서

새로운 세기가 도래하면서 중국이 가속화된 행보로 국제 사회에 합류하고 거시경제적 역량을 확대하면서 애매모호했던 본토 문화 의식이 다시금 진면목을 드러내기 시작했다. 한때 바람을 일으켰던 국학열國學熱뿐 아니라 중국 당대 문학의 가치를 언급하는 논의 또한 이 본토 문화 의식을 드러내는 선명한 징조라 할 수 있다. 사실 독일 한학자 쿠빈은 중국 당대 소설을 많이 읽지 않았다. 그래서 당대 중국 문학에 대한 그의 평론은 세밀한 이론적 분석이 결여되어 있을 뿐 아니라 세심하게 고려하지 못한 점이 많다. 그럼에도 그의 '허접한 논의'는 사람들에게 중시된다. 그 이유는 눈길을 끄는 매체 효과 외에도 그가 서양인이라는 사실, 그리고 보편적 기준을 대변하여 발언한다는 점에 기인한다. 이전에도 중국 당대 문학의 가치를 전면적으로 부정하는 발언이 아주 없었던 것은 아니다. 그 발언들이 크게 주목받지 못한 중요한 이유 가운데 하나는 발언자가 모두 본토 문화권 내부에 속한다는 사실이었다. 다시 말해, 쿠빈과 같이 위에서 내려다보는 패권적 권위를 갖지 못했기 때문이다. 중국 당대 문학의 가치에 대한 천샤오밍의 긍정적 평가에서 구체적인 작품에 대한 좋고 나쁨의 평가는 이차적인 문제이다. 그에게서 가장 중요한 문제는 중국 문학 비평에서 본토 문화 경험의 자부심을 재건하는 것, 그리고 중국적인 입장에 대해 호소하는 것, 즉 강력한 서구의 발언권과 보편적 기준의 압박 하에서 중국문학 연구자의 고민을 표현하는 것이다. 중국적 입장을 취한다는 것은 중국 비평가가 자기 민족 문학 해석의 능력을 지녔음을 의미할 뿐 아니라, 더 이상 보편적 기준을 최상의 기준으로 삼지 않고 중국의 문화 맥락과 본토 경험에서 출발해 중국 당대 문학의 가치 비평이 마땅히 지녀야 할 발언권을 탈환하겠다는 의지를 의미한다.

각국의 문화 교류가 날로 활발해지는 현재 상황에서 보편적 기준의 영향과 효력을 전적으로 무시해야 한다는 점은 천샤오밍陳曉明의 발언에서 아주 분명하게 드러난다. 그는 "나의 방식은 결코 서양의 현대 문학을 버리겠다는 것이 아니다. 오히려 서양 현대소설 혹은 시 창조 경험의 기초에 견고하게 서서 중국어 글쓰기의 특성을 발굴해나가겠다는 것이다(陳曉明, 2010: 39)"라고 수차례 언급한 바 있다. 서양의 보편적 기준을 보호하고자 하는 그의 말투에 중국 본토 비평가들이 피할 수 없는 어려운 처지가 잘 드러난다. 현재 서구 문학의 경험을 근거로 삼는 보편 기준의 패권적 지위를 뒤흔들 방법을 소유하지 못했기에, 그들은 다른 한편으로 호랑이 입으로 들어가는 어려운 처지를 수수방관할 수 없어 '중국적 입장'을 호소하며 본토 문화 의식이 나고 자라는 데 필요한 공간을 창조하고, 선명하고 풍부한 본토 경험을 이용해 더 많은 발언권을 쟁취하고자 하는 것이다.

이러한 태도는 다른 비평가들로부터 강력한 호응을 얻어냈다. 장칭화張清華는 "보편적인 인문 가치와 진실한 현재의 본토 문화경험, 이 둘은 서로 분리될 수 없는 평가기준이다", "가장 가혹한 관점에서 본다 해도 당대 문학은 인문주의적 비판 정신으로 충만하며 그중에서 최우수 작품들은 타당하면서도 힘 있는 인류의 보편가치를 추구할 뿐 아니라, 당대 중국인 자신의 생존 환경과 기본 경험을 진실하고도 깊이 있게 드러낸다"(張清華, 2010: 45)라고 자신의 의견을 표명했다. 얼핏 이 말은 원칙이 없는 것처럼 보이지만 실상은 보편적 기준과 본토 경험을 대등하게 제시한 것이다. 그러나 이는 일종의 괴팍한 문화 책략에 불과하다. 보편적 가치의 존재와 효력을 직접적으로 부정하지는 않고 본토의 풍부한 역사 전통과 여러 가지가 뒤섞인 현실에서 나온 경험을 덧붙임으로써 본토 문화 의식을 확장하려는 의도가 감추어져 있는 셈이다.

어쩌면 이야말로 가장 확실하고 실현 가능한 방법일는지 모른다. 중국문학 비평에서 본토 문화 의식의 강화는 '세계 문학' 등의 보편적 기준에 전면적으로 대항하는 방식을 취하는 것이 아니며, 후자의 패권적 지위에 대한 즉각적인 전복을 시도하는 것도 아니다. 다만 점진적 방식을 통해 본토의 경험을 축적하고, 이를 통해 원래의 '세계 문학' 이념과 기준을 확장하는 데 참여하며, 그 과정에서 더 많은 발언권을 쟁취해 기존의 규칙과 패턴을 수정한다. 따라서 중국 문학 비평가들에게 이는 사실 학식과 능력과 지혜를 총동원하는 고난도의 도전이라고 할 수 있다. 이것은 '세계 문학'의 보편적 기준과 본토 경험이란 양자 사이에서 아주 오랜 시간 가는 철사 위를 걷듯이 어렵지만 균형을 유지해야 하는 작업을 의미하기 때문이다. 때로는 오만한 머리를 숙이고 보편적 기준의 합리적 부분을 인정하고, 때로는 본토 경험의 승격을 위해 목숨 걸고 필살의 일격을 가해야 한다. 때로는 자문화에 충성하는 용맹한 기사가 되었다가, 때로는 접대에 능한 노련한 외교관이 되어야 하는 것이다. 그의 사명이 바로 여기에 있다. 양자의 장력張力 사이에서 새로운 땅을 개척해내고 새로운 가능성을 길러내야 하는 것이다.

참고문헌

肖鷹, 「當下中國文學之我見」, 『北京文學』, 2010年 第1期.

_____, 「中國文學批評怪象批判——兼駁"當下中國文學高度論"」, 『探索與爭鳴』, 2010年 第4期.

_____, 「評中國當代文學批評家的"長城心態"」, 『中華讀書報』, 2009年 11月 18日.

艾克曼,『歌德談話錄』, 洪天富譯, 譯林出版社, 2002.

王彬彬,「關於“當代文學”的評價問題」,『北京文學』, 2010年 第1期.

_____,「關於“十七年文學”的評價問題」,『文學報』, 2009年 12月 4日.

以賽亞伯林,『扭曲的人性之材』, 譯林出版社, 2009.

張清華,「人文主義與本土經驗——如何評價中國當代文學, 從肖鷹對陳曉明的批評談起」,『文藝爭鳴』, 2010年 2月號(上半月).

曾小逸 主編,『走向世界文學: 中國現代作家與外國文學』, 學林出版社, 1985.

陳曉明,「回應批評: 重新闡釋中國當代文學的價值——答『羊城晚報』記者吳小攀問」,『文藝爭鳴』, 2010年 2月.

카프카의 「만리장성 축조 때」에 나타난 중국 이미지:

유럽의 오리엔탈리즘에 대한 문학적 유희를 중심으로*

김연수

1. 만리장성: 경계의 안과 밖

'성벽' 혹은 '장성'과 같은 건축물들은 '공간' 지배와 결코 무관할 수 없는 사회적, 정치적 권력의 표현임을 굳이 푸코를 인용하지 않아도 짐작할 수 있다. 오리엔탈리즘이나 (탈)식민주의 담론도 실은 공간의 조직과 재조직 과정에서 파생한 공간재현의 담론이라 해도 전혀 틀린 말은 아닐 것이다. 최근 포스트모더니즘이론에서나 문화이론에서 '공간으로의 전환spatial turn'을 운운하는 것도 이런 맥락에서 이해될 수 있을 것이다. 그러나 여기에서는 공간론적인 접근과 성찰보다는 구체적인 작품에 그려진 '성벽' 혹은 '장성'과 같은 건축물이 긋고 있는 경계선의 문화적 상징성을 성찰해보고자 한다. 그 경계선에 투사된 이념적, 문화적 차이와 긴장, 경

* 이 글은 『독일문학』 107집(2008년 9월)에 게재되었던 논문을 수정 · 보완한 것이다.

계의 안과 밖, 중심과 주변의 관계에 대한 논의를 서양과 동양 사이의 경계로 생성된 오리엔탈리즘의 콘텍스트에서 교차시켜보고자 한다.

중국의 '만리장성'을 서양인의 사유를 거쳐 '문학'이라는 허구적인 범주 안에서 다루는 카프카의 단편 「만리장성 축조 때」는 오늘날 우리의 눈으로 확인 가능한 '실제 공간'인 '역사적' 만리장성만을 지시하는 것은 아니다. 이미 카프카라는 유럽인의 사유를 거쳐 나온 '상상의 공간'이고, 게다가 문학이라는 허구적인 텍스트의 틀 안에서 '만리장성'의 의미 내지 작가의 해석도 부가되고 있을 뿐만 아니라 동시에 다양한 해석의 가능성을 열어두기 때문이다. 따라서 카프카의 '만리장성'을 이해하기 위해서는 그의 텍스트를 그 생성콘텍스트, 즉 작가 개인적인 삶의 콘텍스트와 그 삶이 관계 맺고 있던 유럽이라는 사회 공간의 역사적 · 문화적 콘텍스트, 특히 동양을 바라보는 유럽의 오리엔탈리즘 담론과 함께 고려하면서 접근하지 않을 수 없다. 이 글에서는 카프카의 작품을 이런 다양한 콘텍스트에 정위시켜보면서 그 콘텍스트들과 텍스트 사이에서 생기는 의미의 그물망을 따라 분석해보고자 한다.

2. 유럽의 오리엔탈리즘 담론과 카프카의 중국 연구

긍정적 오리엔탈리즘과 부정적 오리엔탈리즘

클라크J. J. Clark는 동서양 교류 문화사에 관한 저서에서 동양에 대한 서양의 오랜 양가적 감정을 유럽의 대표적인 문호 괴테Johann W. von Goethe와 키플링Rudyard Kipling의 말을 인용하여 표현하고 있다(Clarke, 1997: 3).

자기 자신과 타자를 아는 자는 또한 동양과 서양이 분리될 수 없음을 알 것이다. (괴테)

오, 동양은 동양, 그리고 서양은 서양이니 땅과 하늘이 신의 위대한 심판대에 서게 될 때까지 두 세계는 결코 만날 수 없을 것이다. (키플링)

한 잎인 듯 보이지만 두 잎이고, 두 잎인 듯 보이지만 한 잎인 은행나무 잎에 동양을 비유한 바 있는 괴테는 동양을 서양의 타자로 보기는 하지만, 세계를 구성하는 분리될 수 없는 상호보완적인 존재로 생각한다. 반면에 '백인의 짐을 지어라'는 문구로 영국의 제국주의를 선전했던 키플링은 동양과 서양을 이원화하여 하늘과 땅처럼 영원히 평등할 수 없는 관계로 보고 있다. 동양에 대한 서양의 이러한 양면적인 시각은 고대 그리스와 페르시아의 관계로까지 거슬러 올라갈 수 있을 정도로 뿌리가 깊지만, 18세기 이후의 현상에만 주목해보아도 역력하다. 중국 열풍을 일으킨 계몽 사상가들이나 인도문화에 사로잡혀 상상력을 키웠던 낭만주의자들은 자문화 성찰의 거울 내지 동경의 대상을 동양에서 찾기도 했다. 하지만 동양을 역사적으로 정체된, 근본적인 개혁과 계몽이 필요한 지역으로 인식하여, 근대화라는 미명하에 실제 역사 속에서 서양 제국주의의 정치적 · 경제적 지배와 착취의 대상으로 삼았던 것 역시 사실이다. 한마디로 "이상화된 유토피아, 매혹적이고 이국적인 꿈의 나라이거나 아니면 영원히 정체된 나라, 정신적으로 우둔한 나라 그리고 무지한 나라"(Longxi, 1988: 127)로 보았던 것이다.

객관적이고 공평한 지식의 형식인 듯 보이는 오리엔탈리즘이 실제로는 서양이 동양을 재구성하고 지배하면서, 동양에 대해 권위를 갖고, 서양의 자기정체성을 강화하기 위한 식민주의적 지배 담론임을 밝힌 에드

워드 사이드는 오리엔탈리즘에 대한 비판에 불을 붙였다고 해도 과언이 아니다. 그의 고찰은 학자들 사이에서 거의 정설로 받아들여지기는 하지만, 많은 논쟁을 불러일으키며 비판을 받은 것도 사실이다. 무엇보다도 그에게 있어서 '동양'은 지난 200여 년간 영국과 프랑스의 영향력 하에 있던 아랍/이슬람 세계만을 의미한다. 그는 근동 팔레스타인 부근 지역 레반트를 벗어나는 극동에 대해서는 거의 관심을 갖지 않았다. 또한 독일이라는 다른 오리엔탈리즘의 발원지도 분석 대상에 포함시키고 있지 않다는 점도 종종 지적된다. 무엇보다도 결정적인 비판은 사이드가 오리엔탈리즘을 식민지배 담론으로만 간주하여 단선적인 논리를 전개한다고 보는 데 있다. 예컨대 1800년에서 1950년에 이르는 식민지 시기에는 사이드식 설명의 설득력이 인정된다 해도, 그 시기를 거슬러 올라가면 설득력이 떨어진다는 것이다. 제국 이전에 오리엔탈리즘이 있었기 때문이다. 이외에도 자주 거론되는 예외적인 경우가 바로 독일이다. 19세기 초부터 독일 학자들은 영국 식민지 고용인들을 통해 유럽으로 흘러들어온 고대 인도의 텍스트를 번역하고 주석을 다는 데 주도적인 역할을 했으나 당시 독일은 인도나 중국을 식민지화하려는 관심이 없었다고 한다.

이러한 비판 의식에서 사이드식의 편협성과 단선적인 논리를 극복하기 위해 오리엔탈리즘을 보다 다원적이고 복합적인 방식으로 접근하고자 하는 시도들이 있다. 앞서 언급한 클라크의 입장도 그 한 예이다. 그는 기본적으로 사이드를 토대로 자신의 입장을 전개하지만 사이드가 주목하지 않았던 부분, 예컨대 긍정적 오리엔탈리즘의 경우도 포착하며, 오리엔탈리즘이 단순히 유럽의 우월한 정체성을 확인하는 수단이 아니라 오히려 자문화를 교정하는 거울로서의 기능을 보이기도 한다고 밝힌다. 그밖에 아랍권의 이슬람 세계만을 대상으로 한 오리엔탈리즘이 아닌 인도나 중국을 대상으로 한 오리엔탈리즘에 대한 연구서들이 발표되고 있다는 사실에서도 오리엔탈리즘 논의의 세분화 필요성을 알 수 있다.

오늘날 오리엔탈리즘 논의가 이처럼 다원화되고 있기는 하지만, 역사적으로 보면 서양이 동양에 대해 가졌던 시각은 긍정적 오리엔탈리즘에서 부정적 오리엔탈리즘으로 변형되었다. 동양을 여행한 서양인들 경험 이야기로는 13세기의 마르코 폴로—물론 『동방견문록』의 신뢰성은 비판적으로 도마 위에 오르곤 한다—혹은 16세기 예수회 선교사로서 동양을 향해 리스본을 떠났던 마테오 리치의 경우가 상식처럼 알려지긴 했다. 이들 이외에도 17-18세기 중엽까지 중국에 체류했던 여행가나 예수회 선교사들이 쓴 아시아의 위대한 문명에 대한 보고들이 상당량 쌓이기 시작했고 '중국의 환영에 넋을 잃게 된' 유럽의 지식인들 사이에서 중국에 대한 광범위한 열정과 논쟁이 일어나게 되었다. 특히 볼테르나 백과전서파들의 계몽주의 시대에 이르면 아시아에 대한 체계적 연구가 많이 발표되었다. 장 바티스트 뒤 알드가 쓴 4권의 『중국총사*The General History of China*』(1736)가 가장 유명한 사례이다. 이렇게 중국에 대한 정보를 접할 수 있었던 서구 지식인들, 특히 볼테르, 디드로 등의 계몽 사상가들은 동양 철학이나 중국에 깊은 관심을 보이고 심지어 중국 열풍까지 일으키며, 기독교가 지배했던 서양 중세의 대안을 중국에서 찾고자 했다.

그러나 이러한 열풍은 18세기 말엽이 되면서 차츰 식어갔고 이들이 제시했던 중국의 이미지가 다소 과장되었다는 의심이 고개를 들기 시작했다. 결국 프랑스 계몽 사상가들이 가졌던 중국에 대한 긍정적인 이미지가 칸트, 헤르더, 헤겔에 이르는 독일 역사철학에서 부정적인 이미지로 전도되었다. 오직 문명화된 유럽인들만이 보편사적인 인식에 도달했다는 유럽 중심주의적인 견해를 피력했던 칸트는 『세계시민적 관점에서 본 보편사의 이념*Idee zu einer allgemeinen Geschichte in weltbürgerlicher Absicht*』

(1784)에서 사실상 서구 중심의 보편사 이념의 도식에 맞추어 비서구의 역사를 재단하는 오리엔탈리즘의 싹을 보이고 있고, 중국의 후진성을 예로 들어 중국을 '역사 없는 민족'으로 만들었다. 칸트의 보편사 이념을 부정하고 각 민족의 독특성을 강조하려는 취지에서 헤르더는 『인류의 역사철학에 대한 이념*Ideen zur Philosophie der Geschichte der Menschheit*』(1784)을 발표했으나, 결국 유럽 문명만이 보편적인 인간성의 이념을 실현할 수 있는 예외적이고 특수한 위치에 있다고 봄으로써 역시 유럽 중심주의에 빠졌다. 헤르더 역시 중국인들은 역사의 진보를 이룰 수 없다고 보았다. 헤르더의 도식을 거의 그대로 답습하여 변증법적 역사 발전과정으로 정식화한 헤겔은 『역사철학 강의*Vorlesungen über die Geschichte der Philosophie*』에서 중국의 세계사적 위치와 의미를 규정했다. 그러나 그는 황제를 천자로 신성화하여 한 사람에게 모든 자연적인 권력을 일임하는 중국인들은 스스로의 힘으로 자신의 역사를 만들 자율적인 능력이 없었다는 부정적 중국세계론을 전개한다.

이 글에서 다룰 단편 「만리장성 축조 때」를 집필하면서 카프카가 중국에 관한 지역학적 정보를 얻었을 것으로 추정되는[1] 율리우스 디트마의 여행기 『새로운 중국에서*Im neuen China*』(1912)도 위의 독일 역사철학자들이 보여준 중국 이미지와 같은 맥락에 서 있다. 디트마는 1910년 가을 세계 일주 도중 중국을 여행했다. 1910년의 중국은 바로 그의 여행기 제목 '새로운 중국'처럼 군주국에서 공화국으로 변하는 전환기에 있었다.

---

1 Hartmut Binder, *Kafka-Handbuch Bd. 2, Das Werk und seine Wirkung*, Stuttgart, 1979, p.324. 1916년 10월 31일자 펠리체 바우어에게 보내는 편지에서 디트마의 이 책(쾰른에서 "Schaffstein's grüne Bändchen"시리즈로 출판)을 의미하는 구절을 읽을 수 있다. "Für Knaben sind allerdings die grünen Bücher von Schaffstein, meine Lieblingsbücher, das Beste…", Franz Kafka, *Briefe an Felice und andere Korrespondenz aus der Verlobungszeit*, Erich Heller · Jürgen Born(eds.), Frankfurt, 1967, p.738 참조.

1644년 중국을 지배하기 시작한 청 왕조가 19세기에는 부담스러울 만큼 큰 나라의 규모에 비해 애처로워 보일 정도로 부적절한 정부 형태를 취했고, 중국의 세계적 위상을 잃어갔다. 결국 외세에 반발하는 1910년 의화단 운동을 거쳐, 1911년 신해혁명으로 청 왕조가 무너지는데, 그 혁명이 몰아치기 직전의 중국을 디트마가 경험한 것이다.

한편으로는 내부의 제국이 무너지고 또 다른 한편에서는 서구 제국주의 열강의 압력에 저항하는 분위기 속에서 근대화를 향한 민주적인 신해혁명이 일어나기 반년 전 중국 땅을 밟은 디트마는 그의 동향인들에게 중국을 어떻게 전하고 있을까? 디트마는 중국과 한국의 경계에서부터 만주, 북경, 청도를 거쳐 홍콩으로 가면서 중국의 절반가량을 둘러보았다. 그는 중국의 "고유하면서도 아름다운 모습"(Dittmar, 1912: 30)뿐만 아니라 장유유서와 같은 공자의 가르침과 만리장성에 대해서도 상세히 기술하고 있고, "민중과 황제의 궁 사이에 전지구만큼의 간격"(Dittmar, 1912: 34)이 있음을 지적하기도 했다. "중국 고대문화에 대한 존경심"(Dittmar, 1912: 57)을 느끼며 당시 중국이 망하고 있기 때문에 서양인들이 이 부분을 간과하고 있다고 보기도 했다. 그러나 그의 중국 방문 시기가 시기인 만큼 중국 민중들의 불안과 동요를 감지하기도 했고 변화의 징후를 포착하기도 했다. 낡은 중국은 죽어가고 있다고 보았고 어디에서나 부패가 판을 치며, 그들의 성스러운 풍습이 멸시를 받아도 냉담하게 반응을 보이는 것 같다고 했다. 민중들은 "썩은 이 왕조를 전복시킬 기회"(Dittmar, 1912: 66)를 기다리고 있는 것 같다고 썼다.

디트마는 무너져가는 청 왕조의 분위기를 직접 목격했으나, 그의 관점은 유럽의 전통적인 오리엔탈리즘 담론에서 크게 벗어나지 않았다. 그는 기본적으로 서양의 우월성을 확신했고 식민주의의 정당성을 의심하지 않았다. 예를 들어 유럽인들이 건설한 중국의 철도를 유럽의 식민주의적 침입과 간섭을 위한 토대가 아닌, 개혁이 필요한 부패한 중국을 변화시키는 데 도움을 줄 수 있는 방법이라고 보면서 유럽 식민주의자들의 권력 행사를 정당화했다. 디트마는 독일의 조차 지역이었던 청도 방문에 대해 보고하는 대목에서 더욱 분명하게 오리엔탈리즘의 시각과 식민주의 이데올로기를 드러낸다. 청도는 독일이 지배권을 가지고 있던 산동성 남쪽에 위치한 교주의 수도였다. 이곳을 방문한 디트마는 "위대한 민족의 훌륭한 정착지"(Dittmar, 1912: 72)라고 묘사하고 독일의 문화, 독일의 유능함을 보여준다고 했다. 이런 유능함을 보여줌으로써 "대포"나 "철도"가 가져다주지 못하는 승리를 얻을 수 있다고 보면서 독일문화의 우월성을 재차 강조하고 나아가 진보한 서구가 아시아를 계몽할 수 있다고 보았다.

> 우리가 그것을 인식한 이래로 식민지의 의미는 다음과 같이 확정되었다. 그것은 아시아의 민족들에게 인간적인 진보와 관련한 모든 영역에서 우리가 할 수 있는 것에 대해 일종의 수업, 즉 실질적인 자료를 이용하여 구체적인 수업을 해주어야 한다는 것이다. 그러면 그들은 우리의 물건을 사고, 정책적으로는 우리와 함께 하는 것이 유익한지의 여부에 대해 숙고해볼 것이다(Dittmar, 1912: 79).

디트마의 논리는 서구가 아시아보다 우월하고 진보했으며, 서구의 식민정책을 통해서 아시아를 가르칠 수 있다는 것이다. 거꾸로 뒤집어 보자면, 중국 곳곳에서 변화의 징후를 느낀 디트마는 아시아 민족들의 진정한 개선 및 변혁은 유럽의 계몽으로만 구체화될 수 있다고 보았다. 이로써 그는 유럽 식민주의자들의 중국에 대한 팽창적인 무역 정책, 군사력 등 일련의 권력행사를 정당화했다.

작가 콘텍스트에서 본 '중국'과 '중국인'의 의미

이와 같은 유럽의 오리엔탈리즘 담론 및 역사적 콘텍스트에서만이 아니라 작가콘텍스트, 즉 카프카 개인이 중국에 관해 어떤 관심을 갖고 있었는지를 살피는 작업이 필요하다. 아래의 작품분석에서 밝혀지겠지만, 카프카는 기존 역사적인 담론들에 대해 나름 독자적인 방식으로 대응하고 있기 때문이다.

이 작품을 썼던 1917년 3월 카프카는 프라하의 센보른 궁에 있는 방에 세들어 살며 집필에 몰두했다. 클라우스 바겐바하에 따르면, 카프카가 이 집 근처에 있는 라우렌치 산의 '기아의 성벽'을 보고 「만리장성 축조 때」를 썼을 것이라고 추정한다(바겐바흐, 2005: 182). 기아의 성벽은 어떻게든 사역을 당해야 하는 죄수들에 의해 아무런 목적도 없이 축조된 것이다. 카프카의 작품에서도 만리장성이 외부로부터의 방어를 목적으로 한다면서도 그것을 짓는 부분 축조 방식은 전혀 합목적적이지 않고 마치 시지포스의 작업처럼 묘사되기 때문에 바겐바하의 추정에도 일리가 있기는 하다. 하지만 카프카의 '만리장성' 내지 '중국' 모티프는 작가가 자기 동네의 성벽을 쌓는 모습을 보고 썼다고만 하기에는 너무 오랫동안 그의 세계 안에서 숙성된 테마 영역이다.

중국 독문학자 웨이안 멩에 따르면, 카프카의 생애(1883-1924)는 독일에서 동아시아 붐이 일었던 1890년에서 1925년 사이의 시기와 일치하고 카프카의 중국 이미지 형성은 어린 시절부터 시작되었다는 것이다. "지리를 좋아하던" 카프카는 이미 학창 시절에 "먼 나라와 먼 과거 시기에 관한 글들"을[2] 즐겨 읽었고 스벤 헤딘의 아시아 여행기를 아주 좋아했다

2 Hartmut Binder, "Schüler in Prag. Franz Kafka im Spiegel seiner Zeugnisse," *Neue*

고 한다. 물론 "세계 문학 청년"(Stach, 2004: 32)이었던 카프카는 중국을 소재로 글을 쓴 괴테, 하이네, 호프만스탈과 같은 독일어권 작가들의 작품을 통해서도 중국에 대한 이미지와 상상력을 키웠을 뿐만 아니라, 당시 동아시아 열풍을 타고 출판된 무수한 중국 여행기들을 통해 어렵지 않게 중국에 관한 정보를 접할 수 있었다. 예컨대 그는 앞서 언급한 디트마의 『새로운 중국에서』 이외에도 그의 또 다른 여행기 『세계일주*Eine Fahrt um die Welt*』(1911), 프리드리히 페르친스키의 『중국의 신들에 관하여*Von Chinas Göttern*』(1920) 등을 읽었다. 여행기 이외에도 리햐르트 빌헬름이 번역한 『중국 전래동화*Chinesische Volksmärchen*』(1914), 마틴 부버의 『중국 귀신 및 연애담*Chinesische Geister- und Liebesgeschichten*』(1911), 한스 하일만의 『기원전 12세기에서 현대까지의 중국시*Chinesische Lyrik vom 12. Jahrhundert v. Chr. bis zur Gegenwart*』(1905) 등의 독서를 통해서 중국문학을 접했고, 예술, 종교와 철학, 특히 도교와 유교에 관심을 갖고 다양한 서적들을 접했다.

펠리체 바우어에게 보낸 카프카의 편지를 바탕으로 그들 관계의 모든 것을 『또 다른 소송*Der andere Prozeß*』이라는 제목의 에세이로 쓴 엘리아스 카네티는 동물 모티프를 자주 사용하는 카프카의 문학을 중국 문학의 영향으로 본다. 뿐만 아니라 그는 18세기 이후 유럽 문학에서 중국 테마가 관심을 끌기는 했어도, "진정으로 본질적으로, 서구가 제시할 만한 유일한 중국적인 작가는 바로 카프카"(Canctti, 1984: 89)라고 했다. 이러한 자신의 견해를 영국의 중국학자 아더 웨일리와의 토론에서도 확인했다고까지 강조하고 있다. 이런 외부자의 시각에서만이 아니라, 카프카 스스로가 자신을 중국인에 비유하는 대목이 있어 연구자들의 관심을 불

Züricher Zeitung, 1984. 10. 19(no.243), p.32; Weyan Meng, Kafka und China, München, 1986, p.24에서 재인용.

러일으킨다.

카프카는 펠리체 바우어와 처음 만난 1912년부터 1917년 결별할 때까지 수많은 편지를 주고받았다. 그의 편지에서는 종종 중국시가 인용되거나 언급되었고, 결혼 생활에 대한 공포나 불안 심리도 중국시를 통해 거론되었다.[3] 카프카는 1916년 5월 중순경 칼스바트와 마리엔바트로 혼자서 출장을 떠났다. 출장지에서 5월 14일자로 추정되는 편지를 한 통 보냈고 뒤이어 발송 날짜는 분명하지 않으나 내용으로 보아 5월 14일 이후에 발송한 것으로 추정되는 엽서를 펠리체에게 보냈다. 여기에서 카프카는 다음과 같이 적고 있다.

> 칼스바트는 정말 쾌적해요, 하지만 마리엔바트는 상상할 수 없을 정도로 아름답지요. [···] 내 생각에, 내가 중국인이어서 당장 집으로 돌아간다면 (사실 난 중국인입니다. 그래서 집으로 갑니다.) 난 곧 다시 여기에 오지 않을 수 없을 겁니다(Kafka, 1967: 657).

이 엽서는 마리엔바트를 "떠나기 직전에"(Kafka, 1967: 657) 쓴다고 서두에 밝혔다. 떠나는 이유는 카프카 자신이 그곳에서 "중국인"이기 때문이라는 것이다. 5월 14일자 편지에서는 "사람들과 함께 하는 모임에 나타나는 유령과 고독한 상태에 나타나는 유령이 있습니다. 지금은 후자 차례입니다"(Kafka, 1967: 655)라고 마리엔바트의 분위기를 전하고 있다. 그곳의 자연과 환경을 아름답고 쾌적하다고 표현하면서도 그곳에서 카프카는 외롭고 고독한 감정의 상태에 있었다. 이러한 고독한 감정의 상태

3 Kafka, *Briefe an Felice*, p.119; Canetti, *Der andere Prozeβ*, p.38; Stach, *Kafka. Die Jahre der Entscheidungen*, p.264; Weyan Meng, p.26f. 참조.

와 자신을 "중국인"으로 칭하는 것에 상관관계가 있으리라고 추측하는 것은 어렵지 않다. 다시 말해 카프카는 이곳에서 "유럽인들 사이에 있는 중국인처럼 외롭고 고독한" (Meng, 1986: 31) 것이다. 이는 곧 다른 사람들과 소통이 원활하지 않고, 마치 자신이 저 멀리 극동의 어느 나라에서 온 사람인 양 이해받지도, 그들을 이해하지도 못하는 상황이다. 물론 자신을 중국인으로 칭하는 것은 반어적인 뉘앙스를 풍기지만, 아무튼 카프카가 '이방인', '주변인', '소수자'로서의 자아정체성을 가지고 있다고 해도 무리는 아니다. 그는 이러한 자신의 실존적 상황을 유럽과 중국의 관계에 빗대고 있다.

3. 카프카의 '만리장성'의 문화적 상징성 읽기

사실과 상상의 공간으로서 '중국'

1917년 3월에 쓰인 것으로 추정되는 카프카의 제법 긴 단편 「만리장성 축조 때」[4]는 당시의 원고에 "만리장성 축조 때"라는 제목도 없었고, 1931년 작가의 유고집이 출판될 때 비로소 세상의 빛을 본 작품이다. 이 작품에는 만리장성 축조의 이유를 캐다가 중국의 황제 제도와 같은 정치, 사회 문제까지 생각하게 되는 일인칭 화자가 등장한다. 이 화자는 "중국의 남동부"(BcM, 56)에 위치한 "티벳 고지"의 접경 지대(BcM, 58) 출신으로 "비교 민족사" (BcM, 57)를 연구하는 역사가로 설정되어 있다. 그 스

4 Franz Kafka, "Beim Bau der chinesischen Mauer," *Beschreibung eines Kampfes. Novellen, Skizzen, Aphorismen aus dem Nachlaß*, Frankfurt a. M., 1983, p.51-62. (이 하 BcM으 로 축약하여 본문에 페이지수를 표기한다.)

스로 자신의 작업을 "하나의 역사적인" 연구로(BcM, 56) 명명한다. 지금 연구대상인 '만리장성' 축조를 직접 경험한 '역사적 사건의 목격자'이기도 하다. 역사가답게 다른 사료나 서적을 통해 객관적인 접근을 하면서 역사가로서의 상상력과 사고력을 발휘하지만, 동시에 어린 시절 장성 축조와 관련하여 받았던 교육 등 자신의 경험을 회상하면서 자신이 던진 역사적 질문에 답을 찾기도 한다. 따라서 어조도 "[……] 추론만이 남는다", "[……] 추론이다"(BcM, 55) 등 냉철하고 분석적인 사고로 유추하는 식의 어법을 사용하지만, 동시에 "나는 [……]" 혹은 "우리는 [……]"이라는 일인칭 대명사처럼 자신의 주관적인 사고의 과정 및 자기성찰적인 표현을 많이 사용한다. "내 생각으로는" (BcM, 57)이라는 표현이나 의문문 형태를 통해서 자신의 사고 과정을 표현하며, 언술 내용에 대한 화자의 주관적인 신뢰도를 표현하는 "아마도", "아마", "어쩌면", "확실히" 등과 같은 양태표현을 매우 자주 사용한다. 게다가 중국의 중심인 황제의 성이 있는 북경에 비해 자신은 남동쪽 변경 지방 출신이라고 밝힐 뿐만 아니라 "우리 중국인들은 [……]"(BcM, 57)이라는 표현에서처럼 중국인 전체와 동일시하면서도 이따금 "민중은 [……]"(BcM, 59)이라고 표현하여 그들과 거리를 둠으로써 아웃사이더적인 시각을 내비치기도 한다. 얼핏 일인칭 화자의 서술 자세만을 본다면 흡사 포스트모던 역사가의 역사서술을 한 편 읽는 것 같은 인상을 남긴다.

그러나 이 작품은 단순히 하나의 역사서술 텍스트라는 인상만을 남기지 않는다. 구체적인 시간과 공간으로 완전히 못 박아 고정시킬 수 없는, 상징적이고 신비한 차원을 내포하는 환상적인 서사이기도 하다. 이러한 인상을 남기는 까닭은, 우선 화자가 구체적인 역사 속의 한 개인으로 잡히지 않는 데에 있다. 단순히 그가 익명으로 거론되는 것이 문제가 아니라, 그가 살았을 시간적인 길이를 분명하게 규정지을 수 없는 "아주

중국의 만리장성

불확실한 인물" (Rignall, 1985: 117)이기 때문이다. '만리장성' 축조라는 역사적 사건의 목격자로서 자신을 밝힌 점을 생각하면 그 사건과 관련된 구체적인 역사적 시간대가 잡힐 수 있을 것 같지만 사실은 그렇지 않다.

이 대목에서 만리장성의 역사적 콘텍스트를 생각하지 않을 수 없다. 대략 2,696㎞ 길이의 만리장성은 그 구축된 시기가 기원전 4-5세기로 거슬러 올라가는 구간도 있고, 기원전 214년 진시황제가 대대적인 프로젝트를 실행한 것으로 유명하다. 현존하는 장성의 대부분은 주로 명나라(1352-1644) 때 지어진 것이다. 이처럼 긴 역사적 시간 속에 이 작품의 일인칭 화자는 어디에 위치하고 있는가? 텍스트에서 "축조가 시작되기 50년 전부터"(BcM, 52) 축조준비를 시작했고, 화자 자신은 축조술을 배워 장성 축조만 기다리며 빈둥대던 선배들과는 달리 운 좋게도 20살에 졸업시험을 치르고 나서 장성의 축조가 시작되었다고 서술하고 있기는 하지만, 이 정보로 그가 서 있는 역사적 시간을 추정하는 것은 불가능하다. 게다가 화자가 만리장성 축조와 그 부분축조 방식을 택한 이유를 추적하는 과정에서 관료 체제의 지도부와 황제 제도에 대해서, 심지어 황제 제도의 몰락 분위기까지 이야기하고 있다는 점을 고려하면 화자가 서 있었을 수 있는 역사적 시간은 청나라(1644-1911) 말기로까지 확장될 수 있다. 이렇게 보면 화자는 흡사 한 자연인의 목소리를 들려주는 것 같지만, 사실 그는 주변인 내지 소수자의 시각에서 긴 중국 고대 문명사를 되돌아보는 추상적인 역사주체이다. 혹은 이 작품은 일반적인 통념의 역사적 '시간의 틀'을 따르지 않고 있다.

이 작품이 환상적인 서사의 인상을 남기는 두 번째 이유는, 일인칭 화자가 객관적이고 분석적인 문체 이외에 고도로 상징적이고 비유적이며 수사적인 문체를 빈번히 사용한다는 점에서 찾을 수 있다. 상징적이고 비유적인 수사로 인해 '이야기된 것'이 우화적인 특성을 보이기도 한다. 예컨대 황제의 칙령을 전하려고 길을 떠난 칙사가 구중궁궐을 나가고 또 나가 수천 년을 뛰어나가도 결국 수신인에게 황제의 메시지를 전하지 못하는 데 반해, 그것을 기다리는 민중의 한 개인은 매일 저녁 꿈을 꾸는 것으로 묘사하는 대목에서 '구중궁궐과 개인 집의 창가', '수천 년과 매일 저녁'이라는 극단적인 시 · 공간의 배치로 그로테스크한 우화 같은 인상을 불러일으킨다. 또 다른 이유로는 일인칭 화자가 분명히 중국인 역사가로 설정되어 있는데, 그가 추적하고 있는 중국의 역사적 사건인 '만리장성'의 축조동기에 '바벨탑 신화'가 함께 작용하고 있다(BcM, 54)는 점을 들 수 있다. 물론 일인칭 화자가 '비교민족사' 연구가이므로 중국 내 다른 민족사만이 아니라 서양민족사와도 비교 연구할 수 있기는 하지만, 일반 독자의 평범한 상식을 비껴가는 대목이다. 이러한 묘사로 인해 이 작품이 중국의 역사를 소재로 취한 '사실의 공간'인 동시에 작가의 '상상이 가미된 공간'이라는 결론을 내릴 수 있다. 이런 면에서 카프카가 중국의 이미지를 빌려 무엇을 표현하고자 했는지 해석해볼 수 있는 여지가 있는 것이다.

이와 같이 '사실과 상상의 공간으로서 중국'을 이야기하는 카프카가 소위 '사실의 중국 이미지'로 어떤 중국의 모습을 작품에 도입하고 있는지, 그 이미지들을 당대 유럽 오리엔탈리즘 담론의 콘텍스트에 비추어 보았을 때 얼마나 비슷하고 얼마나 다른지를 분석해보아야 카프카의 중국이야기가 지니는 의미를 밝힐 수 있을 것이다. 우선 카프카가 원고에서 잘라냈던 미간행 원고 「'만리장성 축조 때'를 위한 단편Fragment zum 'Bau der Chinesischen Mauer'」을 이 작품의 텍스트와 비교해보면 흥미로운 점을 발견할 수 있다. 이 단편에서는 만리장성 축조 소식이 발표된 지 30여 년 뒤늦게, 즉 일인칭 화자가 열 살 때, 그의 아버지와 함께 그 소식을 접하는 것으로 시작한다. 이 장면에서 아버지 묘사로 "곰방대", "변발", "수놓은 비단 예복" 등의 이미지가 사용되었다(Kafka, 1996: 243). 이는 서양인들에게도 친숙해졌으면서도 카프카가 이 작품을 쓰고 있던 당시에도 여전히 유행했던 중국인 모습이다(스펜스, 2000: 291). 그러나 카프카는 이 부분을 최종 원고에서 삭제했다. 또한 디트마의 『새로운 중국에서』에서 언급된 중국의 전통적인 유교 풍속이나 '고유하면서도 아름다운 모습'을 다루고 있지도 않다. 중국만의 고유한 외적인 특성이라고 할 수 있는 면모들은 삭제를 한 것이다.

카프카의 작품에 그려진 이미지에 따르면, 중국은 북방의 오랑캐들이 사실은 남쪽까지 오지도 못할 정도로 지리적으로 광활한 나라이고, 역사적으로 만리장성과 같은 건축물을 생산해낸 나라이다. 사회 정치적 시스템이 억압적이고, 평민들은 제국의 기관이나 제도들로부터 무한정 소외되거나 정치적으로 미성숙한 나라이며, 황제는 천자로 간주되는 신정주의적 아우라를 지니고 있는 나라이다. 이처럼 그는 당대 유럽의 오리엔탈리즘에서 종종 언급되는 일반적인 토포스를 거의 그대로 사용하고 있다. 뿐만 아니라 황후나 황제 측근 관료들의 부패상은 물론 '중국의 역사는 정체되어 진보하지 못한다'는 부정적 오리엔탈리즘의 전형적인 담론도 바로 「황제의 칙령」 부분에서 절묘하게 묘사하고 있다. 황제도 민중과 똑같은 사람으로 죽을 수밖에 없는 존재일 텐데도 황제 제도는 영원히 지속되는, 그러나 민중은 그것을 꿰뚫어볼 수 없는 "가장 불분명한 기구"(BcM, 57)로 묘사된다.

> 칙사는 즉시 길을 떠났다. […] 그는 얼마나 헛되이 애만 쓰고 있는가. 그는 여전히 아직도 내궁의 방들을 통과하느라 억지를 부리고 있다, 그는 결코 그 방들을 벗어나지 못할 것이다, 설령 그가 해낸다고 해도 얻는 것은 아무것도 없을 것이다, 계단을 내려가려고 싸우지 않을 수 없을 것이다, 그가 그것을 해낸다고 해도 얻는 것은 아무것도 없을 것이다, 뜰을 가로질러 지나가야 할 것이다, 그 뜰을 지나면 그것에 에워싸인 두 번째 궁이 있고, 그리고 다시금 계단과 뜰이 나오고, 또 다시 궁이 나오고, 그렇게 수천 년을 지나와 마침내 그가 맨 바깥쪽 문으로 뛰쳐나와도,―그러나 결코, 결단코 그런 일이 일어날 수 없다―비로소 세계의 중심, 그 침전물이 가득 높이 퇴적된 군주의 수도가 놓여 있다. 어느 누구도 여기를 통과하지 못한다. 고인의 메시지를 가지고 있어도 말이다.―그러나 그대는 그대의 창가에 앉아 저녁이 오면 그 메시지를 꿈꾼다(BcM, 59-60).

죽어가는 황제의 칙령을 전해주기 위해 길을 떠난 칙사의 발걸음이 깊고 깊은 구중궁궐, 즉 고질병이 된 관료제를 벗어나지 못해 제 자리 걸음을 하고 있다. 마치 고장 난 비디오 필름이 되풀이하여 한 장면만을 보여주듯 반복되고 있을 뿐이다. 그렇게 수천 년이 흘렀으나, 황제 치하의 한 개인인 '그대'는 "그렇게 희망이 없으면서 동시에 희망에 차" (BcM, 60) 매일 창가에 앉아 수동적으로 그것을 꿈꾸고만 있다. 매일같이 수천 년을 그런 답보 상태로 살아온 중국의 '정체된 역사'를, 즉 중국은 역사적 진보를 이룰 수 없다는 오리엔탈리스트들의 시각을 '공간적으로' 형상화하여 절묘하게 묘사하고 있는 대목이다.

카프카는 이 작품에서 디트마의 여행기에서 볼 수 있는 신해혁명 직전의 변화 분위기와 서구의 계몽 및 도움으로 중국이 역사적 진보를 이룰 수 있다는 식의 식민주의적 관점은 전혀 도입하지 않는다. 그러나 그는 유럽의 부정적 오리엔탈리즘에서 보인 중국 이미지를 거의 그대로 수용한다. 카프카는 청 왕조 말기 근대화를 시도하던 당시의 중국, 소위 '새로운 중국'에 관심을 두지 않고 '황제 제도'가 이어져온 과거 중국 문명사 쪽으로 관심을 기울였다. 물론 카프카는 항상 혁명 내지는 역사적 진보에 대해 회의적이긴 했지만 그가 작품 집필 당시의 '새로운 중국'에 눈길을 주지 않은 데는 그 나름의 의도성이 엿보인다. 집필시기인 1917년 유럽의 역사적 콘텍스트를 이 대목에서 생각해볼 필요가 있다.

발칸 지역의 첨예해진 민족 문제로 인해 제1차 세계대전이 발발하여 진행 중인 상황이었고, 1916년에는 전쟁의 선포자인 오스트리아-헝가리 이중왕국의 황제 프란츠 요제프가 사망했으며, 1918년에는 대전의 참패로 이중왕국이 붕괴, 해체되었다. 디트마가 전한 청 왕조 말기의 분위기와 오스트리아-헝가리 이중 왕국의 붕괴 직전 상황은 '무너져가는 제국'이라는 면에서 유사성을 보인다. 뿐만 아니라 카프카의 작품에서 그려진 중국의 무너져 가는 어느 왕조 이야기 역시 마찬가지로 유사한 범주로 묶을 수 있다. 카프카의 이 작품에서 이야기되는 '중국'은 "낯선 이국적인 것이 아니라", "유교적인 기관이랄 수 있는 관료제의 제국 합스부르크 상황을 표현하고 있다"고 보는 체코의 작가 지리 그루샤Jiří Gruša의 견해는 타당성이 있다(Gruša, 1983: 10). 더욱이 "오스트리아Österreich"의 어원이 "동쪽의 제국das östliche Reich"이라는 사실(Honold, 2005: 208)을 상기하면, "비교민족사"를 연구하는 일인칭 화자의 이야기는 먼 나라 중국 이야기라기보다는 자문화 성찰을 위해, 즉 정치적으로 이미 무너져가고 있으나, 여전히 민중들의 의식 속에 남아 있는 오스트리아-헝가리 이중 왕국을 성찰하기 위해 문학적으로 투사시킨 결과라는 가설을 제기할 수 있다.

'만리장성'의 틈, 제국의 틈

카프카가 유럽의 자문화 성찰을 위해 타문화, 즉 중국 문화를 빌려와 이야기하고 있다는 가설을 좀 더 구체적으로 작품에서 확인하기 위해서는 카프카가 상상으로 가미한 중국 이미지, 다시 말해 '만리장성'이라는 중국 문화에 서구 유럽의 '바벨탑' 신화를 혼합시키는 대목에 주목할 필요가 있다.

비교민족사를 연구하는 일인칭 화자는 북방의 오랑캐 침입을 막기 위해 짓는다는 만리장성에 부분 축조 시스템 때문에 생겨난 어쩔 수 없는 틈들을 보면서 왜 지도부가 그러한 "합당치 않은"(BcM, 55) 방법을 사용했는지를 캐묻는다. 축조에 동원된 민중 노동자들은 여러 곳으로 파견되면서 자연스럽게 노마드가 되고, 각 마을의 환영과 환송 행렬에서 민족의 단결, 통합의 감정을 느끼게 된다.

> 동향인이라면 누구나 그를 위해 방벽을 쌓아주는 형제, 그리고 가지고 있는 물심 모든 것으로 평생 그것에 감사하는 형제였다. 단합! 단합! 가슴

에 가슴을 맞대고, 잇닿은 가슴 가슴, 민족의 윤무, 피, 이젠 더 이상 육신의 보잘 것 없는 순환에 갇혀 있지 않고 달콤하게 구르고 다시 돌아오며 무한한 중국을 두루 섭렵하며(BcM, 53-54).

이러한 민족 대단결을 꾀하기 위하여 지도부가 부분 축조 방법을 선택했다고 일인칭 화자는 이해한다. 그러나 그는 그밖에 다른 이유들이 있을 거라고 보며 계속 조사하다가 "건축 초창기에" (BcM, 54) 쓰인 어느 지식인의 책자를 발견한다. 여기에서 그는 만리장성이 "인류 역사상 처음으로 하나의 새로운 바벨탑을 위한 확실한 토대를 마련할 것" (BcM, 54) 이라는 주장을 접하게 된다. 화자는 이 저자의 주장이 믿을 만한지 논하기 바로 직전에 다음과 같은 비교를 한다.

우선적으로 거론되어야 할 바는, 아마도 바벨탑의 축조에 그다지 뒤지지 않는 업적이 당시에 이루어진 것이라는 점이다. 그러면서도 신의 마음에 들어, 적어도 인간의 헤아림으로는 바로 저 탑의 정반대를 의미하는 것이다(BcM, 54).

비교민족사학자인 일인칭 화자는, 만리장성의 업적이 곧 서양의 바벨탑 축조에 비교해도 손색이 없을 뿐만 아니라, 신에 대한 도전이자 '악마의 작업'(Greiner, 2004: 12)으로 받아들여져 인간이 다시는 하나의 언어로 소통하지도, 한 집단으로 단합하지도 못하도록 흩어지게 했다는 성경(창세기 11장)의 이야기와는 정반대를 뜻한다고 보았다. 화자는 '만리장성'의 업적과 그 의미를 서양의 바벨탑 신화를 세속화하여 '정치적'으로 해석하고 있는 것이다. 중국의 황제는 천자로서 신과 같은 아우라를 지녀왔듯이, 만리장성의 축조로 그어진 경계선 '안'에 속하는 다언어, 다민족을 천자인 황제 지배 질서 아래 단일한 집단으로 만들어 천자의 마음에 들도록 함으로써, 서양의 바벨탑 신화와는 정반대의 의미를 지닌다는 것

피터 브뢰헬, 바벨탑(1563)

이다. 북방의 오랑캐 침입으로부터 보호하기 위해 축조한다는 '만리장성'은 지리적 국경의 차원에서만이 아니라 정신적, 이념적 차원에서도 하나의 질서와 통일성을 부여하는 정치적인 상징장치였던 것이다. 그래서 화자가 읽은 책의 저자는 만리장성이 "하나의 새로운 바벨탑을 위한 확실한 토대"(BcM, 54)라고 '새로운'이라는 형용사를 부가하여, 서양에서의 바벨탑이 지니는 문화적 상징성을 변형하면서 만리장성에 중첩시키고 있는 것이다. 아울러 화자는, 어떻게 "사분의 일 원 혹은 반원 밖에 짓지 못한"(BcM, 54) 장성이 그런 탑의 토대가 될 수 있을까라고 의심하며 이 책 저자의 주장을 반박한다. 그러면서 "이것은 정신적인 차원만을 의미하는 것일 수 있다"(BcM, 54)고 덧붙인다. '만리장성'이 구체적인 물리적 공간에 '새로운 바벨탑'을 쌓기 위한 토대라기보다는 '만리장성'이 지니는 정신적, 이념적 차원의 상징성을 강조하는 것이다.

오늘날의 중국사 서술에서도 만리장성 자체가 "아무리 육중하다고 해도 공격자들이나 침입자들을 막아내지 못했고 일반적으로 다른 방어전략이 비용면에서 더욱 효율적"(에브리, 2003: 227)이었음에도 불구하고 장성을 짓는 까닭은, "방어차원 이상"(팔루던, 2004: 25)의 의미를 지니기 때문이라고 설명한다. 즉 만리장성은 "질서와 무질서, 중화제국과 야만인들을 구분하는" 경계선이었고, 장성을 통해 "중국이 세계에서 유일하게 문명을 소유한 민족이라는 믿음을 반영"(팔루던, 2004: 25)한다는 것이다. 카프카의 작품에서도 '만리장성'은 거의 이와 같은 의미로 기능하고 있다. "북방오랑캐"의 침입을 방지하기 위해 만리장성을 축조한다는 지도부의 설명이 설득력이 없다고 의문을 제기하는 일인칭 화자의 반론에서 만리장성이 지니는 군사적 방어벽 이상의 의미를 볼 수 있다. 광활한 중국의 남동부 변방 출신인 화자는 북방오랑캐의 위협을 받지도 않지만, 그들을 본 적도 없다고 한다. 그들의 잔혹함은 예술가들이 그린 그림이나 이야기로 전해지고, 그런 것은 아이들이 말을 안 들어 겁을 줄 때나 사용한다는 것이다. "북방오랑캐"는 황제 지배 체제의 권력 유지를 위해 만들어낸 "정신적 허구의 가면"(gooden, 1976: 136)일 뿐이다. 광활한 중국 땅 위의 다양한 인종과 민족을 하나의 제국 안에서 통치·지배하기 위해서 '우리라는 의식'이 필요했고, 또 그것을 위한 '그들의 존재'가 필요해서, '우리'와 '그들'을 가르는 엄청난 길이의 '만리장성'을 물리적인 공간과 민중들의 의식에 쌓았던 것이다.

민족적 단합을 위해 부분 축조 방법으로 지을 수밖에 없었던 만리장성은 아이러니하게도 '틈'이 있다. "완성되었다고 공포된 뒤에"야 메워지기도 했고 "메워지지 않은 틈들이 있다는 주장도" 있어 장성에 관한 숱한 "전설들"이 생겨났다(BcM, 51). 이는 개개인의 눈으로 직접 "확인할 수 없을" (BcM, 51) 정도로 장성이 길어졌기 때문이다. "불분명한 현상의 원인을 파헤치는 것에 항상 마음이 끌렸던"(BcM, 57) 일인칭 화자는 이러한 만리장성의 틈을 생각하는 과정에 중국의 기구들 중에서 "가장 불분명한 기구"인 "황정"(BcM, 57)을 고찰한다. 학교 교육은 이를 분명하게 설명하는 것 같지만 사실은 "안개와 연기에 싸여 영원히 미지의 것"(BcM, 58)으로 남겨둘 뿐이다. 황정, 황제 제도에 대해서는 민중들에게 물어보아야 한다며 민중으로 화자는 시선을 돌린다. 그러나 민중들은 "많은 것을 듣기는 하지만, 그 많은 것들 중에서 아무것도 취할 만한 것이 없다"(BcM, 58)고 한다. 민중들은 결국 진짜 황제에 대해서 아는 바가 없다. 이렇게 만리장성의 틈에 대한 화자의 숙고는 '황제와 민중 사이의 틈'에 대한 숙고로 전환된다. '황제와 민중 사이의 틈'은 바로 만리장성을 통해 갖추고자 했던 정치적 이념의 통일성에도 틈을 만든다. 이 틈은 폭동이 일어난 이웃지방과 화자의 마을 사이에 있는 "본질적으로 상이한"(BcM, 61) 사투리로 표출된다. 만리장성을 토대로 "새로운 바벨탑"을 쌓겠다는 본래의 목적은 실현되지 못한 것이다. '만리장성의 틈'은 결국 황제와 민중 사이의 틈, '제국의 틈'을 상징한다. 죽어가는 황제의 칙령을 전하기 위해 궁을 빠져나가려고 하나 시지포스처럼 제자리에서 맴돌고 있는 칙사의 모습이 보여 주듯이, 황제와 민중 사이에도 관료제의 고질병으로 진정한 소통이 있을 수 없고, 지방의 민중들 사이에도 '본질적으로 상이한' 언어로 진정한 소통이 이루어지지 않는다. 설사 거지가 가지고 온 쪽지에 이웃지방의 폭동에 관한 소식이 있었다고 하더라도 화자의 마을 사람들은 이를 시대착오적인 "낡은 것"으로 치부해버리면서 "현재를 소멸시킬 준비가 되어 있다"(BcM, 61)고 화자는 진단한다. 이미 황제는 죽었어도 여전히 매일 저녁 황제의 메시지를 꿈꾸던 변방의 개개인들의 의식 속에는 아직도 황정의 질서가 남아 있어 변화하는 현재를 받아들이지 못하는 것이다. 그래서 변방의 삶은 "현재의 법칙 하에 있는 삶이 아니고 오직 옛날부터 [……] 내려온 지혜와 경고에만 따르는"(BcM, 62) 삶이라는 것이다.

일인칭 화자는 중국 황제 제도의 문제점, 즉 중국의 중심 북경과 변방 사이의 틈, 단절의 원인이 정부와 민중 양쪽 모두에게 있다고 진단한다. 황제 제도의 기구들을 투명하게 만들어 유지해서 나라의 최전방 국경 지역의 변방에까지 영향력을 미칠 수 있게 하지 못한 정부의 소홀한 면도 문제가 있고, 민중에게도 현재성을 가지고 생동감 있게, 무너져가고 있는 북경의 황제 제도를 신민의 마음으로 자신의 가슴으로까지 껴안을 만큼 상상력이나 믿음이 충분하지 않다는 데에도 문제가 있다는 것이다. 그러나 그렇다고 해서 화자는 황제와 민중 사이의 틈을 없애고 완전히 투명한 관계로 중앙의 황제가 변방의 민중까지 치밀하게 지배하거나, 거꾸로 민중들이 몰락하고 있는 황제를 "신민의 가슴으로" 부활시키는 것이 "미덕"은 아니라고 본다. 오히려 "그 반대" (BcM, 62)라고 본다. 여기서 화자의 시각은 근대적인 것처럼 보인다. 그러나 그럼에도 불구하고 그는 이내 민중의 황제에 대한 '상상력과 믿음의 약함'이 역설적이게도 제국의 가장 중요한 통일 수단의 하나라고 보면서 황급히 연구를 중단한다. 이 문제를 계속 파헤치면 양심이 흔들리는 문제가 아니라 "우리의 두 다리를 뒤흔들" (BcM, 62), 즉 삶의 토대를 전복시킬 문제를 건드리게 된다는 것이다. 연구를 중단하는 순간 그는 사실 무너져가는 제국의 본질을 통찰했음에도 불구하고 기존 질서의 붕괴를 두려워하듯 더 이상 캐묻지 않는다. 차라리 그는 지금과 같이 민중의 황제에 대한 상상력과 믿음의 약함 내지 부족함이 '만리장성의 틈'처럼, 그런대로 부족함이 있는 채로, 제국의 기본 질서를 이어갈 수 있다고 보는 듯하다. 그의 마을 사람들이 그랬던 것처럼 그도 변화하는 "현재를 소멸시키고" (BcM, 61) 있는 것과 다르지 않은 태도로 자신의 연구와 이야기를 끝맺는다.

중심과 주변의 역설적 유희

앞에서 살펴보았듯이, 카프카는 「만리장성 축조 때」에서 디트마의 여행기를 통해 전해지는 신해혁명 직전 변화하는 중국의 모습도, '중국의 진정한 개혁은 서구의 도움을 통해서만 구체화할 수 있다'는 식민주의적 낙관론도 다루고 있지 않다. 오히려 그런 변화 '이전'의 중국 이미지에 초점을 맞추고 있고, 대체로 유럽의 오리엔탈리즘 담론이 보여주었던 부정적인 중국 이미지, 특히 '부패하고 역사적으로 정체되어 진보가 있을 수 없다'는 식의 중국 이미지를 거의 그대로 작품에 수용한다. 마치 카프카 자신 역시 '서유럽 중심주의'적 시각에서 '중국'을 하나의 '주변'으로 폄하하기라도 하듯이 말이다. 그러나 동시에 '만리장성'이라는 건축물을 통해 고대 중국이 문명을 소유한 제국이었음을 일깨우면서 바벨탑의 신화를 가지고 있는 유럽의 이미지를 오버랩시킴으로써 유럽의 오리엔탈리즘 담론에 내포된 부정적인 중국 이미지를 고스란히 유럽으로 반사시켜 되돌려주고 있다. 다시 말해 카프카는 '중국'이라는 동양의 낯선 문화를 빌려와 유럽의 자문화를 성찰하고 있는 것이다. 만리장성을 쌓으며 문명과 야만의 경계선을 긋고 경계선 안쪽의 다언어, 다민족을 이념적으로 통합하여 하나의 제국을 이루어오던 중국의 신정주의적 황제 제도에 관한 이야기에 주위 소수민족들을 합병하면서 제국을 키워온 합스부르크왕가, 곧 오스트리아-헝가리 이중 왕국의 양상들이 문학적 유희를 통해 투사되고 있다. 황제에 대한 묘사, 민중들과 황제 사이의 관계, 만리장성에 비유될 수 있는 오스트리아 제국의 군대를 떠올리는 것은 어렵지 않다. 이러한 투사를 가능하게 하기 위해 그의 초고에서 사용했던 중국만의 고유한 외적인 특성은 삭제했던 것이라고 볼 수 있다.

카프카의 작품 속에서 황제와 민중의 관계는 단절된 것이나 다름없는 양상으로 그려졌다. 민중들이 황제에 대해 숱하게 듣기는 하나 실제로 그에 관해 알 수 있는 것은 아무것도 없었고(BcM, 58), 황제도 민중과 다름없는 사람인데 그는 현실적 존재라기보다는 신화화된 실체 없는 존재처럼 민중들의 의식에 남아 있다. 작품 속의 이런 황제는 오스트리아-헝가리 이중 왕국의 황제이자 왕인 프란츠 요제프 1세(1830-1916)와 상당히 유사하다. 그는 합스부르크-로트링엔 가문 출신으로 1848년부터 오스트리아의 황제였고 1867년부터는 헝가리의 왕위도 겸했다. 다민족 국가의 엉성한 체제를 유지하며, 1910년 당시 무려 열 개의 언어를 공식어로 관청에서 사용해야 했을 정도로 다언어, 다민족의 문제를 품고 있던 이중 왕국의 프란츠 요제프는 자신의 통치 불능을 은폐하기 위해 허울 좋은 형식주의적 의례에 의존하는 경향이 있었다. 작가 로버트 무질은 『특성 없는 남자Der Mann ohne Eigenschaften』에서 프란츠 요제프 1세를 다음과 같이 묘사한다.

프란츠 요제프 1세

> 카카니아의 왕이자 황제인 그는 전설적인 노신사였다. 그 이래로 그에 관해 엄청나게 많은 책들이 쓰였다. 그래서 그가 무슨 일을 했는지, 무슨 일을 막았는지 혹은 중단했는지 사람들이 알고 있다. 그러나 정작 당시에, 그와 카카니아의 생명이 아직 붙어 있던 마지막 십년의 세월 동안 [……] 젊은이들은 정말로 그가 존재하는지 종종 의심하기도 했다. 사람들

이 본 그의 초상화 수는 그의 제국 안에 거주하는 사람의 수만큼이나 많았다. [……] 그의 존재를 믿는 것은 수천 년 전에 없어지고 만 어떤 별을 지금까지 보고 있는 것과 다를 바 없다는 얘기가 쉽게 나올 법했던 것이다(Musil, 1952: 83).

이러한 황제 치하의 관료 체제가 명시한 행정의 목적은 "비독일 민족을 합스부르크 본국에 동화시켜 칙명에 따르도록 온 제국에 일체성을 확장하는 것"(조스턴, 2008: 84)이었다. 카프카의 작품에서 민중에게 "북경은 피안의 삶보다 더 낯설"지만 마을 어귀에는 북경을 향해 불길을 뿜고 있는 "성스러운 용"상이 세워져 있듯이, 프란츠 요제프 1세의 제국 곳곳에도 일치의 상징으로 검은 쌍두독수리가 그려진 노란 방패 문장이 걸려 있었다. 제국의 단합에 결정적으로 기여한 것은 '관료제'와 '군대'였다. 합스부르크 제국의 관료제도 카프카의 작품에서 묘사된 것 못지않게 부패하여 행정 기관의 뇌물이 성행했을 뿐만 아니라, '관청의 까다로운 형식주의'도 유명했다. 이러한 관료제가 외적으로는 일치와 질서의 요새였지만, 사실은 부패와 파멸의 온상이었던 것이다. 합스부르크의 군대는 사실 주요 전쟁에서 패배만 기록한 군대여서 방위기관으로서는 낙제였지만, 제국을 떠받치고 있는 대들보였다. 군대는 황제나 왕실 못지않게 존경의 대상이었는데, 제국에 상존하며 평화를 유지했기 때문이었다. 여러 민족으로 구성된 군인들의 애국심이 다민족들을 하나로 통합하는 구실을 했다는 것이다. 황제는 민족들의 연계를 위해 바로 군의 일체감에 큰 가치를 두었다. 그러나 다양한 언어의 민족구성원으로 이루어진 군대라서 언어장애가 사병과 장교 사이에 부작용을 낳기도 했다. 대다수의 시민들은 군인들의 화려한 제복을 좋아했고 그들의 행렬이 수도 빈의 거리에 활기를 불어넣는다고 생각했다. 1916년 프란츠 요제프 1

세가 사망한 뒤 제1차 세계대전이 장기전으로 돌입하여 소수 민족들의 불만이 불거지면서 결국 패전하고 이중 왕국이 해체되었음에도 불구하고, 1920년대 빈의 시민들은 군대의 화려한 의전 활동을 보지 못해 아쉬워하기도 했다고 한다. 이런 점에서 합스부르크 제국의 군대는 카프카의 '만리장성'이 가지는 문화적 상징성을 공유하고 있다고 볼 수 있다.

카프카는 유럽 오리엔탈리즘 담론의 부정적 중국 이미지를 거의 그대로 사용하여 얼핏 보기엔 유럽중심주의적 입장에서 중국을 보고 있는 것 같다. 그러나 실은 유럽 자신의 모습을 먼 동양의 중국이라는 역사적, 문화적 공간에 투사시킴으로써, 유럽의 자문화를 '중심'의 위치에서 이탈시켜 '주변'의 위치에 정위시켜 봄으로써 스스로에 대한 비판적 성찰의 거리를 확보하고 있는 것이다. 이러한 문학적 유희 전략을 통해 유럽중심주의적인 오리엔탈리즘 담론의 부정적인 중국 이미지가 결국은 자문화의 문제로 부메랑처럼 되돌아오게 하는 효과를 낳고 있다.

4. 다시 경계의 안과 밖: 허구를 넘어

카프카의 단편 「만리장성 축조 때」에 반영된 중국 이미지와 그 기능의 분석을 유럽의 전통적인 오리엔탈리즘의 담론 및 역사적, 문화적 콘텍스트와의 관계 속에서 살펴보았다. 작품분석 과정에서 밝혀졌듯이, 카프카는 결국 중국이라는 먼 동양의 타문화를 빌려와 제1차 세계대전 발발의 주범이자 대전의 패배로 붕괴, 해체되어 역사 속으로 사라진 오스트리아-헝가리 이중 왕국을 중심으로 유럽문화에 대한 비판적 성찰의 장을 제시하고 있다.

작품 형성 과정에서 이미 작가 카프카에 의해 문화적 경계넘기 내지는 문화적 차이가 전제되어 있는 이 경우 역시 상호문화적인 문학 작품으로 볼 수 있을 뿐만 아니라, 타문화를 빌려와 자문화를 성찰하는 몽테스키외의 『페르시아인의 편지』와 같은 범주로 생각할 수 있다. 이는 문학사적으로 몽테뉴로까지 거슬러 올라갈 수 있는 오랜 전통의 문학적 장치이기도 하다. 페르시아에서 프랑스로 여행 온 우즈벡과 같은 이방인의 눈을 빌려 자문화인 프랑스 문명의 편견과 모순을 비판하는 것과 유사한 효과를 카프카의 작품에서도 확인할 수 있다. 물론 카프카의 작품에서는 몽테스키외의 작품에서처럼 이방인의 시각이 '텍스트의 틀' 안에서 조우하거나 충돌하고 있지는 않다. 그러나 텍스트의 틀 밖으로 조금만 관찰 영역을 확장하여 카프카의 이 텍스트가 생성된 당시의 역사적, 문화적 콘텍스트에서 함께 생각하면 상이한 문화 간의 교차지점이 이내 드러난다.

문화적인 콘텍스트에서 읽는 「만리장성 축조 때」는 '상상의 공간'으로서 중국을 이야기하지만 동시에 '사실의 공간'으로서의 중국도 내포하고 있기 때문에 '문학'이라는 '허구적인' 장르의 경계 밖을 넘어서 '역사학'의 연구대상으로도 읽힌다.[5] 아울러 카프카의 독특한 시각, 즉 소위 유럽 중심적 입장에서 '주변' 문화인 중국이라는 공간에 '중심' 문화인 유럽을 오버랩시키는 카프카의 문학적 유희는 오늘날 오리엔탈리즘의 논의를 한층 더 다원적이고 풍요롭게 할 수 있다고 본다. 카프카의 이러한 문학적 유희는 그가 늘 유럽의 한가운데서 '프라하의 이방인'으로서 스스로를 '중국인'이라 칭하는 소수자의 시선을 갖고 있었기에 가능했을 것이다.

---

5 예일대학교 역사학과의 강의에서 중국에 관한 서양인의 기록물들 중 하나로 카프카의 이 작품도 선정, 분석되고 있다. 조너선 D. 스펜스, 『칸의 제국. 서양인의 마음속에 비친 중국』, 김석희 역, 서울, 이산, 2000, 287-294쪽 참조.

참고문헌

김기봉, 「독일 역사철학의 오리엔탈리즘 - 칸트, 헤르더, 헤겔을 중심으로」, 『담론 201』, 7-1, 2004.

김연수, 「카프카의 '유형지에서' 만난 유럽인과 비유럽인」, 『카프카 연구』 16집, 2006.

바겐바하, 클라우스, 『카프카. 프라하의 이방인』, 전영애 역, 파주, 한길사, 2005.

박희, 「'세계'와 '타자: 오리엔탈리즘의 계보 (I)」, 『담론 201』, 5-1, 2002.

스펜스, 조너선 D., 『칸의 제국』, 김석희 역, 서울, 이산, 2000.

에브리, 패트리샤 버클리, 『케임브리지 중국사』, 이동진 · 윤미경 역, 서울, 시공사, 2003[2001].

이동희, 「헤겔과 부정적 중국 세계론」, 『철학』 48, 1996.

이영목, 「끊어진 사슬 잇기— 『페르시아인의 편지』의 페르시아 이야기」, 『불어불문학 연구』, 30, 2004.

정진농, 『오리엔탈리즘의 역사』, 서울, 살림, 2003.

조스턴, 윌리엄, 『제국의 종말 지성의 탄생, 합스부르크 제국의 정신사와 문화사의 재발견』, 변학수 · 오용록 외 역, 서울, 문학동네, 2008.

팔루던, 앤, 『중국 황제』, 이동진 · 윤미경 역, 서울, 갑인공방, 2004.

하비, 데이비드, 『포스트 모더니티의 조건』, 구회동 · 박영민 역, 서울, 한울, 1994[1989].

Bachmann-Medick, Doris, "Spatial Turn," Doris Bachmann-Medick, *Cultural Turns. Neuorientierungen in den Kulturwissnsschaften*, Reinbek bei Hamburg, 2006.

Binder, Hartmut, *Kafka-Handbuch Bd. 2, Das Werk und seine Wirkung*, Stuttgart, 1979.

Bub, Tillmann, "Eine Mauer des Verstehens. Die literarische Gestaltung eines hermeneutischen Grundproblems in Franz Kafkas *Beim Bau der chinesischen Mauer*," *Wirkendes Wort*, vol.3, 2006.

Canetti, Elias, *Der andere Prozeß. Kafkas Briefe an Felice*, München · Wien, 1984[1976].

Clarke, J. J., *Oriental Enlightenment. The encounter between Asian and Western thought*, London . New York, 1997.

Dittmar, Julius, *Im neuen China*, Köln, 1912.

Goebel, Rolf J., "Constrution Chines History: Kafka's and Dittmars Orientalist Discourse," *PMLA*, vol.108, no.1, January 1993.

Goebel, Rolf J., "Kafka's "An Old Manuscript" and the European Discourse on Ch'ing Dynasty China," Adrian Hsia(ed.), *Kafka and China*, Berne, 1996.

Goethe, Johann Wolfgang v., "Gingo Biloba," Johann Wolfgang v. Goethe, West-Östlicher Divan, HA Bd. 2. *Gedichte und Epen II*, *München*, 1998.

Gooden, Christian, "The Great Wall of China: An Intellectual Dilemma," Franz Kuna(ed.), *On Kafka: Semicentenary Perspectives*, London, 1976.

Greiner, Bernhard, "Leben vor dem Gesetz: Die Geschichte des Turmbaus zu Babel (Genesis 11) und Kafkas Umschrift (Beim Bau der chinesischen Mauer)," Bernhard Greiner, *Beschneidung des Herzens. Konstellationen deutsch-jüdischer Literatur*, München, 2004.

______, "Mauer als Lücke. Die Figur des Paradoxons in Kafkas Diskurs der Kultur," Bernhard Greiner · Christoph Schmidt(eds.), *Arche Noah. Die Idee der 'Kultur' im deutsch-jüdischen Diskurs*, Freiburg, 2002.

Gruša, Jiři, *Franz Kafka aus Prag*, Frankfurt a. M., 1983.

Halbfass, W., *India and Europe: An Essay in Understanding*, Albany · NY, 1988.

Honold, Alexander, "Kafkas vergleichende Völkerkunde: 'Beim Bau der Chinesischen Mauer', Axel Dunker(ed.), *(Post-)Kolonialismus und Deutsche Literatur*, Bielefeld, 2005.

Kafka, Franz, *Briefe an Felice und andere Korrespondenz aus der Verlobungszeit*, Erich Heller · Jürgen Born(eds.), Frankfurt a. M., Fischer Verlag, 1967.

Kafka, Franz, "Beim Bau der chinesischen Mauer," Franz Kafka, *Beschreibung eines Kampfes. Novellen, Skizzen, Aphorismen aus dem Nachlaß*, Frankfurt a. M., 1983.

Kafka, Franz, "Fragment zum 'Bau der Chinesischen Mauer'," Franz Kafka, *Beschreibung eines Kampfes. Novellen, Skizzen, Aphorismen aus dem Nachlaß*, Frankfurt a. M., 1996.

Longxi, Zhang, "The Myth of the Other: China in the Eyes of the West," *Critical Inquiry*, vol.15, no.1, Autumn 1988.

Lützler, Paul Michael, "Erfahrung und postkolonialer Blick: Zu Romanen von Timm, Born und Grass," Axel Dunker(ed.), *(Post-)Kolonialismus und Deutsche Literatur*, Bielefeld, 2005.

Meng, Weyan, *Kafka und China*, München, 1986.

Musil, Robert, *Der Mann ohne Eigenschaften*, Hamburg, 1952.

Quian, Zhaoming, *Orientalism and Modernism*, Durham · London, 1995.

Rignall, J. M., "History and Consciousness in 'Beim Bau der chinesischen Mauer'," J. P. Stern · J. J. White(eds.), *Paths and Labyrinths*, London, Inst. of Germanic Studies, Univ. of London, 1985.

Stach, Reiner, *Kafka. Die Jahre der Entscheidungen*, Frankfurt a. M., 2004.

글로벌라이제이션과 중국 문화의 후발 주자 우세성

량융안

1. 위기의 중국 문화, 무엇이 문제인가?

포스트모던 비주얼 컬처의 관점에서 중국 문화는 매우 큰 위기를 맞고 있다. 19세기 중반에도 중국은 유럽과 아메리카의 현대 사상과 문화가 밀려들면서 한 차례 위기에 직면했다. 그러나 그때까지 중국 지식인들과 중국 사회는 대응의 능력을 갖추고 있었다. 서구에서 전해진 계몽주의가 '읽기-쓰기reading-wrting' 문화의 산물이었기 때문이다. 프랑스의 백과전서파든 루소든 그들 또한 쓰고 읽는 상호 관계에 의지해 사회 발전을 추진했다. 중국은 '쓰기'와 '읽기'의 차원에서 유구한 역사를 지녔으며, 문자에 대한 제어 능력에서도 오랜 전통과 역사적 자원을 지니고 있었다. 5.4시기의 대변혁은 쓰기에 사용하던 문인들의 언어를 문언에서 백화로 전환시켰는데, 이러한 전환은 무척 빠른 시간 내에 이루어졌으며 후스胡適, 루쉰魯迅, 궈모뤄郭沫若, 다이왕수戴望舒 등 현대문학 대가들이 곧 사회의 공인을 얻도록 해주었다. 그러나 지금 문화는 비주얼 시대로 들어섰다. 이것은 거대한 변화이다. 문화는 산업이 되었으며 문화 상품, 특히 텔레비전, 영화, 온라인 게임은 '제조'업의 산물이 되었다. 문화가 더 이상 개인적인 저술일 수 없는 시대인 것이다. 고도의 기술과 대규모 자본에 의한 문화 생산의 차원에서, 중국은 한참이나 뒤떨어져 있으며 그 차이는 점점 더 심화되는 중이다. 미국의 할리우드는 세계 영화 시장을 거의 독점해 유럽과 같이 유서깊은 문화 지역에서도 미국의 블록버스터 영화가 주도하고 있다. 일본 애니메이션은 미국의 디즈니를 압도하며 전 세계 시장의 70% 이상을 점유한다. 왜 일본과 중국의 편차가 이토록 큰 것인가? 주요한 원인은 중국에 현대적인 비주얼 컬처의 전통이 없다는 데 있다. 이러한 문화의 본질은 방대한 산업, 곧 현대적인 공업과 과학 기술, 사회 제도, 시장 경제 등 문화 산업화의 기초 위에 수립되기 때문이다. 선진국은 후기 공업 사회로 발전함으로써 자연스럽게 사회문화적 단계로 진입했다. 중국은 이러한 역사과정 속에 뒤처진 후발 주자로서 어려움을 겪을 수밖에 없는 것이다. 준비가 부족하기 때문에 이 분야의 사업에 뛰어들더라도 기대하는 성과를 얻지 못한다.

문화 자원의 관점에서 중국의 준비 부족에는 인위적인 요소가 존재한다. 1977년 이후, 문화 자원의 전략적 인지에 있어서 중국은 매우 편파적인 경향이 있었다. '문화대혁명'이 막을 내린 뒤, 우리 앞에는 세 가지 문화자원이 놓여 있었다. 첫째는 수천 년 동안 전해져온 전통 문화, 그 가운데서도 주요한 부분은 유가 사상이었다. 어떠한 문화전통이든 '권장'과 '금지'의 두 가지 측면이 존재한다. 문제는 그것들을 어떻게 운용하느냐 하는 것이다. '5.4운동' 이후 유가 문화는 여러 가지 명분 아래 끊임없는 비판을 받았고, 편향적으로 '현대화'를 강조하는 사상적 모델을 형성시켰다. 1977년은 중국 문화의 전통을 선별적으로 회복하기에 좋은 기회였다. 당시 사람들은 고통의 상처와 슬픔 속에서 정신적인 회복과 사회의 융합을 갈망했기에 '인'을 핵심으로 삼는 뛰어난 전통 윤리를 받아들이고 이해하려는 시대적인 분위기가 조성되었다. 그러나 중국은 이러한 문제를 문화 전략의 측면에서 인식하지 못했다. 사상의 해방을 주창하면서도 그에 상응해 전통 문화의 의의를 새롭게 인식하지 못했으며, 전통 문화에 대한 기억 또한 점점 희박해졌다. 두 번째 문화 자원은 1949년부터 1976년까지의 문화 가치이다. 그 시기에는 이상주의가 당대 사람들의 삶의 선택을 종용하고 추동했으며 이로 인해 중국 공업화의 기초가 다져졌다. 이 시기 국내총생산은 매년 5.4% 정도 성장했는데, 이는 지극히 어려운 조건 아래 이룩한 사회적 진보로서 중국 인민들의 사심 없는 공헌에 힘입은 것이었다. 중국 역사에서 보기 드문 소농민 사회의 대동단결 및 그 초월적 정신가치가 여기에 존재한다. '문화대혁명' 이후 우리는 극좌 사조를 비판했는데 그것은 거의 총체적으로 과거를 부정하는 것이었다. 그러나 문화 영역에서 이러한 부정은 지나치게 경솔한 것이 아니었을까? 그 가운데 존재하는 귀중한 사상적 가치나 문화적 가치에 대한 비판적 인식과 계승을 경시하지 않았는가? 이는 1977년을 전후한 시기에도 진지하게 고려되지 않았고, 오늘날까지도 그 이상 엄밀히 검토되지 않은 사안이다. 세 번째 문화 자원은 외래적인 것으로서 서구의 현대 사상 문화이다. 우리는 이 세 번째 자원을 무척 중시했고 인문학에서 사회과학에 이르기까지 대규모의 수입과 전파가 이루어졌다. 이는 물론 위대한 역사적 진보이며 중국 문화의 발전을 추동하는 중요한 역량임에 분명하다. 그러나 세 가지 가운데 오직 이 한 가지 문화 자원에만 의존해서 문화의 발전이 이루어질 수 있을까? 이로 인해 중국에서 사회 발전의 모델은 다양성을 상실한 채 단조로워졌고, 많은 사람들이 행복을 느끼지 못하게 되었다. 어째서인가? 사회문화의 깊이가 부족해 하나의 평면만 존재하기 때문에, 인간적인 삶에 대한 모델 및 가치 관념도 조악하고 빈약하며, 시야가 좁아 천편일률적인 비전과 목표만 바라보게 되기 때문이다. 이처럼 단일한 지향은 사람들을 제한적인 시야로 몰아넣으며 자유롭게 이상이나 열정, 가치 등을 추구할 여지를 없애고 만다. 이러한 분위기 속에서 비주얼 컬처가 발전하기는 매우 어렵다. 시각적 창조는 삶의 다양성과 상상력, 역동성을 필요로 하기 때문이다. 중국 영화나 텔레비전에는 '쾌감'을 자극하는 오락적 콘텐츠가 무척 많지만 진정한 '즐거움'을 주는 지혜는 부족하다. 현재 중국 이미지 산업의 생산 규모는 매우 크다. 영화는 해마다 수백 편, 텔레비전 드라마는 1년에 만 부 가까이 제작되지만 우수한 콘텐츠의 수량은 너무도 적다. 영화나 드라마 작품을 판단하는 가장 좋은 방법은 그 결말을 보는 것인데, 이는 종종 비주얼 컬처의 진정한 수준을 확인시켜주는 증거가 된다. 중국 영화 및 드라마 작품의 취약점 또한 바로 여기에 있다. 예를 들어 장이머우張藝謀의 〈천리주단기千里走單騎〉나 펑샤오강馮小剛의 〈천하무적天下無賊〉과 같은 영화들에서도 문제시되는 것은 후반부이다. 전반부는 매우 좋다. 리듬은 자연스럽고, 황당한 부분과 진지한 부분의 균형도 나쁘지 않다. 그런데 후반부는 진부하게도 순진한 윤리 의식이나 인간적 양심의 회복과 같은 주제로 회귀한다. 〈천하무적〉에서는 도둑들마저 참으로 고상하게도 자기 목숨을 바쳐 인간적 가치를 실현한다. 〈천리주단기〉에서는 말을 더듬는 어떤 일본어 통역이 경극의 축丑과 같이 희극적 요소를 부각시키지만, 후반부로 가면 이처럼 웃음을 주는 연기가 없어진다. 왜 그런가? 극중 인물들이 모두 순수함을 되찾아 서로 마음이 통하므로 통역을 더 이상 필요로 하지 않는 까닭이다. 영화는 왜 이런 결말에 이르게 되는가? 핵심은 관중들이 이러한 결말을 바란다는 데 있다. 많은 사람들이 영화라면 원만한 해결에 이르러야 한다고 믿으며 그 안에서 실제 삶의 스트레스를 해소하려 든다. 이러한 사회 심리에 부합해 계속 그 정서적 요구에만 따르기 때문에, 영화 속의 문화 갈등이나 내재적인 희극성은 사라지고 결국 인간적인 선함이라는 진부한 귀결밖에 남지 않는 것이다. 여기에 대비되는 것이 이란 영화다. 이란 영화는 작은 나라, 소자본, 적은 제작에도 불구하고 대단한 국제적 영향력을 지니고 있으며, 압바스 키아로스타미Abbas Kiarostami처럼 세계적인 영향력을 지니는 대감독을 배출했다. 그들의 영화 속에는 무엇이 있는가? 그것은 이란다움이라는 민족문화의 색채이다. '가난한 문명'이라는 질박한 관점을 일관되게 유지하며 보통 사람의 운명과 내면의 갈망을 담담하게 써내려간다. 작품은 현실적일 뿐 아니라 이상적이다. 이란의 문화 자원을 영화를 통해 강력히 표출해내고 있는 것이다. 중국의 문화 자원은 이와 비교해 전혀 모자람이 없는데도 문화의 계승과 새로운 창조의 측면에서 엄청난 차이를 보인다.

2. 중국 비주얼 컬처의 발전 가능성

오늘날 중국의 비주얼 컬처가 비록 만족스런 수준에 이르지 못했지만, 각도를 달리해 생각하면, 두 가지 측면에서 후발 주자로서의 우위와 분명한 발전의 여지가 존재한다.

한 가지 우위는 중국인이 이전에 없었던 풍부한 삶의 이력과 체험을 지녔다는 점이다. 하나의 기술이 출현하면 하나의 문화 형태가 뒤따른다. 한 민족과 사회, 국가가 어떠한 발전 단계에 이르렀는지의 문제가 이와 지극히 중요한 연관을 맺는다. 1960년대 이후의 새로운 과학 기술 혁명, 1980년대 이후 촉진된 정보기술 중심의 네트워크화는 중국에서 서구와 전혀 다른 차원의 의미를 갖는다. 서구 국가들에서 이 기술들은 후기 공업 사회에 부응하며, 그 사회가 이미 보유했던 생산방식이나 생활 방식의 개선 및 업그레이드를 의미했다. 따라서 이러한 기술의 출현은 서구사회에서 어떠한 혁명적 작용도 일으키지 못했다. 그들의 사회는 이미 정형을 이룩하고 삼권 분립의 정치 제도를 확립했으며 시장을 중심으로 하는 경제 제도를 갖추고 있었다. 정치와 경제 두 방면에서 이미 오랜 세월 동안 누적된 제도가 더할 나위 없는 안정성을 확보하고 있었던 것이다. 예를 들어 일본에서는 사람들이 매일 아침 잠자리에서 일어나면 지하철을 타고 출근한다. 또 퇴근한 뒤에는 다시 지하철을 타고 집으로 돌아온다. 이러한 생활은 매우 규칙적이어서 더 이상 어떤 변화를 일으킬 여지가 거의 없다. 이 삶의 조건은 사실 비주얼 컬처와 스펙타클 사회의 건설에 있어 매우 불리하다. 사회 문화 자원이 단일하기 때문에 재현의 풍부함도 따라서 줄어든다. 중국에 대해 상당히 우호적인 일본 친구가 언젠가 내게 이런 질문을 한 적이 있다. 중국에서의 삶은 행복한가? 좀 더 발전된 사회라면 보다 행복할 수 있지 않을까? 나는 이렇게 대답했다. 중국에서의 삶이 다른 어떤 나라에서의 삶보다도 행복하며 이 시대의 중국에 살고 있음이 바로 천 년에 한 번 오는 기회라고. 어째서 그런가? 나는 산둥山東에서 태어났고 난징南京과 시안西安에서 자랐으며, 그 뒤에는 윈난雲南 다이족泰族 부락에서 생산대대 활동을 했다. 부근에는 여섯 민족이 거주하고 있었는데 사냥을 즐기는 리쑤족傈僳族은 아직도 칼을 부딪쳐 불씨를 당기는 원시적인 생활을 영위한다. 그 뒤 나는 윈난의 공장에서 노동을 하다가 상하이대학에 입학해 학업을 계속했으며 결국 상하이에 정주하게 되었다. 원시적인 부족 사회로부터 중국에서 가장 현대적인 도시에 이르기까지, 모든 삶의 방식을 몸소 경험할 수 있었던 것이다. 한 일본 건축학자가 어떤 글에서 상하이의 고층 건물이 이미 일본의 고층 건물들을 넘어섰다는 점을 지적한 바 있다. 중국 사회가 이룩한 최근 2, 30년 동안의 발전은 인류 사회 및 경제 발전의 몇 천 년 역사를 집약해 그 기나긴 역사를 고도로 실현한 것이라 이를 만하다. 농업사회와 공업 사회, 그리고 후기 현대 사회는 몇 십 년에 걸친 변화를 겪어왔다. 이 역사를 한 개인의 삶에서 경험한다는 것은 분명 천 년에 한 번 만날까 말까 한 기회이다. 수많은 중국인들은 이 사실을 뼈에 사무치도록 느끼고 있다. 이러한 의미에서, 중국인의 풍부한 삶의 경험과 사회적 견문은 오늘날 세계에서 다시 찾아볼 수 없는 비주얼 컬처의 독보적인 잠재 자원이다. 문제는 이 실제적 삶의 경험에서 얻어진 교훈과 자원이 지금 눈앞에 펼쳐진 삶의 추구에 의해 막히고 가려진 채 무시되고 있다는 점이다. 일단 막히고 가려진 장벽을 걷고 사유 및 감정의 재인식이 가능하다면, 우리는 곧 무한한 문화적 가능성을 성취하게 될 것이다. 후기 현대 문화가 홍성하는 역사적인 시기에, 우리는 보통 사람으로서 자기 자신을 표현하고 재현하는 사회적 수단을 획득하고 이를 향유하는 중이다. 민족적 특색을 지니는 한편 평등한 상호 네트워크를 통해 세계로 접속하며 보편성을 내포하는 길이 우리 앞에 펼쳐져 있다. 이는 중국 문화의 기회이자 모든 사람들이 영위할 새로운 삶의 기초이다.

후발 주자로서 중국이 지닌 보다 주목할 만한 우위는 바로 사회의 지속적인 발전이 비주얼 컬처 및 스펙타클 사회를 창조하는 데 보다 폭넓은 배경을 제공한다는 점이다. 중국의 도시화가 바로 이 발전을 대표한다. 지금까지 20여 년간 중국에서는 5억의 농민들이 도시로 진입하기를 희망하며 끊임없는 인구 이동을 지속해왔다. 문화공간지리학에서 이는 더욱 깊은 의미를 지닌다. 이주민들은 서로 다른 지역의 농촌에서 지극히 다양한 문화 전통과 문화 요소들을 지니며 살아왔다. 이들의 전통 및 문화 요소는 도시에서 지리적으로 멀리 떨어져 '할리우드화', '디즈니화', '맥도널드화'의 영향을 상대적으로 적게 받았으며, 다원적 형태로 오랫동안 유지되어 중국 문화 창조의 두터운 원천으로 새로운 도시 문명을 형성하는 기초가 되고 있다. 지금 중국은 이 중대한 문제에 대한 인식의 결여로 말미암아, 새로이 도시에 진입한 농민들을 주변인으로 간주하며 약자로서 대우할 뿐, 그들의 문화 요소에 주의를 기울이지 않는다. 이 전통 및 문화 요소가 도시 문화를 재창조하는 위대한 잠재력이라는 사실을 인식하지 못한 것이다. 도시 문화의 배치 과정에서 이들의 위치는 거의 존재하지 않는다. 예를 들어 축제 문화의 측면에서 농민들은 어느 지역에서 왔든지 자기만의 표현 방식을 지녔으며 저마다 민속 활동을 즐기며 행사를 주도한 경험을 지니고 있다. 스스로의 존재를 분명히 인식하고 느끼며 한데 모여 교류하고 서로의 문화를 공유해온 것이다. 그러나 현재는 대다수 농민들이 도시 진입 후 자신의 향토색을 약화시키고 저마다의 '촌티'를 벗기 위해 안간힘을 쓰면서 하루 빨리 '도시인'이 되고자 노력한다. 중국의 도시화가 이러한 과정을 밟는다면 틀림없이 서구 도시들이 공업화의 단계에서 겪었던 전철을 따르게 된다. 그리하여 후기 현대, 후기 공업 문화의 특질은 전혀 갖추지 못한 채 중국 문화의 창조력마저 완전히 소멸되어 계속해서 서구를 복제하며 그 문화적 추세를 따르는 외에 다른 길은 영영 없어지고 말 것이다.

융, 동양, 그리고 동시성*

송태현

1. 이성주의 한계 앞에 선 서양과 융

분석심리학의 창시자인 카를 구스타프 융Carl Gustav Jung(1875-1961)은 서구 이성주의의 한계에 대해 민감하게 인식하고 있었다. 그는 자서전에서 이성주의에 대해 다음과 같이 비판하고 있다. "이성주의와 교조주의는 우리 시대의 질병이다. 그것들은 모든 것에 대하여 해답을 가지고 있는 것처럼 주장하고 있다(Jung, 1992: 342)." "비판적인 이성이 우세하게 지배하면 할수록 인생은 더욱더 황폐해진다. 하지만 무의식이나 신화를 의식화하면 할수록 인생은 더 높은 통합의 길로 가게 된다. 이성이 과대평가되면 절대주의 정치에서와 마찬가지로 개인은 메마르게 된다(Jung, 1992: 344)." 융은 자신이 언제나 불가사의하고 신비로운 것에 둘러싸여

---

* 이 글은 『외국문학연구』(2010년 11월)에 게재된 논문을 수정 · 보완한 것이다.

있다고 생각했고, 자신의 청소년기는 신비secret라는 개념에 의해서 이해될 수 있다고 말하기도 했다(Wehr, 1993: 31). 그는 대학 초년 시절부터 이미 인간의 이성으로는 이해할 수 없는 심령현상을 다루는 초超심리학 분야에 관심을 가지고 있었으며, 불가사의한 것도 포용할 때만 현실을 올바로 파악할 수 있다고 생각했다(Wehr, 1998: 32). 바로 이러한 점에서 그는 스승인 지그문트 프로이트Sigmund Freud와 세계관 차원에서 차이를 지니고 있었다. 융은 인간의 이성으로는 이해할 수 없는 심령 현상을 다루는 신비학에 깊은 관심을 가지고 있었던 반면에, 프로이트는 "신비학이라는 검은 진흙의 홍수"를 단호히 부정한 것이다(Wehr, 1998: 61).

『무의식의 발견』이라는 괄목할만한 저서에서 앙리 엘랑베르제는 "융은 노년으로 갈수록 점점 더 전통적인 교의와 동서양의 종교 경전과 '동시성', 그리고 종교 문제 전반에 경도傾倒하게 되었다(Ellenberger, 1974: 595)."고 말한다. 융은 영지주의, 연금술, 점성학, 그리고 파라셀수스의 신비적인 저작들에 심원한 관심을 가지고 연구를 진행하고 있었다(Ellenberger, 1974: 595-596). 그는 영지주의자들이 이미 무의식을 탐색하고 있었고, 연금술사들이 '상반된 것들의 통합'을 추구하면서 그들 나름의 '개성화 과정'을 구체화해왔음을 깨닫고 있었다(Baudouin, 1963: 280). '연금술의 자매'라 불리는 점성술 연구를 통해 융은 별들의 운행과 인간에게 일어난 사건 사이에 모종의 연관성이 있을 가능성을 암시하는데, 융은 이 연관성이 인과성causalité으로가 아니라 동시성synchronicité으로 적절히 설명될 수 있다고 말한다(Baudouin, 1963: 291).[1] 그리고 융은 스위스의 '위대한 의사'이자 연금술사인 파라셀수스Paracelsus(1493-1541)를 "무의식 심리학과 심리치유의 선구자(Baudouin, 1963: 278)"라고 평가한다. 융이 영지주의, 연금술,

1 동시성에 대해서는 3장에서 구체적으로 다룰 예정이다.

점성학 등에 흥미를 가진 것은 그 가르침을 신봉해서가 아니라 그런 것들이 무의식의 차원에서 어떤 의미가 있는지를 밝히기 위해 심리학자로서 접근한 것이다(홀, 2004: 36).

융은 이렇듯 서양의 전통사상에 대해 깊이 연구했을 뿐 아니라 동양의 전통 사상에도 많은 관심을 가지고 있었다. 저명한 중국학자인 리하르트 빌헬름Richard Wilhelm(1873-1930)이 "동양과 서양 사이의 다리(Jung, 1993: 112)"를 놓았듯이, 융 자신도 "동양과 서양 사이의 영적인, 그리고 내면적인 이해를 위한 다리(Jung, 1993: 77)"를 놓으려고 노력해왔다. 이 임무의 일환으로 융은 서구의 독자들을 위해 동양의 종교 경전들에 관한 심리학적 주석 혹은 서문을 집필해왔다. 그리고 그는 동양 정신에 관한 몇몇 논문들을 쓰기도 했다. 융은 리하르트 빌헬름이 중국어에서 번역한 『태을금화종지太乙金華宗旨』와 『역경易經』에 대해서 각각 주석과 서문을 집필했고, 에반스벤츠W. Y. Evans-Wentz의 요청으로 『티베트 해탈解脫의 서書』에 관한 주석과 『티베트 사자死者의 서書』에 관한 심리학적 주석을 집필했다. 그리고 융은 스즈키 다이세츠鈴木大拙의 『대해탈大解脫』에 대한 서문을 집필하기도 했다. 그 외에 융은 만다라와 인도에 관한 여러 글들을 집필했고, 그 가운데 「요가와 서양」이란 제목의 주목할 만한 글을 남겼다. 융은 다양한 동양 사상에 관심을 가졌지만 특히 중국 사상, 그 가운데서도 『역경』에 가장 많은 관심을 가졌는데, 그는 『역경』 사상과 대화하면서 자신의 심리학의 주요 개념 가운데 하나인 '동시성' 개념을 창안했다. 이 글에서 필자는 우선 융이 동양 정신에 대해 취하는 입장을 고찰해본 이후에, 이어서 융이 중국 사상과의 만남을 통해 형성한 '동시성' 개념을 고찰해보고자 한다. 연후에 필자는 동시성 관념이 그 용어가 생기기 이전에 서양에서도 이미 존재했음을 살펴보고, 신비주의와 문학이 박해받아온 동시성 사상의 은신처 역할을 해왔음을 지적하고자 한다.

2. 융과 동양: 동양 정신에 대한 융의 입장

동양 정신에 관해 융은 두 가지 극단을 벗어나는 중용의 입장을 견지하고 있다. 그는 동양 지혜의 중요성을 무시하지도 않으면서, 동시에 "동양의 황홀경에 도취(Jung, 1993: 22)"되어 서양 학문으로부터 등을 돌리지도 않는다. 융의 이러한 신중함에 대해 구체적으로 살펴보자.

'형이상학적인 파국' 이후에 "서구의 정통적인 이성주의"는 "자신의 빈약한 합리성"으로 인해 영성을 평가 절하하는 오랜 전통을 유지해왔다(Durand, 1972: 96). 서구 영성의 '파산'에 직면하여 낭만주의자들과 초현실주의자들은 기계론적 세계관이 제시하는 인간관보다는 더욱 더 실제의 인간에 충실한 '인간의 이미지'를 되찾기 위해 '동방으로' 향했다(Durand, 1972: 105).[2] 자신의 시대정신을 잘 포착했던 융은 리하르트 빌헬름을 기념하는 강연(1930)에서 다음과 같이 말했다. "나는 우리의 무의식이 동양의 상징 체계로 가득 차 있음을 알고 있다. 동양의 정신은 진실로 문 앞에ante portas 서 있다(Durand, 1972: 118)." 특히 아프리카, 아메리카, 인도 등 비서구 나라들을 여행하면서 자신이 얼마나 "백인의 문화적 의식" 속에 "닫혀 있고 감금되어 있었는지"를 깨달은 후에(Jung, 1992: 285) 융은 서양의 자민족중심주의ethnocentrisme를 탈출하기 위한 온갖 노력을 기울였다. 그는 서양은 동양의 정신 세계를 대면하고, 이해하고, 인정해야 함을 주장한다. 동양의 정신 세계는 서양의 '정신적인 궁핍함'을 '교정'해줄 수도 있는 것이다(Jung, 1993: 117).

동양정신의 수용은 분명 서양의 '질병'에 대한 '치유제'가 될 수 있다. 그러나 동시에 동양 정신은 경계해야 할 '위험'이 될 수도 있다고 융은

2 뒤랑은 이 글에서 '동방으로' 향해 떠난 대표적인 작가로 네르발(Nerval)을 소개한다.

보았다(Jung, 1993: 117). 왜 그런가? 우선 동양과 서양 사이에는 '심리학적 유형'이 서로 다르다. 융은 동양을 내향적이라 파악했고, 서양은 외향적이라 파악했다. 그는 동양의 정신과 서양의 정신 사이에 존재하는 차이에 대해 이렇게 설명한다. "서양은 항상 정신의 고양을 추구하고, 동양은 정신의 침잠immersion 혹은 심화approfondissement를 추구한다. 인도인보다 유럽인이 유형有形과 중력을 지닌 외부 실재에 대해서 훨씬 강하고 심하게 영향을 받고 있는 것으로 보인다. 바로 그 이유 때문에 유럽인은 세계를 초월하려 애쓰고 인도인은 기꺼이 자연의 모성적 깊이로 돌아간다(Jung, 1985: 232)." 심리학적 유형의 차이 이외에도 양자 사이에는 매우 큰 차이가 있어 융은 서양인에게 요가나 선禪을 수행하거나 모방하지 말 것을 권고한다. 융에 의하면 "서양은 초지일관 기독교적(Jung, 1985: 137)"[3] 인데, 기독교 신앙은 구원이 인격적이고 초월적인 신으로부터 나옴을 가르친다. 반면에 동양은 자력自力 구원을 믿는다. "물과 불을 섞는 것은 불가능하다. (……) 훌륭한 기독교인인 동시에 자력 구원을 추구하는 자가 되는 것은 불가능하고, 이와 마찬가지로 부처가 되는 동시에 신을 섬기는 것도 불가능하다(Jung, 1985: 138-139)." 불교의 경전은 "너는 네가 부처임을 깨달을 것이다"라고 말하지만, 기독교에서는 "나는 그리스도다"라고 말하지 않는다. 독실한 기독교 신자는 바울과 함께 "이제는 내가 산 것이 아니요 오직 내 안에 그리스도께서 사신 것이라"고 말할 것이다(Jung, 1985: 236-237).

신관과 구원관에서 기독교는 동양의 종교와 본질적인 차이를 지니고 있고, 바로 이러한 차이 때문에 융은 서양인에게 동양을 모방하지 말 것

---

3 C. G. Jung, *Psychologie et Orientalisme*, Paris: Albin Michel, 1985, p.138. : "서양인은 그가 어떤 신앙고백을 가지고 있건 기독교적이다."

을 권고한다. 『태을금화종지』에 대한 주석에서 융은 서양인의 동양에 대한 모방에 대해 이렇게 경계하고 있다. "동양의 지혜를 이해한다는 과제를 마주했을 때 서양 사람이 언제나 저지르는 잘못은 『파우스트』에 나오는 악마에게 속는 학생같이, 과학을 경멸하여 그로부터 등을 돌리고 동양적인 황홀경에 들어가 요가의 명상 수행을 글자 그대로 받아들여 어설픈 모방을 하는 데 이르는 것이다(신지학자들théosophes이 특히 그러하다). 그들은 서양정신의 유일하고 확실한 터전을 떠나서, 유럽의 머리에서 나온 것도 아니요 유럽의 머리에 효과적으로 접목시킬 수도 없는 그러한 말과 관념의 혼동 속에서 헤매고 있을 따름이다(Jung, 1993: 22)." 융은 유럽 사람이 자기 본성을 벗어나 동양을 모방할 것이 아니라, 자기 자신을 참되게 유지하면서 동양이 수천 년 동안에 내면적인 본성을 따라 발전시킨 그러한 모든 것을 유럽 사람의 본성 안에서 더욱 발전시킬 수 있다면 그들에게 열려 있는 가능성은 더욱더 큰 것이 될 수 있을 것이라고 판단했다(Jung, 1993: 25). 융이 희망하는 바는 서양이 자신의 대지에 굳게 터를 잡고서 동양정신을 자기 것으로 삼아야 한다는 점이다. 서양은 동양으로부터 정신적인 동냥을 받기를 기대할 것이 아니라, 서양인이 정신적으로 자립할 수 있도록 동양으로부터 자극을 받아야 하는 것이다.

동서양의 본질적인 차이를 항상 염두에 두면서 융은 동양의 정신 세계와 서양의 신비주의 사이에, 동양의 정신 세계와 서양의 무의식 심리학 혹은 정신 치료psychothérapie 사이에 현저한 유사성이 존재한다는 사실에 주목한다. 융은 선불교에서 말하는 깨달음(悟り, Satori)[4]의 경험이 서양에도 존재한다고 주장한다. 서구에도 최종 단계에 대한 직관을 가지

4 '悟り, Satori'는 깨달음을 의미하는 선불교 용어로서 참선의 목표가 된다.

고서 그 단계에 접근하고자 심혈을 기울이는 사람들이 존재했다. 하지만 그들은 스스로를 숨겨야 했던 것이다(Jung, 1985: 232; Ellenberger, 1974: 597; Serrano, 1980: 119). 정신 치료는 서양 문화 내에서 이러한 종류의 경험을 공개적으로 드러낼 수 있었던 유일한 영역이다(Jung, 1985: 232). 융은 예수회를 설립한 스페인 신학자 로욜라San Ignacio de Loyola가 발전시킨 기독교 신비주의 관상觀想, contemplation과 인도의 요가 사이에도 일치가 존재함을 포착한다. 이와 마찬가지로 요가와 프로이트가 개척한 무의식 심리학 사이에도 유사성이 존재한다고 그는 주장한다(Jung, 1985: 232-235). 프로이트 심리학은 인도 사상에서 번뇌kleça에 해당하는 대상에만 집중해서 다룬다는 차이가 있음은 융도 인정한다. 온 인류의 보편적인 토대에 근거한 동서양 정신세계의 일치를 보여주는 가장 좋은 예는 '만다라'이다. 이 '원형적 이미지'는 온 세계 곳곳에서 수천 년 동안 존재해왔다(Jung, 1992: 380).

만다라는 '자기(自己, Soi)의 전체성(Jung, 1983: 61)', '중용과 개성화로 인도해주는 오솔길(Jung, 1983: 228)', '상반되는 것들 사이의 궁극적인 통합(Durand, 1984a: 98)'을 나타내는 상징이다. 고유한 의미의 만다라는 힌두교와 불교 전통 속에서 탄생했다. "우주의 핵심과 합일하고자 하는 깨달음의 안내도(Dokan, 1978: 68)"로서 가장 정교하면서 영감 넘치는 만다라는 티베트 불교에서 발견할 수 있다.

그런데 만다라는 동양의 전유물이 아니다. 융에 의하면 만다라는 서양에서도 많이 발견된다. 특히 기독교 작품들에서 잘 드러나는데, 대개의 경우는 "사복음서 저자들과 그 한가운데에 있는 그리스도(Jung, 1993: 39)"를 그린 그림이다. 융은 이러한 기독교적 만다라의 기원이 고대 이집트의 "호루스와 그 네 아들(Jung, 1993: 39)"로 거슬러 올라간다고 간주한다. 융은 만다라가 야콥 뵈메Jakob Böhme같은 기독교 신비주의자의 책에도 나타나며, 거기에는 기독교성이 강하게 드러나는 심리적인 우주의 체계가 분명히 드러나 있다고 주장한다(Jung, 1993: 39).[5] 그뿐 아니라 만다라는 푸에블로 인디언과 나바호 인디언이 종교적인 의례에서 사용하는 모래 그림에서도 나타나 있다(Jung, 1993: 40).

동양의 정신 세계와 서양의 신비주의 사이에, 동양의 정신 세계와 서양의 무의식 심리학 사이에 친연성이 존재하며, 또한 동양의 고유한 문화라고 생각했던 만다라가 서양을 비롯해 세계 곳곳에서 발견된다는 사실은 동서양 상호간의 차이에도 불구하고 동일성 혹은 유사성이 존재하며, 동서양과 나아가 온 인류를 아우르는 정신적인 공동 토대가 존재한다고 본 융의 사상을 한층 더 확증시켜준다. 그는 무의식의 근저에는 '집단 무의식'이 존재하고, 그 집단 무의식은 온 인류가 공유하는 것이며, 그 집단 무의식의 주된 구조(혹은 성향)가 바로 '원형'임을 주장한 바 있다. 융의 관점에서는 온 인류가 공유하는 집단 무의식이야말로 인류가 서로를 이해할 수 있는 가능성을 설명해주는 것이며, 온 세계의 신화와 상징에서 공통 요소들이 드러나는 이유이기도 하다.

3. 동시성: 전통 사상과 현대 사상

융이 자신의 심리학 이론을 형성하는 데는 서구의 전통 사상뿐 아니

5 한편, 이슬람 철학자인 앙리 코르뱅에 의하면 14세기 수피즘의 시아파 신학자인 하이다르 아몰리Haydar Amoli의 우주론적이고 신현 神顯, théophanie적인 도식에도 드러난다. 이 도식과 만다라와의 유사성은 매우 놀랄만하다. 이 점에 대해서는 다음 문헌을 참조할 것. Gilbert Durand, "L'homme religieux et ses symboles," J. Ries dir., *Traité d'anthropologie du sacré*, Paris: Desclée, 1992, p. 99.

라 동양 사상에서도 많은 도움을 얻었다. 비非서구 문화에 대한 지식이 없었다면 온 인류가 공유하는 '집단 무의식'이나 집단 무의식의 주된 구조에 해당하는 '원형' 이론을 세울 수 없었을 것이다. 동시에 그의 심리학 지식 역시 동양 사상을 이해하는 데 많은 도움을 주었다. 무의식에 대한 그의 연구가 중국 사상가들이 이미 개척해 놓은 바와 상통함을 융은 깨닫게 된 것이다. 『태을금화종지』에 대한 주석에서 융은 다음과 같이 말한다. "나는 처음에 중국철학에 대해서는 아무런 지식도 가지고 있지 못하였으며 중국철학에 관해서 전혀 무지한 채로 정신과 의사로서 그리고 심리치료사로서 나의 경력을 쌓아가기 시작했다. 그 뒤로 의사로서의 경험을 통하여 나는 다음과 같은 사실을 알게 되었다. 즉 나의 의술을 닦아가는 과정에서 몇 천 년에 걸쳐서 탁월한 동양의 정신 소유자들이 앞서 개척해놓은 저 비밀의 길로 무의식중에 이끌리어 가게 된 것이다. 이 같은 일이 나의 엉뚱한 공상에 지나지 않는 것으로 보일지 모르기 때문에 나는 이제까지 이 문제에 관해서는 공표하기를 주저해 온 것이다. 그런데 중국인의 심혼에 관한 훌륭한 이해자인 리하르트 빌헬름이 나의 체험을 확실히 확인하여줌으로써 나는 이 중국의 책에 관한 글을 쓸 수 있는 용기를 얻을 수 있게 되었다(Jung, 1993: 27)."

자신의 심리학적 탐구와 동양사상에 대한 이해를 접목시켜 융이 발전시킨 또 다른 중요한 개념이 바로 '동시성'이다. 동시성 개념은 융이 서구의 전통 사상과 중국의 『역경』의 원리에서 도출하여 제창한 개념이다. 『역경』은 서양에서 이미 영어로 번역되어 있었다. 스코틀랜드 출신 개신교 목사로서 영국의 런던전도회 소속 선교사였으며 후일 옥스퍼드 대학 초대 중국학 교수가 되었던 제임스 레게James Legge(1815-1897)가 중국인 학자 왕타오王韜의 도움을 받아 상세한 주석과 함께 영어로 훌륭하게 번역(1882년)해냈던 것이다.[6] 융은 레게 번역본을 통하여 『역경』의 내용을 접한 후 관심을 가지게 되었고 주역의 점복술을 직접 시도하기도 했다. 『역경』에 대한 주석에서 융은 이렇게 말한다. "나는 주어진 괘를 실제로 이용하거나 『역경』의 까다로운 문제에 대한 가치 있는 해명에 있어서 빌헬름의 덕을 보고 있었다. 심리학적 견지에서 고려할만한 관심거리로 보였던 이러한 점복술에 나 자신도 이미 30년 이상 몰두해왔으며 내가 1920년대 초에 비로소 빌헬름을 만났을 때는 이미 『역경』에 대해 꽤 친숙해져 있었다. 그는 당시 나에게 내가 이미 알고 있던 바를 확인시켜 주었으며, 그 외에도 다른 많은 것들을 가르쳐 주었다"(Jung, 1993: 127-128).

레게와 마찬가지로 중국 선교사였던 리하르트 빌헬름은 『역경』과 『태을금화종지』 같은 중국의 주요 문헌들을 독일어로 번역했고 이 역본들은 아직까지도 탁월한 번역으로 인정받고 있다. 그는 "극동에서 유럽 문화의 공백을 메울 수 있는 정신적인 가치를 발견(Perrot, 1992, Préface du traducteur français)"했다. 독일 개신교 선교사로서 중국으로 간 그는 오히려 "중국의 사자le messager de la Chine(Jung, 1993: 120)"가 되어 "동양 사상을 서양 문화 속에 침투시키고 알리는 임무"에 전념하게 된다. 1905년부터 그는 『논어』를 비롯하여 『역경』, 『도덕경』, 『장자』, 『맹자』 등과 같은 주요 고전들을 독일어로 번역하기 시작한다. 이 가운데서 『역경』(1924년 번역 출간)은 중국인 학자 라오나이쉬안勞乃宣(1843-1921)과 함께 필생의 작업으로 번역한 것으로서 이후 이 역본은 서양의 다른 언어들로 재번역되어 많은 영향을 끼치게 된다. 그는 말년에 프랑크푸르트대학에서 가르치는 동시에 '중국학연구소'를 연 뒤 마르틴 부버, 헤르만 헤세, 카를 구스타

6 막스 뮐러 Max Müller와 공동 작업으로 레게는 『동양의 성서*Sacred Books of the East*』라는 기념비적인 총서를 준비했고, 그 결과 1879년에서 1891년까지 50권이 출간되었다. http://en.wikipedia.org/wiki/James_Legge

프 융과 같은 인사들과 교유交遊하며 영향을 주고받는다. 융은 빌헬름을 만난 이후에 『역경』에 드러나는 상징들과 그 의미에 대해 본격적인 관심을 가지게 되며, 그와 토론하는 가운데 『역경』뿐 아니라 중국의 다양한 사상과 문화에 대해서도 관심의 폭을 넓히는 기회를 마련하게 된다.

융은 '동시성'이란 용어를 1930년 뮌헨에서 열린 리하르트 빌헬름을 위한 회고 연설에서 처음 사용했다고 스스로 밝히고 있다. 이 모임에서 그는 "『역경』의 과학은 인과율에 기반을 두지 않고 내가 잠정적으로 동시성적 원리라고 부르는 원리에 토대를 둔다"고 말했다(Jung, 1988: 111). 그 후 그는 이 개념에 대해 신중하게 성찰한 후에 말년에 가서야 본격적인 연구 논문을 발표한다. 융은 1951년 「동시성에 관하여Über Synchronizität」라는 논문을 에라노스Eranos 강연에서 발표하고, 이 논문을 발전시켜 동시성 현상의 사례와 원리를 더욱 더 엄밀하고 종합적으로 제시한 논문인 「비인과적 연결원리로서의 동시성Synchronizität als ein Prinzip akausaler Zusammerhänge」(1952)[7]을 저술했다. 융은 이 논문을 물리학자 볼프강 파울리Wolfgang Ernst Pauli(1900-1958)의 논문 「케플러의 자연과학 이론 형성에 미친 원형 관념의 양상」과 함께 엮어 1952년 『자연의 해석과 정신Naturerklärung und Psyche』이라는 저서로 출간했다. 파울리가 1931년에 심한 좌절에 빠진 후 융에게 찾아감으로써 시작된 두 학자의 만남은 학문적인 접촉으로 이어졌는데, 파울리는 양자역학이 지니는 비결정론적 성격을 융의 정신분석학과 연결시켰다. 융이 동시성 개념을 형성한 데는 파울리와의 대화와 공동 연구에 힘입은 바 크다.

동시성은 인간의 심리 세계와 외부의 물질 세계 사이의 "의미 있는 일치"를 지칭하기 위해 융이 창안한 개념이다. 동일하거나 유사한 의미

7 이 논문은 C. G. Jung, *Synchronicité et Paracelsica*에 재수록되어 있다.

를 지닌 둘 혹은 그 이상의 사건들이 인과적인 연결이 없으면서도 시간적인 일치를 보일 때 동시성이 성립한다고 융은 주장했다. 무의식 심리학의 경험을 통해 융은 인과율과는 다른 설명 원칙을 찾게 되었다. 왜냐하면 인과율이란 무의식 심리학의 현저한 현상들을 해명하기에는 불충분해 보였기 때문이다. 융은 이 새로운 원칙을 서구의 전통 사상과 아울러 특히 『역경』에 대한 연구를 통해서 형성했는데 융이 평가하기에 『역경』이 보여주는 중국 정신은 인과율보다는 사건들 사이의 우연적인 일치에 관심을 두고 있다. 융은 『역경』의 전제 조건이 질문하는 사람의 정신 상태와 대답하는 괘卦 사이에 동시성적인 상응이 존재하는 것이라고 보았다(Jung, 1988: 272).

서구의 과학이 토대를 두고 있는 인과율은 아인슈타인 이후 물리학에 의해 그 토대가 흔들리게 되었다. 미시 물리학의 세계와 심리 영역 사이에 놀랄만한 유사성이 존재한다는 사실이 융의 제자들에 의해 밝혀졌을 뿐 아니라 물리학자들에 의해서도 밝혀졌다. 1945년에 노벨 물리학상을 수상한 미시물리학자 볼프강 파울리는 융의 동시성 관념을 물리학적으로 지탱해준 동역자였다. 이러한 상관 관계에 대해 많은 관심을 가지고 있었던 질베르 뒤랑Gilbert Durand은 융의 동시성 개념이 베르나르 데스파냐Bernard d'Espagnat의 '비분리성non-séparabilité'과 데이비드 봄David Bohm의 '내함implication' 개념과 매우 유사하다는 사실도 지적했다(Durand, 1980: 310; Durand, 1984b: 453).[8]

칼 구스타프 융은 합리적인 설명이 불가능하거나, 인과적인 연결이 불가능한 꿈과 현실의 모호한 경계, 과거와 미래의 모호한 맞물림에 대하여 깊이 직시했고, 환자들을 진찰하면서 이와 관련한 다양한 임상 사례

8 베르나르 데스파냐와 데이비드 봄은 모두 물리학자이다.

를 구체적으로 체험한 의사였다. 자연발생적인 예감, 공간을 초월한 지각과 아울러 인간의 마음이 때로는 시간과 공간의 법칙(인과율)을 따르지 않는다는 점을 실험적으로 증명한 라인J. B. Rhine의 연구에 대해 융은 스스로의 심리체험을 통해 확신하고 있었다. 그러나 당시의 과학으로 해명할 수 없는 이러한 현상에 대해 평생에 걸쳐 진지하게 고민한 끝에 76세가 되어서야 비로소 조심스럽게 동시성에 관한 논문들을 발표했다.

융은 이 논문들에서 기존의 인과율을 비판하고 '동시성' 개념을 제시하고 있다. 이 개념은 오스트리아의 생물학자인 파울 카메러Paul Kammerer(1880-1926)의 논문에서도 많은 통찰을 얻은 것이다. 카메러는 20년 동안 동시성 현상에 관련하여 경험한 사례들을 정리하여 『연속성의 법칙Das Gesetz der Serie』(1919)이라는 저서를 발간했다. 여기서 카메러는 물리적인 인과법칙과 독립적으로 작동하는 자연의 원리에서 비롯되는 우연의 일치를 설명하려 했다. 융은 그의 논문 서두에서 카메러의 연구를 자주 언급했고 특히 그의 개념인 '연속성의 법칙'에 대해서 깊은 관심을 가지고 주목했다.

라인의 초심리학parapsychologie과 카메러의 연속성sérialité 개념을 토대로 하여 융은 인과율에 의한 자연 법칙을 넘어서는 희귀한 경험들에 대한 정신분석학적 해명을 그의 논문에서 시도하고 있다. 다시 말해서 우리 세계에는, 특히 정신 세계에는 인과율의 파탄이 일어나고 있음을 밝히고, 인과율의 법칙을 넘어서는 또 다른 '법칙'이 존재할 수 있음을 융은 그의 논문들에서 보여주고 있다.

동시성은 정신적인 현상과 물질적인 현상, 인간 내면의 체험과 외부적인 사건이 거의 동시적으로 일어나면서 양자 사이에 의미 있는 일치가 이루어지는 경우에 성립한다. 우선 두 사건들은 인과적으로 연결할 수 없는 동시적 사건으로서 양자가 같은 혹은 유사한 의미를 지닌다(Jung,

1988: 43). 주관적 정신과 외부의 물질적 사건이 단순히 동시에 발생하는데 그치고 의미 있는 일치가 성립하지 않는 경우에는 동시론synchronisme이라는 개념을 사용하여 이를 동시성과는 구분한다(Jung, 1988: 43).

「동시성에 관하여」에서 융은 동시성 현상을 세 가지 범주로 구분하고 있다(Jung, 1988: 270-272). 첫째, 관찰자의 심리적 상태가 동시적이며 객관적인 외부 사건과 일치를 보이는 경우이다. 이 때 외부 사건은 심리적 상태 혹은 내용과 상응한다. 여기서 융은 '황금풍뎅이scarabée'의 예를 들고 있다. 매우 합리적이어서 융의 많은 노력에도 불구하고 심리학적으로 접근 불가능해 보이는 여자환자와 융은 심리분석을 진행하고 있었다. 융은 닫혀 있는 창을 등 뒤로 하고, 마주앉은 환자가 자기의 꿈을 이야기하는 것을 듣고 있었다. 환자는 전날 인상 깊은 꿈을 꾸었는데, 누군가가 황금풍뎅이 모양의 값비싼 보석을 선물로 주는 내용이었다. 그녀가 그 꿈을 이야기하는 순간 융의 등 뒤 창 밖에서 갑자기 창문을 두드리는 소리가 들려 왔다. 융이 소리 나는 곳을 돌아보니 황금풍뎅이와 유사한 곤충이 방으로 들어오려 하는 것이었다. 융은 창을 열어 그 곤충을 잡아 환자에게 "여기 당신의 풍뎅이가 있습니다"라고 말하며 건네주었다. 이러한 사건은 환자의 합리주의와 지적인 저항에 금을 가게 했고, 이후에 그 환자에 대한 치료는 성공적으로 진행되었다.

둘째, 관찰자의 지각 영역으로 포섭되지 못하는 외부의 사건과 관찰자의 심리적 상태가 동시적으로 일치를 보이는 경우이다. 외부 사건은 관찰자의 지각영역에서 벗어난 곳에서 발생한 것이기에 나중에야 확인이 가능하다. 융은 그 사례로서 유명한 '스톡홀름의 화재'를 제시한다. 스베덴보리는 여행 중에 자신의 집이 있는 스톡홀름에서 큰 화재가 나는 환상을 보았다고 한다. 그곳은 스톡홀름에서 50마일이나 떨어져 있는 고덴버그였다. 스베덴보리와 함께 식사하던 친구가 고덴버그 시장에게 보고했고, 시장이 확인한 결과 실제로 그 순간에 스톡홀름에서는 대화재가 일어났다고 한다.[9] 칸트는 이 화재 사건을 자신의 저서 『형이상학의 꿈에 의해 예시된 어느 환상가의 꿈』에서 다루고 있다.

셋째, 정신적 상태에 상응하는 사건이 아직 일어나지 않았으나 시간적으로 거리가 있는 미래 사건으로서 나중에 확인한 결과 관찰자의 의식 상태와 미래에 일어날 외부의 사건이 일치를 보이는 경우이다. 융은 「비인과적 연결원리로서의 동시성」에서 1902년 봄에 던J. W. Dunne이 꾼 꿈을 인용한다(Jung, 1988: 44-45). 던은 자신이 꾼 꿈을 언급한 바 있는데, 그는 꿈에서 자신이 화산에 서 있는 듯 했는데 그곳은 섬이었고 던은 화산 폭발의 위험을 감지하게 되었다. 그래서 그는 4,000명의 주민을 대피시키기 위하여 백방으로 노력하는 꿈을 꾸었다. 며칠 후에 던은 신문을 받아보았는데, 신문의 헤드라인에는 다음과 같은 머리기사가 실려 있었다. "마르티니크 화산폭발—용암이 도시를 휩쓸고 가다. 40,000명 이상 사망 추정."

자연 법칙이 절대적 진리라면 그 법칙에서 일탈되는 그 어떤 자연 현상도 존재하지 않는다. 그러나 만일 인과율이 절대적 진리가 아닌 통계적 진리라면 예외가 존재할 수 있다. 융은 동시성적 현상을 이런 종류의 무인과적 가능성으로 생각한다. 융은 ESP 실험들과 수많은 관찰들이 사실이라고 가정한다면 원인과 결과 사이의 연결 이외에도 사건들의 배열로 자신의 생각을 드러내고 우리에게 의미로서 나타나는 또 다른 요인이 있다고 결론 내려야 한다고 말한다. 동시성 원리를 유의미한 일치가 동시 발생과 의미에 의해 연결된다고 파악할 때, 우리에게 의미로 나타

9 이 사건과 관련한 좀더 상세한 내용에 대해서는 다음을 참조할 것. 스베덴베리연구회 편역, 『스베덴베리의 위대한 선물』, 다산북스, 2010, 54-57쪽.

나는 요인이 본질적으로 무엇인지는 알 수 없지만 동시성 원칙은 하나의 가설로 성립할 수 있다고 융은 판단한다(Jung, 1988: 78).

융의 동시성 이론은 서구의 이성주의를 극복하고자 하는 자신의 청소년기부터의 열망을 반영한 이론이다. 「비인과적 연결원리로서의 동시성」에서 융은 이렇게 말한다. "우리는 서구의 이성주의적 태도만이 유일하게 가능한 정신적 태도가 아니고 모든 것을 포괄하는 것도 아니며 아마도 많은 점에서 수정되어야 하는 편견이고 선입관이라는 사실을 기억해야 한다. 유구한 고대 중국 문명은 이런 면에 대해 항상 우리와는 다르게 생각했다(Jung, 1988: 78)." 이렇듯 동시성 원칙은 이성주의의 한계를 극복하고자 한 심리학적 시도이다.

또한 동시성 원칙은 정신과 물질의 통합성을 보여주는 점에서도 그 의의가 있다. 정신과 물질은 분리되어 있는 것으로 간주하지만, 어떤 사건의 물질적인 측면과 정신적인 측면은 같은 실재의 양면일 수 있다. 융은 서양 중세 철학 가운데 '세계의 단일성unus mundus' 사상이 있다고 말한다. 이에 따르면 창조주가 이 세상을 창조하기 전 모든 것이 잠재적인 상태로 있었을 때에는 모든 정신적인 것들과 물질적인 것들이 하나의 단일체를 이루고 있었다(Solié, 1981: 15-36). 창조주는 세계의 단일성 관념에 따라 이 세상을 창조했고, 본래는 정신과 물질이 하나의 전일성全一性을 이루고 있었으나, 그것이 실현되는 과정에서 분화되어 표면상 대극적인 구조를 이루게 되었다는 것이다. 동시성 현상이 이러한 전일성의 상징을 보여주는 것은 전일성을 회복하라고 우리에게 보내는 신호라고 융은 해석했다.

4. 동시성과 문학

융은 서구의 전통 속에도 동시성 관념의 선구자들이 많이 있다고 주장한다.[10] 그는 헤라클레이토스, 히포크라테스, 필론, 플로티노스, 피코 델라 미란돌라 등 서구 사상가들에게서도 '만물의 공감', '상응 이론doctrine de correspondentia' 등과 아울러 인간이 세계의 작은 신, 즉 소우주라는 주장을 발견한다. 중국학자 마르셀 그라네Marcel Granet는 중국인의 사유가 소우주 속에 대우주가 담겨있음을 깨달은 전체적인holistique 사유라고 간파했는데, 융은 이러한 중국인의 사유가 원시 시대나 서양 중세 시대의 전 前과학적 심리 속에도 살아 있었다고 주장한다(Jung, 1988: 82). 융은 자연에 대한 고대와 중세의 관점과 원시적인 관점에는 인과율과 나란히 또 다른 원리가 존재한다고 가정한다.[11] 라이프니츠(1646-1716)에게조차 인과율은 유일하거나 지배적인 관점이 아니다. 라이프니츠는 심리적 사건과 물리적 사건 사이의 절대적 동시론synchronisme을 의미하는 '예정조화설'을 주창하기도 한 것이다. 18세기를 거치면서 인과율은 자연과학의 독점적인 원리가 되었다. 19세기에 물리학이 흥기하자 동시성 이론은 표면에서 완전히 사라졌으나 19세기 말에 심리연구회Society for Psychical Research 설립자들이 텔레파시 현상을 연구함으로써 전기轉機가 마련되었다고 융은 주장한다.

비록 자연과학에서는 18세기와 19세기에 인과율이 지배하고 동시성 이론이 거의 사라졌을지라도, 신비주의 사상과 문학에서는 동시성 이론

---

10 융은 「비인과적 연결원리로서의 동시성」에서 "동시성 관념 이전의 동시성"이란 소제목으로 동시성의 선사先史에 대해 다루고 있다.

11 이하 설명에 대해서는 다음을 참조할 것. C. G. Jung, *Synchronicité et Paracelsica*, op. cit., pp. 90-91.

에 해당하는 관념들이 여전히 살아 있었다. 특히 정신과 물질의 통합 혹은 상통으로서의 동시성 개념이 그러하다. 스웨덴의 신비주의자이자 과학자 · 철학자 · 신학자인 스베덴보리Emanuel Swedenborg(1688-1772)는 영계靈界와 자연계, 사람의 영혼과 몸, 천상세계와 지상세계, 천국과 인간 사이에 상응correspondentia이 작용한다고 주장했다. 스베덴보리에 의하면 자연계에 존재하는 모든 것은 영계로부터 생겨났고 영계에 의해 지속되며 영계와 상응한다.[12] 사람은 가장 작은 형태의 천국이자 자연계이기에 사람에게는 영계와 자연계가 공존한다. 사람의 마음에 속하는 내적 차원(사고력과 의지에 관계되는 것)은 영계를 이루고, 몸에 속하는 외적 차원(몸의 감각과 행동에 관계되는 것)은 자연계를 이룬다. 바로 이 상응을 통해 영계는 자연계와 결합하며, 또한 상응을 통해 사람은 영계와 교류할 수 있다. 이 기독교 신비주의자에 의하면 천국에 있는 것은 영적이고, 세상에 있는 것은 자연적이다. 그리고 천국의 해는 주님으로서, 천국의 빛은 신적 진리이며 열熱은 신적 사랑이다. 해에 의해 모든 자연 존재가 생기듯이 주님이 모든 영적 존재의 근원인 신적 사랑이기에 그 사랑이 해같이 빛난다고 한다.

프랑스의 샤를 푸리에Charles Fourrier(1772-1837)는 스베덴보리의 천국을 이 땅에서 실현시키려 했던 이상적 사회주의자이다. 그는 「네 가지 운동과 일반 운명에 관한 이론」(1818)의 〈서설Discours préliminaire〉에서 이렇게 말한다. "나는 열정적인 인력에 대한 법칙이 뉴턴과 라이프니츠가 설명한 만유인력의 법칙과 모든 점에서 부합한다는 사실을 깨달았다. 물질세계와 정신 세계에서 이루어지는 운동 체계에는 통일성이 있다는 사실

12 이하 스베덴보리의 '상응론'에 대해서는 다음을 참조할 것. Emanuel Swedenborg, 『천국과 지옥』, 김은경 옮김, 다지리, 2003, 84-109쪽.

도 알게 되었다. 나는 이 유추analogie가 보편적 법칙으로부터 특수한 법칙으로까지 확장될 수 있으며, 동물과 식물 그리고 광물 사이에 존재하는 인력과 특성은 인간과 별들 사이에 존재하는 인력과 특성과 동일한 차원에서 조화를 이루고 있는 것이라고 추측했다. 나는 이를 규명하기 위해 필요한 연구를 수행했고 그 결과 내가 추측한 바를 확신하게 되었다. 이리하여 새로운 부동의 학문이 발견되었다. 그 학문이란 한편으로 물질, 유기체, 동물, 사회라는 네 가지 운동 사이의 유추, 다른 한편으로 인간과 동물이 지니고 있는 열정에 대한 수학적 이론을 통해 물질을 변화시키는 유추를 내포한다(Fourrier, 1967)." 푸리에는 물질 사이에 존재하는 열정적 인력attraction passionnée을 새로운 인간과 사회를 위한 동력으로 도입한다. 그는 이 인력 법칙이 인간과 사회를 지배할 때 인간 사회는 조화를 이룬 이상 사회가 건설될 수 있다고 믿었다.

스베덴보리가 상응의 신비를 드러내었다면, 푸리에는 유추의 신비를 드러내었다. 그리고 이들의 상응과 유추 관념은 상징주의 시인 샤를 보들레르Charles Baudelaire(1821-1867)의 상징 이론 형성에 큰 영향을 끼쳤다. 이성주의와 과학주의는 인간의 무의식을 억눌러왔고, 인간을 세계와 유리시켰다. 그 정점에서 사람들은 과학에 환멸과 염증을 느끼게 되었고, 보이는 현실 세계보다는 그 너머에 있는 세계에 관심을 가지게 되었다. 프랑스 문학에서 상징주의는 19세기 중반에 활약한 보들레르의 시와 더불어 발흥했으며, 19세기말에 이르면 지배적인 문예 사조로 위치를 굳히게 된다. 상징주의의 유행은 과학적 방법과 태도를 문학에 도입한 자연주의가 '막다른 길'로 들어섰음을 확인한 시기와 겹친다. 보이지 않는 세계는 자연과학으로는 접근할 수 없다. 오직 상징으로만 접근할 수 있다.

보들레르의 소네트 「상응Correspondances」에는 물질세계와 영적 세계의 상응, 공감각 현상(synesthésies: 서로 다른 감각 간의 상응), 감각과 정신의 상응이 다루어져 있다. 연구가들은 이 시에서 흔히 수직적 상응correspondances verticales과 수평적 상응correspondances horizontales을 지적한다. 수평적 상응은 지상계의 사물과 감각 등이 서로 접근하고 화해하는 것이다. 수직적 상응은 인간(혹은 자연)과 천상계와의 상응이다. 여기서 핵심적인 요소는 우리 눈에 보이는 현실적인 것이 천상적인 혹은 신적인 내용을 담고 있다는 점이다.

중국인이 발전시켜온 천인감응天人感應 사상은 그 세부 내용은 조금씩 다를지라도 동서고금을 막론하고 존재해온 사유이다. 서구에서는 이성주의와 과학주의의 강력한 영향 아래 그 사상이 공식적으로 충분히 발전되지 못했다. 합리적 인과성을 벗어나 있는 주장들은 서구에서 박해받고 억눌려왔다. 신비주의와 문학은 이러한 박해받고 억눌려온 비주류 사상의 은신처 역할을 해왔다. 보들레르가 개척한 상징주의를 비롯하여 인과율을 벗어나 있는 세계를 다룬 이러한 문학에 대해 융의 동시성 이론을 적용하여 연구한다면 매우 흥미롭고 유익한 연구가 될 수 있을 것이다.

참고문헌

베어, 게르하르트, 『카를 융-생애와 학문』, 한미희 옮김, 까치, 1998.

스베덴베리연구회 편역, 『스베덴베리의 위대한 선물』, 다산북스, 2010.

스베덴보리, 이마누엘, 『천국과 지옥』, 김은경 옮김, 다지리, 2003.

파스, 옥타비오, 『흙의 자식들 외』, 김은중 옮김, 솔, 2003.

홀, 캘빈, 『융 심리학 입문』, 김형섭 옮김, 문예출판사, 2004.

Baudelaire, Charles, *Œuvres complètes II*, Paris: Gallimard, 1975.

______, *L'Œuvre de Jung et la psychologie complexe*, Paris: Payot, 1963.

Dokan, T.-Y. "Le mysticisme tibétain." M.-M. Davy dir., *Encyclopédie des Mystiques* tome 4, Paris: Seghers, 1978.

Durand, Gilbert, "Réve et spiritualité." Roger Bastide dir., *Les Sciences de la Folie*, Paris: Mouton, 1972.

______, "Orphée et Iris 80: 'exploration de l'imaginaire." *Science et conscience*, Paris: Stock, 1980.

______, *La Foi du Cordonnier*, Paris: Denoël, 1984a.

______, "Jung, la psyché et la cité" in *L'Herne. Carl G. Jung*, Paris: Editions de l'Herne, 1984b.

______, "L'homme religieux et ses symboles." J. Ries dir., *Traité d'anthropologie du sacré*, Paris: Desclée, 1992.

Ellenberger, H. F. *A la Découverte de l'inconscient*, Villeurbanne: Simep Editions, 1974.

Fourrier, Charles, *Théorie des quatre mouvements et des destinées générales*, Paris: Anthropos, 1967.

Jung, C. G. *Psychologie et alchimie*, Paris: Editions Buchet/Chastel, 1983.

______, *Psychologie et Orientalisme*, Paris: Albin Michel, 1985.

______, *Synchronicité et Paracelsica*, Paris: Albin Michel, 1988.

______, *Ma Vie*, Paris: Gallimard, 1992.

______, *Commentaire sur le Mystère de la Fleur d'Or*, Paris: Albin Michel, 1993.

Perrot, E. "Préface du traducteur français." *Yi King*, version allemande de R. Wilhelm, traduite en français par E. Perrot. Paris: Librairie du Médicis, 1992.

Serrano, M. "Rencontre avec C. G. Jung." *C. G. Jung et la Voie des*

Profondeurs, Paris: La Fontaine de Pierre, 1980.

Pallud, Pierre, "L'Idée de synchronicité dans l'œuvre de C. G. Jung." *Cahiers de Psychologie jungienne*, No 28.

Solié, Pierre, "Ouverture sur l'unité du monde." *Cahiers de Psychologie jungienne*, No 28, 1981.

Wehr. Gerhard, *Carl Gustav Jung. Sa Vie, son œuvre, son rayonnement*, Paris: Editions Librairie de Médicis, 1993.

http://en.wikipedia.org/wiki/James_Legge

문학적 시각에서 본 청말, 민국 시기 도시 타블로이드 판 신문 연구

리난

내가 처음 만청 · 민국 시기 상하이上海의 타블로이드 판 신문, 즉 '소형신문' 연구를 시작한 목적은 해파海派 문학 연구를 심화함으로써 그 전까지 사람들이 그다지 주목하지 않았던 분야에서 새로운 영역을 개척하고자 한 데 있었다. 해파 문학 연구는 1990년대 이래 수많은 학자들의 손에서 일찍부터 연구되었는데, 특히 현대성의 발굴에서 더더욱 뛰어난 성과가 있었다. 이에 상하이 소형 신문이라는 그다지 유명하지 않은 대중적 읽을거리를 빌려 해파문학의 또 다른 면, 즉 그 탁하고 부패한 일면을 탐구함으로써 한 발짝 더 깊이 들어가고자 한 것이다. 그러나 대량의 소형신문을 자세하게 읽고 난 후, 나는 작업을 시작할 때 생각했던 것보다 훨씬 풍부한 세계를 발견할 수 있었다. 이전에 명확하게 구분되지 않았던 해파와 원앙호접파의 문제도 여기서 관련된 증거를 찾을 수 있었다. 해파 문학의 정화精華와 통속 측면의 차이가 분명하게 보였다. 시민들 사이에서 전파 · 수용되거나 변화 · 정체된 현대 문학의 정보들이 모두 생생하게 드러났다. 한 마디로, 소형 신문은 현대 시민 문화의 변천 과정을 사실적으로 기록하며, 시민 문학의 발전 궤적을 가감 없이 묘사하고 있으며, 문학사에서 유리되었으나 민간의 입장을 대변하는 많은 시민작가들을 집적했다. 그들은 유파도 아니고, 집단도 아니고, 시민 문학의 심미적 관점과 사회 의식, 삶의 태도 및 창작 수법을 받아들인 '담론의 장'이다. 만약 현대 문학의 면모를 전체적으로 고찰한다면, 소형 신문은 확실히 일상 문학의 사실적인 그림을 제시할 수 있고, 기존 문학사의 부족한 부분들을 수정하고 보완할 수 있을 것이다. 유실되었던 장아이링張愛玲의 소설 『울금향鬱金香』의 출토, 수많은 1930년과 1940년대의 해파 작가들이 소형 신문에서 드러낸 집체적 양상, 신문학 문단에 대한 상규常規를 타파한 평론은 소형 신문을 읽어보지 않는다면 전혀 상상할 수조차 없다. 이 자료들을 한 장 한 장 들춰보면서, 나는 역사와의 접촉, '원 모습原生態'을 담보한 역사 자료와의 대화를 통해서만 창조적인 사유가 촉진되고 다른 사람들과 다른 의견을 제기할 수 있다는 사실을 더 깊이 확신하게 되었다.

1. 원 모습의 문학사 그림이 가져다 준 시사점

현대 문학은 대체로 신문과 출판으로부터 조성되고 구축되기 시작했다. 중국 현대 문학에 대한 신문의 침투와 영향은 말할 나위도 없이 잘 알려져 있다. 특히 1990년대에 들어서면서, 사람들은 점차 판에 박힌 정치적 사유를 탈피하고 새로운 시각으로 역사를 다시 대하며, 기존에 은폐하거나 무시했던 연구 대상에 대해서도 마침내 관심을 돌리기 시작했다. 이때 신문은 일찍이 존재했던 '원 모습'의 역사로서 당연히 피해 갈

수 없는 텍스트가 되었다. 신문으로 현대 문학의 생성 과정에 접근함으로써 나중에 건설된 문학사 담론에서는 이미 소실된 '문학 현장'으로 되돌아가 생생한 문학의 역사에 접근하는 것은 최근 연구자들이 중시하는 입장이다. 신문을 읽으며 현대 문학의 명작들을 발표했던 당시의 환경으로 되돌아가는 방법은 매우 시사적인 의미의 결론을 이끌어낼 수 있다. 신문 연구는 텍스트의 '내적 연구'와 '심미적 피로'를 구할 수 있는 좋은 약이다. 왜냐하면 그것은 우수한 것을 골라내는 작업을 거친 단행본과 다르고, 또한 역사가들이 편찬한 문학사 저작과 달리, 질서화되지 않고 등급화되지 않으며 문학사 담론에 의해 정의되지 않은 것이기 때문이다. 비록 진흙과 모래가 섞여 있고 알곡과 쭉정이가 섞여 있는 상태이나, 그렇기 때문에 더욱 진실하고 풍부하며 보다 해석의 여지가 많다. 다음은 소형신문의 언어를 중심으로 체험한 연구내용에 대해 논의를 진행하기로 한다.

최초의 상하이 소형 신문은 1897년 5월 본명은 바오자寶嘉, 별호는 난팅팅장南亭亭長인 리바이위엔李伯元이 창간한 『여우시바오遊戲報』이다. 현재 확인할 수 있는 가장 이른 시기의 베이징 소형 신문은 『징화바오京話報』로서 1901년 8월에 창간되었으며, 창간인은 황슈바이黃秀伯이다. 청말 베이징 소형 신문은 모두 '구어체 백화'를 사용했다. 이른바 '구어체 백화'라는 것은 문인들의 가공을 거친 고대 백화 소설에서의 '설서인說書人'의 어조와 같은 것이 아니다. 그것은 청대의 관방官方 구어를 그대로 서면화하여 신문에 쓴 것인데, 예를 들어 『징화바오』같은 경우는 '모두 베이징의 관방어를 사용하였다'고 자칭했다.[1] 민국에 들어선 1910년

1 「論看這京話報的好處」는 1901년 8월 15일 『京話報』의 제1호에 실렸다. 『京話報』는 서적 형태의 신문으로서 열흘에 한 번씩 발간된다. 그래서 국가 도서관에서는 『京話報』를 고 신문 서고에 두지 않고 베이하이北海에 따로 분관을 둔 일반 고적 열람실에 비치

과 1920년대에 이러한 구어체 백화는 서면어와 결합하는 경향이 두드러져 약간의 문언 어휘들과 혼용되었는데, 베이징 소형 신문의 백화가 지닌 기본적인 성질을 잃지 않았을 뿐 아니라 그 때문에 구어 특유의 거칠고 방종함이 수그러들어 오히려 간결하고 세련되었다. 1930년대와 1940년대에 이르러, 베이징 소형 신문의 문학 언어는 이미 현대 백화로 진화하였고 새로운 구두점이 보편적으로 사용되었다. 가끔 문언과 백화가 섞인 반문반백半文半白의 단문短文이 한두 편 있는 것을 제외하고, 대부분은 구어 기초가 튼튼한 백화로 쓰였는데 이는 라오서老舍 언어에 해당한다. 특히 1940년대 후기에 베이징 소형 신문의 문학 언어는 구어와 문언의 어휘를 융합하고 구절과 수사 방면에서 전통을 타파했으며 대량의 외국식 어휘와 구절을 채용하여 우리에게 익숙한 신문학의 유럽 백화와 거의 차이가 없었다. 이로 보건대, 베이징 소형 신문의 문학 언어는 반세기에 걸쳐서 청말 백화 운동에서 시작해 현대 백화로 전환했으며, '구어체 백화'의 엄격한 사용이 줄곧 그 기본 노선이었다.

베이징 소형 신문의 백화 언어에 비해, 상하이 소형 신문 언어의 상황은 훨씬 다원적이고 복잡하다. '송동문언鬆動文言'은 상하이 소형 신문의 전체 발전 과정에서 가장 주요한 언어 형식이었다. 1930년대 중엽 이후, 현대 백화 문학이 보급화되면서 송동문언의 사용은 이전보다 감소하는 경향이 있었지만, 그 지위는 전혀 흔들리지 않았다. 1940년대 상하이 소형신문은 진정한 의미에서 문언 · 백화 · 방언이 한데 어울리는 대융합의 장이었다. 모든 소형신문은 문언 · 송동문언 · 현대 백화 및 '상하이 백화'를 동시에 같은 지면에 사용함으로써 다양한 소리를 낼 수 있는 언어 구조를 형성했다. 예로 1948년 12월 22일자 『테바오鐵報』 제3판

하고 있다.

의 내용을 보면, 당시 상하이 소형신문 언어의 면모를 짐작할 수 있다. 이 지면에는 장편 연재 백화 소설 「룽씨네 셋째 딸龍三妹」(우딩이武定一), 「신분증이 저승 가는 통행증 되다身份證成了'洞府'」(원공文工), 백화 소품문 「골치 아픈 사랑使人頭痛的愛情」(류쉬柳絮), 「기사주記事珠」(샤오지저小記者), 「화시花市」(가오탕高唐), 문언산문 「서전과 양필徐篆與楊筆」(티훙啼紅), 송동문언 연재소설 「쉬쉐웨가 홀로 병마와 고난을 만나다徐雪月寡居遭病困」(수퉁書童), 「일생을 바친 사랑一生孤擲溫柔」(장궁羌工), 옛 서체에 따른 시사詩詞 작품 「운심처근순雲深處近旬-제위루독사단題危樓讀史團」(바이자오白蕉), 방언 장편 연재소설 「난세쌍추亂世雙雛」(왕샤오이王小逸) 등이 실렸다. 소형신문이라는 하나의 공간에 4종류의 언어를 담고 있는데, 이는 결코 소형 신문 문학이 의도적으로 군중 심리에 영합하고자 한 것이 아니다. 그 목적은 서로 다른 계층의 상하이 시민 독자들의 수요를 만족시키는 데 있었다. 이로 보건대, 1940년대에 이르러 신문학新文學의 종주正宗적 지위는 이미 확고해졌지만, 상하이의 일반 시민 독자들은 여전히 새 문자와 옛 문자가 어지럽게 뒤섞인 신문을 탐독했다는 사실을 알 수 있다. 여기서 우리는 상하이가 청말 백화 신문의 대본영大本營이었음에도 불구하고 상하이 소형신문에서는 아직 청말 백화 신문에서 보편적이었던 '구어체 백화'가 나타나지 않았다는 점에 주목할 필요가 있다. 상하이 소형신문의 언어 변화는 주로 문언이 끊임없이 느슨해지는鬆動 가운데 표현되었다. 신중국이 성립된 이후 행정 수단의 지속적 간섭 하에 언어 문자 개혁과 표준어 운동 보급의 자극을 받아서야 상하이완바오上海晩報 류의 현대 백화가 사용되고 문언적인 분위기가 완전히 사라졌던 것이다. 그리고 이러한 개량 과정을 거쳐 송동문언은 해외로 퍼져나가 점점 홍콩과 대만 및 해외 화교 중국어華文의 주요한 언어형식이 되었다.

베이징과 상하이는 중국이라는 동일한 문화적 시공간 아래 존재했음에도, 어째서 이 두 지역의 소형 신문 언어의 분위기는 이처럼 차이가 났을까? 이는 매우 아이러니한 대비 효과를 보이는 언어적 풍경을 만든다. 오랜 역사를 가진 도시에서 보급된 베이징 소형 신문의 주요 언어는 구어체 백화였고, 현대적인 대도시였던 상하이의 소형 신문은 오히려 오랜 시간 동안 송동문언을 사용했다. 상하이 소형 신문은 문언을 사용해 다양한 시끌벅적한 세태의 변화를 묘사했으며, 온갖 현대적인 사물과 유명 인물에 대한 소문, 모던한 유행이며 욕망이 용솟음치는 사람의 눈을 현란하게 만드는 도시의 정경을 보여주었다. 그러나 베이징 소형 신문은 평범하고 실용적인 백화로 쓰였음에도 예스런 생각과 정서가 끊임없이 흘러넘쳐 해묵고 변함없는 정서를 느끼게 한다.

베이징과 상하이 두 지역의 소형신문 언어를 정리 · 고증해보면, 현대 문학언어의 생성과 전파 및 두 지역 대중과 도시 환경의 밀접한 연관성이 드러날 뿐 아니라, 언어가 도시문화를 조성할 때 그것이 생성하는 바의 작용 및 한계를 알 수 있다. 언어는 도구이자 문화 현상이지만, 보다 안정된 시민 생활 방식과 생존 상태에 대해 말하자면, 그것은 반영체일 뿐 결정 요소가 아니다. 그러나 이 '반영'은 굉장히 중요하다. 100여 년에 걸친 중국 현대 백화의 생성과 발전은 『신청년』과 '5.4'의 한 마디 구호에 의해 하루아침에 이룩된 것이 아니다. 유럽화된 현대 백화가 문학의 주요한 언어가 된 뒤, 나머지 언어가 순식간에 소리도 없이 자취를 감춘 것이 아니었다. 베이징과 상하이 두 지역, 소형 신문의 실제적 상황은 '구어체 백화', '송동문언'의 조기 발생과 장기적 존재를 시사하며, 이것들이 현대 문학 언어의 두 갈래 지류로서 '유럽화된 현대 백화'의 중요한 참조가 되었음을 증명한다. 이 세 가지가 함께 끊임없이 언어의 '현대성'을 증진시키며, 역사적인 중국 고대 언어와 더불어 민간-상층-세계의 불가분 관계를 유지하고, 서로 자극함으로써 비로소 오늘날 문학 언어의 근원이 확보된 것이다. 송동문언과 구어체 백화는 현대 도시와 시민 생활의 방식에 있어서 각자의 역사적 책임을 다했다. 유럽화된 백화가 현대 도시와 시민 생활 방식을 표현할 수 있다 하더라도 유럽화된 백화와 이 언어들의 차이점은 여기에 있지 않으며, 현대 순문학에 대한 혁명성의 생산이라는 가치 측면에서만 표현된다. 이는 내가 소형 신문의 문학 언어 현상을 연구한 뒤, 늘 제기해왔던 문제 이면에서 발견한 또 다른 차원이며, 소형 신문을 통하기 전에는 생각하지 못했던 부분이다.

2. 어떻게 통속 문학 체재의 신문 문학 성과를 비평할 것인가?

상하이 소형 신문과 베이징 소형 신문의 문학은 모두 통속 문학 범주에 속하는 신문 문학이다. 그 문학적 성과의 고하를 논의할 때 우리는 먼저 어떤 기준을 적용할 것인가의 문제에 직면한다. '지나치게 고상한 작품은 알아보는 사람이 드물다'는 것은 순문학이 언제나 직면할 수밖에 없는 일종의 현실이었다. 반면에 독자에게 얼마나 환영받는가의 문제는 통속 문학이 세상에 존재하는 근거였다. 여기 알게 모르게 서로 다른 두 가지 평가 기준이 존재한다. 만약 우리가 과거의 사유에 따라 순문학의 기준을 억지로 통속문학인 신문 문학에 적용한다면 천만 시민이 매일같이 손에서 놓지 못하고 즐겨 읽는 이 작품들은 18층 지옥으로 떨어지고 말 것이다. 그러나 반대로 우리가 그저 통속 문학의 대중화와 세속화 정도만을 보면서 독자가 많은 문학일수록 위대한 문학인 양 간주한다면 그 역시 잘못된 길로 들어서는 것이다. 통속 문학과 순문학이 모두 작가의 창조적 인식활동과 심미 체험의 결정이라 한다면, 여기에는 반드시 따라야 하는 예술 규율이 존재하며, 이 규율은 일반적으로 순문학의 창조적 실천 가운데서 먼저 발생한 것이다. 순문학은 문학 본연의 심미적 영역을 개척하고 확장하려는 사명을 띠고 있다. 통속 문학은 문학 본연의 요소 이외에도 맛 · 풍격 · 정취가 있어 더 즐겁게 시간을 보낼 수 있고 세속적으로 소통하며 이해하기 쉬운 특징을 지니고 있다. 이는 순문학이 대체할 수 없는 점이라 하겠다. 그래서 소형 신문 문학은 문학 본연의 예술적 가치를 중시하는 동시에 통속문학의 특수성을 지켜보아야 한다. 현대의 순문학과 통속 문학이 결합된 이중적 가치 기준을 가지고 신문 문학의 성과를 비평할 때에야 비로소 가치 있는 결론을 얻을 수 있다. 또한 신문 문학을 통속문학 체재의 특수한 경우로 보고, 신문이 문학 생성과 전파에 가져온 작용을 주의 깊게 살펴야 한다.

우리는 '인간'과 '사회'의 다른 점에 주목해 순문학과 통속화된 신문 문학의 차이를 관찰할 수도 있다. 현대의 순문학은 '인간의 문학'으로 '인간'을 핵심으로 삼는 인본주의와 인도주의 사상을 관철하며, 인성에 대한 깊은 탐구 및 인류의 운명에 대한 탐문을 중시한다. 동시에 현대 순문학 작가들은 또한 문학활동을 국민성 및 사회 개조의 도구로 간주하고 사람들을 계몽하여 인생의 진리를 추구하고 이상적인 사회를 건설하려는 목적에 도달하고자 한다. 이 때문에 현대 순문학의 척도를 이용하여 문학을 측량하는 것은 반드시 사상과 사회의의 및 심미자의 내적 체험을 기준으로 삼아야 한다. 통속화된 신문 문학은 즐거움을 추구하는 오락 문학이며, 그것의 목적은 '의미', '체험'을 드러내는 데 있지 않다. 오히려 그 목적은 독자가 독서를 통해 기쁨과 즐거움을 느낄 수 있느냐에 달려 있다. 신문 문학 또한 사회를 반영한다. 그러나 순문학이 글을 통해 사회 분석에 힘을 기울이는 것에 비하면, 신문 문학의 사회 반영은 일종의 전시展示에 가깝다. 그것은 시민의 삶을 광범위하게 드러내면서 실제의 모사효과를 추구하는 데 중점을 둔다. 사회생활의 다양성을 묘사하고 배치하는 기능은 의심할 여지가 없다. 도시에서 존재했고 발생했던 모든 현실은 그 흔적을 여기에서 다 찾을 수 있다. 통속화된 신문 문학은 도시에서 발생한 중대 사건, 예를 들어 공장 노동자의 파업, 금융위기, 군벌의 혼전, 학생운동, 사재기 풍조 등에 대해, 도시의 다양한 인물의 생활모습들을 그려낸다. 그 가운데는 독점 자본, 상인, 은행가, 망명자, 정객, 군벌도 있고, 노동자, 사무직원, 점원, 학생, 심지어 첩실, 무녀, 불량배, 건달 등도 있다. 동시에 그들은 또한 도시의 인문적인 풍경, 이를 테면, 교역소, 경마장, 연예 클럽, 무도회장, 기생집, 호텔 등을 묘사하고, 공장과 작업장, 신작로와 골목길 등을 그린다. 결론적으로 그들은 수두룩하게 많은 크고 작은 사회적 사건과 시민생활 각 방면의 모습을 모두 다루며 상세하게 기록했다. 통속 신문 문학의 이러한 생활 '실록'체 형식의 장점은 일본의 도쿠가와 시대 몇 백 년 동안 민간에서 유행했던 '우키요에浮世繪'와 마찬가지로 시민 생활의 다양한 면모를 풍부한 색채로 명료하게 표현했지만, 필선이 단순하기 때문에 유화와 비교할 수 없으며 많이 보면 저절로 단조롭고 거칠다는 느낌을 피할 수 없게 된다.

문학이 일종의 심미 예술인 이상 그 가운데 함축되어 있는 예술적 진실과 정서적 평가, 철학적인 인식은 일정한 형식이 창조됨으로써 재현된다. 문학 작품의 내용과 형식은 "두 개의 실체로서 함께 살아 있으면서 영원히 어느 하나가 다른 하나를 떠날 수 없다(福樓拜, 1876)". 이 때문에 문학 창작 과정은 또한 하나의 형식 창조 과정이기도 하다. 통속적인 신문 문학은 문체에 대한 의식이 박약하다. 설사 간혹 어떤 '새로움의 창조'를 시도했더라도 그 기량은 단순한 유희적 기교에 불과했을 뿐, 문체의 갱신을 이루는 경지에 이른 적이 없었다. 이러한 문학은 서사를 위주로 하며 대중적인 서사체를 계승했기 때문에 어떠한 구조나 관점의 변화에도 불구하고, 번잡하고 정리되지 않은 채 사소한 부분에 집착하는 '이야기하기'의 틀을 벗어날 수 없는 것이다. 게다가 대부분의 작가들은 생계를 위해 글을 쓰면서 매일 발간되는 신문들의 문학 작품에 대한 대규모 수요를 만족시키기 위해 패턴의 '복제'라는 밑천이 가장 적게 드는 문학 생산 방식을 이용했다. '십년 동안 하나의 검을 갈고 닦았다十年磨一劍'라는 말은 소형 신문과는 인연이 없으며, 패스트푸드식의 작품이 '주요 품목'으로 자리 잡은 것도 피할 수 없는 결과라 할 수 있다(孔慶東, 1998).

그러나 통속적인 신문 문학 작가들이 전혀 독립적인 문학 의식을 갖지 않았다고 말할 수는 없다. 예를 들어 『테바오鐵報』의 편집자는 1945년에 신문을 복간할 때 왕샤오이에게 '차별화된 소설'을 쓸 것을 요구한 적이 있다.[2] 편집자의 요구는 물론 독자의 요구를 반영한 것이었다. 이는 1940년대 시민 독자들이 패턴화된 기성 작품들에 염증을 느끼고 있었고, 통속적인 신문 문학 문체의 개선을 기대하는 심리를 지니고 있었음을 잘 보여준다. 이를 위해 작가들도 일찍이 노력한 바 있다. 그러나 낙후된 예술 이념이 철저하게 갱신되지 않아, 기껏해야 기존의 서사 틀 안에서 주된 취지와 상관없는 조정에 그쳤을 뿐이다. 왕샤오이는 일찍이 일종의 창조적인 문체-연뿌리처럼 아무리 잘라도 끊어지지 않는 '우단사련藕斷絲連'의 소설체를 발명하고 이를 적용한 신작 「관광단觀光團」을 대대적으로 홍보한 바 있다. 그러나 사실 이것은 「20년 동안 목격한 이상한 현상二十年目睹之怪現狀」, 「냉정한 시선冷眼觀」 등 청말의 '집면식集綿式' 소설의 리메이크 판에 다름 아니었다. 소설은 '승리와 수복을 축하하

2 王小逸, 「觀光團前言」, 『鐵報』, 1945년 12월 10일.

는 행사에 참가하기 위해 상하이에 도착한 관광단'이라는 미미한 복선을 이용하여 15개의 단편적인 이야기를 연결한 것이다. 각각의 단편은 고전 소설의 장회章回 형식을 모방한 것이고, 각 이야기 속의 '관광객'은 모두 '서로 다른 옛날 소설 속에 등장하는 인물'로 설정되며 이야기의 내용은 1945년 광복 이후 상하이탄에 등장한 새롭고 기이하며 괴상망측한 사회의 '갖가지 모습'을 담고 있다. "차용한 소설 작품은 『홍루몽紅樓夢』·『수호전水滸傳』·『유림외사儒林外史』·『삼국연의三國演義』·『노잔유기老殘游記』·『광릉조廣陵潮』·『구미구九尾龜』·『관장현형기官場現形記』·『동주열국지東周列國志』·「20년 동안 목격한 이상한 현상」·『서상기西廂記』·『진주탑珍珠塔』·『요재지이聊齋志異』·『자불어子不語』·『옥리혼玉利魂』 등 대략 15종이다. 장회소설 두 종류 뒤에 중간에 곡曲이나 탄사彈詞·필기筆記·원앙호접파鴛鴦胡蝶派 등을 끼워 넣었다."[3] 각 이야기의 줄거리는 장회 제목으로 한눈에 알아볼 수 있게 되어 있다. '오경재吳敬梓의 『유림외사』 가운데 '제×회 공손간이 공문서를 사고, 심경기는 결혼을 피해 의원에 들어가다蘧公孫幹祿買文憑, 沈瓊枝逃婚入醫院', '리보위안李伯元의 『관장현형기』 가운데 '제×회 항일부인들의 이유는 모두 옳으니, 환난을 함께 겪은 동지는 명예와 이익을 함께 얻네抗日夫人理由十足, 蒙難同志名利雙收'를 예로 들 수 있을 것이다.[4] 이는 오늘날의 '패러디' 수법과 같은 의미를 지니며, 작가가 전통적인 자원을 이용해 새로운 문체로 변환하기 위해 들였던 노력들을 대략 확인할 수 있다.

1940년대의 신문 문학은 동시에 신문학 문체의 장점을 의식하고 점차 신문학을 이용해 오래된 표현 형식을 개조하려는 경향을 보였다. 1946

---

3 王小逸, 「觀光團前言」, 『鐵報』 1945년 12월 10일.

4 각각 『鐵報』 1946년 1월 17일과 2월 25일에 실림.

년 『테바오』에는 루쉰魯迅의 『고사신편故事新編』을 모방한 소설 연작이 게재되었는데 역시 「고사신편」이라는 제목이었다.[5] 소설은 「흑시국黑市國」, 「민주국民蛀國」, 「농아국聾啞國」이라는 세 가지 단편으로 구성되었으며, 각각의 이야기는 '국가'라는 이름을 빌려서 일종의 우화를 써냄으로써 비열한 사회 현상을 은유했다. 「흑시국」은 '비할 바 없이 비싼 비행기표' (암시장의 연극표)를 어떻게 살 수 있는가에 대한 이야기를 다루었고, 「민주국」은 주인공 린쯔양林子洋과 탕아오唐敖를 통해 '민지민고民脂民膏'가 '민주民蛀'에 의해 놀라운 기세로 잠식되는 과정을 그렸으며, 「농아국」은 허구의 '귀머거리' 지도원과 '벙어리' 민중이 서로 갈등하는 '사건'을 매우 사실적으로 그려내고 있다. "손에 총을 든 지도원은 귀머거리라 말을 듣지 못한다. 손에 총이 없는 민중은 다른 사람의 말을 들을 수는 있지만 벙어리라서 사람들에게 말을 할 수가 없다(鵬至, 1946)." 세 편의 작품이 모두 세태를 풍자하려는 뜻이 매우 분명하다. 이 「고사신편」과 저 『고사신편』은 물론 함께 논할 수 없지만, 작가가 루쉰을 모방하려 했다는 사실은 명확하게 알아볼 수 있다. 이러한 모방작으로는 다음과 같은 작품들이 또 있다. 1949년 『신바오辛報』에는 장아이링의 「금쇄기金鎖記」를 모방한 동명의 장편소설 「금쇄기」, 쑤칭蘇青의 「결혼십년結婚十年」을 모방한 「연애십년戀愛十年」과 쑤칭의 산문집 『음식남녀飮食男女』를 개작한 소설 「음식남녀」가 실렸다.[6] '베껴쓰기' 또는 유명세에 '부응하기' 등의 혐의를 띠고 있기는 하나 완곡하게나마 신문 작가의 신문학 성과에

---

5 鵬至의 「故事新編」은 모두 세 편으로 되어 있다. 「故事新編-黑市國」(연재 1)은 『鐵報』 1946년 5월 5일에 실림. 「故事新編-民蛀國」(연재 2)은 『鐵報』1946년 5월 12일에 실림. 「故事新編-聾啞國」(연재 3)은 『鐵報』 1946년 6월 9일에 실림.

6 「金鎖記」, 「戀愛十年」, 「飮食男女」 등 3편의 모방작이 각각 『辛報』, 1949년 3월 24일, 1월 1일, 7월 1일에 실림.

대한 '심정적 동의'를 보여준다. 이상을 종합하면, 통속 문학으로서의 신문 문학은 특히 사회의 여러 양상을 표현하고 전통 소설의 오락적인 기능을 발휘하는 데 뛰어났다. 문체의식이 아예 없었던 것은 아니고 다만 비교적 약했을 뿐이다. 통속화된 신문 문학을 비평하는 데 있어서 작품의 형식을 고려하지 않을 수 없지만, 또한 그것이 일으킨 사회적 반응도 살펴보아야 하며, 이 둘의 결합이 비교적 잘된 경우가 당연히 상등 작품에 속하는 것이다. 동시에 그것들을 신문 매체의 문학의 특수 지점으로 보아야 한다.

통속화된 신문 문학은 시민 대중문화 텍스트로서 한 시기의 사회적 정서와 일반 시민들의 사상 및 감정을 표현한다. 그 문학 관념의 변화는 주로 사회 문화 사조 및 시민의 수용 관념의 변화에 의거하며 그 표현 형태는 공시적이다. 이러한 공시성의 문화 관념을 실현하기 위해서는 해당 시기에 유행하는 제재를 선택해야 한다. 40년대 말은 국민당 정권의 붕괴를 앞두고 신문 소설들도 소문에 동요를 일으켜 원래의 기본적인 문학예술 풍격의 기초 위에 정치적인 내용을 첨가함으로써 세태에 적응했다. 왕샤오이가 쓴 마지막 장편 신문 소설 「무쇠발굽 아래鐵蹄下」는 미완성 작품으로 『로빈후드羅賓漢』에 연재 중 정간되었는데 기존의 화려한 필치를 일신해서 국민당의 부패와 타락을 폭로했다. 그러나 표면적인 변화에 불과했으며 심지어 낭만적인 묘사로 흘렀다. 예를 들어 국민당의 홍 배장洪排長이 도망가기 전에 가짜 보장保長과 갑장甲長에게 금화를 찾아오도록 하고, 가짜 보장이 금화로 배장을 속이려 했으나 배장에게 들통이 나는 장면은 명백하게 일종의 코믹 화면을 구성한다. 신문 작가들이 각색하고 삽화를 넣은 「백모녀화전白毛女畵傳」은 더 더욱 사람들의 웃음거리가 되었다. 그것은 도저히 황스런黃世人과 백모녀 이야기의 원전에 비교해 말할 수 있는 부류가 아니다. 이 작품은 인간 세상에서 살아본 적이 없는 남녀의 삼각 관계를 다룬 애정 전기에 가깝다. 이러한 현상이 일어난 진짜 이유는 상하이에서 나고 자란 소형 신문 소설가가 「백모녀」와 같은 해방구 문학을 제대로 이해할 수 없었다는 데 있다. 이러한 소설의 개작은 소형 신문 작가가 잘 할 수 있는 것이 아니었으며 당시의 상황에 임기응변적으로 대응하는 작품이야말로 신문 소설가들이 상하이 해방을 위해 기꺼이 '헌사'할 수 있었던 선물이었다. 이처럼 상황을 모면하기 위한 행동은 열렬히 유행사조를 쫓는 소형 신문 소설의 천성에서 비롯되었다.

단행본이 아닌 연재화와 미완성의 세태는 이러한 신문 문학이 지닌 또 하나의 특징이다. 통속 문학 작품은 대부분 신문에 연재되었고 단행본으로 발간되는 일은 극히 드물었다. 왕샤오이는 모두 100여 편의 타블로이드 신문의 소설을 썼지만, 단행본은 10권이 채 되지 않는다. 저우톈라이周天籟는 대략 50여 편의 신문소설을 썼지만, 단 6권의 단행본만 출판되었다. 천량陳亮의 저작은 40여 편인데, 단행본은 5권이 넘지 않는다. 연재소설은 모두 한 단락씩 쓰고 나서 간행되기 때문에 쓰는 데까지가 전체 길이가 된다. 만약 도중에 작가의 생활에 어떤 변고가 발생하거나 관심사가 바뀌거나 신문이 정간되는 경우에는 소설도 바로 중지되었다. 이 때문에 신문소설은 많은 경우 앞부분은 훌륭한데 뒤는 없는 용두사미 격의 미완성 작품이다. 이러한 미완성 현상은 연재화의 특징 때문에 생긴 것이며 청말 매체 소설이 출현했던 때부터 이미 존재했다. 『신소설新小說』에서도 많은 소설이 완성되지 않은 상태로 남겨졌다. 이러한 폐단은 매체 매커니즘 자체에서 비롯된 것이므로 책임을 전부 작가에게 넘길 수 없다. 무명이든 유명하든 통속 작가는 모두 이러한 이력을 지니고 있다. 장헌수이張恨水의 「아름답게 펼쳐진 미래錦片前程」는 1932년에서 1934년까지 『징바오晶報』에 연재되었으나 완성되지 못한 채 연재를 마쳤다. 나중에 단행본으로 나왔을 때에야 그 뒤 이야기를 알 수 있었던 것이다. 신문에 게재되었다가 대량으로 소실된 불량 작품들이 지시하는 바는 곧 문학사가들이 돌아보지 못한 숨겨진 문학의 커다란 실존이다. 신문 문학에 대해, 독자의 수용에 대한 반응은 그 생존과 운명을 결정하는 주체이자 또한 글쓰기 방향을 바꾸는 지휘봉이기도 하다. 독자의 수용은 대략 세 가지로 요약된다. 첫째, 소설에 매료되어 매일 작품을 읽고 있기 때문에 작가로 하여금 계속 글을 쓰게 하거나 단행본으로 출판하게 만드는 동력이 된다. 둘째, 읽은 후 바로 던져 버리며 소설 내용에 대해 전혀 관심이 없고 단지 잠깐 무료함을 달래기 위해서 읽는다. 셋째, 소설에 흥미가 부족해서 다 읽기 전에 소설을 던져버린다. 만약 독자의 시선을 끌 수 있는 소설이라면, 편집자는 시장 이익을 위해 작가에게 계속 쓰도록 요구하기도 한다. 「정자 마을 새댁亭子間嫂嫂」은 『둥팡르바오東方日報』에 1년 동안 연재되어 50여 만자에 이르는 장편이 되었다. 저우톈라이는 연재를 끝내려고 했으나 신문사 사장인 덩인鄧蔭이 이를 알고 "황급히 신문이 이 글에 의지하여 지탱되고 있음을 솔직히 털어놓았다. 그래서 30여 만자를 더 써서 80만 자가 되었을 때 끝맺기를 요구했으나, 또 저지되어 100만 자를 쓸 때까지 이르렀다. 결국 그제야 더 이상 돌아보지 않고 여주인공이 '한을 품고 죽는' 것으로 써서 마침내 '책을 끝냈다'라고 썼다(周天籟, 1976)." 이와 상반되는 상황은 소설을 끝까지 쓰지 못했는데 독자들의 반응이 좋지 않아서 강제로 중단되는 경우이다. 반응이 평범한 소설은 신문이 정간되지 않은 상황에서 작가가 끝까지 쓰기를 원하면 끝까지 갈 수 있었다. '유통'이 문학의 면모를 바꾸는 일은 신문에서 가장 두드러진다.

3. 편집자, 독자, 작가 상호 간의 신문 연구 방법

소형 신문을 연구할 때 늘 부딪히는 곤혹스러운 문제는 우리가 어떻게 신문을 연구해야 하는지, 신문 텍스트와 작품 텍스트가 도대체 어떻게 다른지, 작품의 외적 연구와 신문의 외적 연구는 같은지 등등이다.

작품 텍스트 연구는 텍스트 독해가 요체다. 전통적으로 '사회-문화' 연구와 작가의 일생에 대한 사료를 상호 결합하는 방법론을 채용했는데, 이것은 오늘날 '외적 연구'라고 하는 것에 해당한다. 또한 형식주의적 순문학 분석 방법으로 텍스트를 세심하게 읽고 분석하기도 하는데, 이것은 '내적 연구'이다. 그러나 신문 연구는 단순하게 신문 텍스트의 내용에 제한 될 수 없다. 왜냐하면 신문은 만들어지는 과정, 편집과 창작에서부터 발행과 전파 등에 이르기까지 단순한 텍스트와는 현저하게 다르며, 모두 더 복잡하고 더 광범하기도 하고 집단화, 사회화되는 경향이 더 짙기 때문이다. 텍스트 자체의 특징만 본다면, 신문은 독자에게 하나의 지면을 제공한다는 점에서 특히 다르다. 이 지면들은 수많은 작가와 작품에 의해 구성되기 때문에 진정한 의미에서 '다성적多聲的'이다. 그러나 편집자는 원고의 청탁 및 선택으로부터 지면의 편집에 이르기까지 모두 명시적이거나 혹은 잠재적인 의도를 가지고 있다. 서로 다른 작가의 '작은 텍스트'가 일방적으로 '큰 텍스트'로 조합될 때 이들은 상호 작용하며 새로운 의미를 창출한다. 독자는 신문을 볼 때, 먼저 각각의 문장과 이미지를 무시하고 전체 지면의 분위기와 주제에 주목한다. 이처럼 신문은 동태적인 문화 및 문학 상상의 상황에 처하지 않는 순간이 없다. 이러한 정경과 그 정경이 구성하는 문화 및 문학적 함의를 연구하는 것이 바로 우리가 선택한 방법이다. 아니면 신문을 보는 목적이 같지 않기 때문에 서로 다른 연구 방법론이 있을 수 있다. 예를 들어 어떤 작가의 소실된 작품을 찾아내기 위해 신문을 두루 찾아다니는 것은 아마 비교적 단순할 것이다. 그러나 실제로 신문을 들춰보는 작업은 해당 작가와 같은 상황에 존재했던 신문 텍스트와 관련 되며, 텍스트가 말하는 내용은 그 시대의 작가들 전체와 서로 관련이 있다.

상하이 소형 신문 연구를 막 시작했을 때, 나는 한 장의 소형 신문 내부 지면의 상호 작용 관계 및 신문들 사이의 편집 의도가 충돌하는 측면에 주목했다. 1935년 10월 이후의 『리바오立報』는 세 개의 문화면, '언림言林', '화과산花果山'과 '점심點心'을 (당시 '작은 찻집小茶館'은 '점심' 섹션의 고정 칼럼이었음) 위에서 아래로 배열하여 같은 지면에 놓아 이 셋으로 하여금 서로 연동하게 하여 "새 것과 옛 것을 결합해 고상함과 통속성을 더불어 감상한다新舊結合, 雅俗共賞"라는 『리바오』의 주관 책임자 청서워成舍我의 신문 제작 이상을 실현했다. 예를 들어 1935년 10월 11일자 『리바오』 문화면 '언림'에 천쯔잔陳子展의 「필명으로부터 말하기從筆名談起」, 런쥔任鈞의 「장광쯔를 기억하며憶蔣光慈」, 이린以霖의 「병에 관하여關於病」라는 신문학 작품 3편이 실렸다. 「장광쯔를 기억하며」는 장광쯔가 병으로 세상을 뜬 뒤 4주기에 그를 추모하며 쓴 산문으로 감정이 진실하고 비통하다. 문장은 장광쯔의 고매한 인격에 대해 높이 평가하면서 그가 죽은 뒤의 쓸쓸함을 논해 무한한 공감을 불러일으킨다. 「필명으로부터 말하기」와 「병에 관하여」라는 2편의 잡문雜文은 각각 신문학 문단에서 일어난 논쟁에 대한 평론과 현대 생활의 긴장 및 급박한 생활 리듬에 대한 감개를 토로한 것이다. '화과산'에는 장헌수이의 반문언문 「강자아薑子牙」와 그의 장편 연재소설 「예술의 궁전藝術之宮」, 리쉰펑李薰風이 문언으로 쓴 「류바오췐에 대한 짧은 이야기略談劉寶全」가 실려 있다. 「강자아」는 '강자아가 늘그막에 문왕을 만난' 일화를 빌어 신야新亞 호텔에서 결혼식을 올린 74세의 노인을 풍자한다. 「류바오췐에 대한 짧은 이야기」는 경운대고京韻大鼓의 '숭사崇師' 류바오췐의 재능과 예술을 논하고 있다. '점심'의 '작은 찻집' 칼럼 란에는 저속한 소품문인 「매춘부가 저우 선생을 붙잡다野鷄拉周先生」, 시중에서 유행하는 '절구切口'의 에피소드를 모은 「서상별해西廂別解」, 해외 토픽이나 과학 지식을 간단히 소개하는 「잡쇄雜碎」 및 장편 연재 소설 「한 쌍의 가짜 봉황假鳳虛凰」이 실렸다. 독자가 이 한 장의 신문을 읽을 때는 독립적인 한 편의 문장에 주목할 뿐 아니라 전체 지면의 분위기를 느끼고 다양한 층위의 문화, 문학 양식, 생존 방식이 그 안에서 깊고 넓게 유동하고 있음을 느끼게 된다. 즉 신문학에서 반문반백의 원앙호접파의 문학에 이르기까지, 민간의 곡예, 거리의 뜬소문, 현대적인 라이프스타일의 전파로부터 도시 속 전통 문화 정신의 뿌리 깊음, 민간의 비루한 생활 소묘에 이르기까지 모든 삶의 단편들이 유동한다. 그래서 상하이의 신구新舊 문학, 문화, 생활 방식이 중첩되고 전도된 한 폭의 그림은 이처럼 편집자의 세심한 배치에 따라 하나의 완결체가 되는 것이다. 이러한 독서 체험은 단순한 작품 텍스트의 독해에서는 찾을 수 없다. 그래서 신문 연구는 사료의 발굴 외에 그 지면 안에 놓인 '작은 텍스트' 사이의 충돌 관계를 더 더욱 주목해야 한다. 우리는 이러한 관계의 분석 과정에서 편집자의 의도를 탐색할 수 있으며, 역사 문화의 어떤 인연으로 인한 만남을 상상하면서 문학의 현장으로 되돌아가게 된다.

근현대 신문에는 상업적인 소비 성격의 대중 매체도 있고, 동인지 형태의 신문도 있고 또 기관의 통제를 받는 여론 도구도 존재한다. 소형 신문은 소비 매체와 동인지라는 두 가지 기능을 가진 신문이다. 이익과 입장이 어떠냐에 따라 신문의 문화 풍모와 가치 지향이 결정되고, 또한 역사와 문화의 다양한 해석 가능성이 결정된다. 이 때문에 신문 연구는 작품 텍스트 연구 방법을 따를 수 없으며, 반드시 각종 신문이 한 가지 사건에 대해 보이는 '차이'를 시야로 끌어 들여 사유의 지평을 구성해야 한다. 1933년 딩링丁玲의 갑작스런 실종은 소형 신문의 흥미를 끌었으며 많은 신문들이 서로 앞 다투어 딩링의 체포 소식을 보도했는데, 구체적인 정황 묘사에 이르러서는 다양한 설이 분분하여 일치된 결론이 없었다. 예를 들면 『징바오』는 "딩링에게 친구 펑馮군이 있는데 같이 기거하며 출입을 같이 했다"라고 했고, 딩링이 체포되었을 때 "펑군은 창을 넘어 달아났다", "건물 아래로 떨어져 다쳤다"[7]라고 전했다. 『서휘르바오社會日報』는 건물 아래로 떨어져 죽은 사람이 펑쉐펑馮雪峰이었다고 명시했다. 『타이완福爾摩斯』에서는 건물에서 떨어진 사람이 잉슈런應修人이라고 했다. 1934년 6월 25일자 『징바오』는 체포 후 딩링이 "스스로 회개하는 글을 써서 자유를 얻었으며 중앙 조직에서 매월 100위안의 배상금을 받고 평안하게 저작에 몰두하기로 했다. 정신 상태는 지극히 안정되었으며 구입한 차를 타고 항저우로 갔는데 시후西湖 부근에서 배회하는 모습이 포착되었다"라는 기사를 실었다. 얼마 지나지 않아 『상하이바오上海報』는 난징에서 "일찍이 딩링을 보았으며 샤오핑小蘋과 함께였다"[8]라는 보도를 전했다. 소형 신문에 따라 서로 내용이 전혀 다른 판본을 제공하였으며, 확실히 상상 혹은 허구의 요소들이 섞여 들어가 개입되었지만, 필경 하나의 역사적 텍스트인 셈이다. 역사는 본래 진실한 존재지만 오직 텍스트의 형식으로만 후대에 전해질 수 있으며, 이미 소실된 역사를 인식하려면 이미 고정된 시각으로는 자취를 남기지 않은 그 실체를 식별할 방법이 없고, 다만 갖가지 간접적인 자료에 의존할 수밖에 없다. 이처럼 다양한 신문이 제공하는 다양한 텍스트의 부딪힘 가운데서

7 「丁玲之被捕」, 『晶報』, 1933년 5월 27일.
8 「丁玲存亡之謎」, 『上海報』, 1934년 6월 28일.

실마리를 찾는 일 또한 역사의 존재를 이해하는 데 유효한 방법이 된다.

서로 다른 신문의 상호 작용은 역사적인 풍부함을 제공하는 외에도 서로 다른 계층과 집단, 조직의 다양한 소리를 들려준다. 우리는 이를 통해 평면적인 역사, 문화 정경을 확장하여 입체적으로 조망할 수 있다. 롼링위阮玲玉의 죽음을 좌익은 소형 신문의 문인들의 비방과 유언비어에 의한 것이라고 규정하고 '사람의 말이 무섭다'는 한마디로 이 역사적 사실에 대해 최종적인 판결을 내렸다. 사실 만약 서로 다른 소형 신문의 기술을 한 평면상에 놓고 서로 맞추어보면 원래 대단히 복잡했던 상상들을 "소형 신문 기사에 의한 죽음"이라는 한마디로 다 아우를 수 없을 것이다. 롼링위의 불행한 일생, 성공하기까지의 고난과 역정, 탁월한 연기는 일찍이 소형 신문이 가난한 소녀의 성공신화로 만들어 가공한 것이며, 그녀의 미혼 동거생활, 사생아, '이 사람 저 사람 만나 연애하는 것', 춤을 좋아하는 취향, 홍콩에서의 밀회 등의 '스캔들' 또한 소형 신문이 앞 다투어 진짜와 가짜를 뒤섞어 폭로한 내용이었다.[9] 이러한 '선전' 과정에서 동정과 이해, 찬사가 있었고, 멸시와 중상, 조소도 있어서 한마디로 덮기 어려울 정도로 애증이 분명하고 선악이 뚜렷한 결론으로 흘러갔던 것이다. 또한 롼링위의 죽음에 대형 신문들의 참여가 없었던 것도 아니다. 단지 형식적으로 같지 않았을 뿐이지, 대형 신문들 또한 롼링위의 죽음에 대한 혐의에서 벗어나기 어렵다. 1935년 초 롼링위가 주연한 영화 「신여성」은 신문 기자들에 대한 부정적 재현으로 신문계의 비난을 한 몸에 받았다. 대형 신문사의 기자들은 '상하이 신문기자 공회上海新聞記者公會'를 조직해 집단적으로 이 영화를 공격하고 롄화聯華 영화

9 「阮玲玉身世」는 『晶報』 1933년 5월 27일, 「阮玲玉以腰許國」은 『羅賓漢』 1928년 6월 7일에 실림. 「阮玲玉在香港」은 『晶報』 1928년 9월 19일에 실림.

사에 전체 기자단에 대한 공식적 사과와 영화 속 기자 모욕 장면의 삭제를 요구했다.[10] 각 신문사들은 연합으로 「신여성」과 관련된 원고나 비평, 광고의 등재를 거부했으며, 영화사는 「신여성」을 상영 금지하는 것으로 「신여성」에 대해 전면적인 압박을 행사했다. 이러한 기자들의 항의 운동에서 『선바오申報』 사장이었던 마인량馬蔭良, 『신원바오新聞報』 사장이었던 왕보치汪伯奇[11]도 담판과 협상에 참여하였다. 여자 주인공 역을 맡았던 롼링위는 자연스럽게 이에 연루되었다. 이러한 상황 하에서, 소형 신문들은 그녀의 연기에 대한 대대적인 찬사의 태도를 바꾸어 트집 잡기에 나섰다.[12] 그리고 사실과는 달리, 그녀의 연기 또한 전혀 이름이 알려지지 않은 조연 배우만도 못하다고 보도했다.[13] 당시 그녀는 장다민張達民에게서 벗어나기 위해 소송하던 시기여서 결국 안팎으로 어려움에 처한 나머지 재판 개정 하루 전에 자살로 생을 마감했다.[14] 롼링위가 죽은 뒤 소형신문들은 연속해서 그녀를 추도하는 기사들을 싣고 진심으로 애석함을 표시했다. 예를 들면 「롼링위를 애도하며-관 속에 누운 살아 있는 듯한 그녀悼阮玲玉——殯儀館中面目如生」, 「롼링위 자살 뒤의 눈물阮玲玉自殺淚痕」, 「롼링위를 슬퍼하는 꽃 한다발哀玲一束」 등이 있어 거의 롼링위가 죽음에서 살아 돌아오는 환상을 일으킬 정도였다.[15] 만약 우리가 대

10 「新女性侮辱記者之應付」, 『晶報』 1935년 2월 12일. 「新女性片交涉緊張」, 『晶報』 1935년 2월 18일. 「影片之題材與新女性」, 『晶報』 1935년 3월 1일.

11 「新女性片交涉緊張」, 『晶報』 1935년 2월 18일.

12 「新女性中的小漏洞」은 『晶報』 1935년 2월 13일에 실림. 그 글 가운데 영화 「新女性」의 줄거리에 대해 이런 언급이 있다. "오직 롼링위阮玲玉만 정거장에서 사랑하는 딸을 마중한다. ……승객들이 하나, 둘 차에서 내리고 차가 거의 비어가지만 그녀는 딸을 아쉬워 놓지 못한다. 다만 시간이 허락지 않아 그 깊은 정을 다 드러내지는 못한다."

13 「新女性中之王艷秋」, 『晶報』 1935년 3월 7일.

14 「阮玲玉厭世」, 『晶報』 1935년 3월 10일.

15 「阮玲玉非眞死之怪訊」, 『晶報』 1935년 4월 18일.

형 신문의 롼링위 사건의 전후 보도에 덧붙여 서로 다른 소형 신문들을 살펴본다면, 반드시 입체적으로 교차하는 다면적인 화면을 제공할 수 있을 것이다. 설령 최종적인 결론에 이르지는 못하더라도, 다양한 사고는 끌어낼 수 있을 것임에 틀림없다.

신문의 존재는 일종의 동태적인 역사과정이기 때문에 그 가운데 존재하는 시간의 유동적 요소 또한 홀시할 수 없다. 그러므로 상하 비교 연구 또한 필요하다. 서로 다른 시기의 신문 고찰을 통해 예측 불가능한 시대의 변환과 문화 변천의 맥락을 느끼고 그 가운데 함축된 역사의 실마리를 정리할 수 있다. 예를 들어 1930년대 이전에는 소형 신문과 신문학의 한계가 분명했다. 1930년대 초에 이르러, 차오쥐런曹聚仁, 정보치鄭伯奇, 쉬무용徐懋庸, 커링柯靈 등의 개입으로 소형 신문의 신문학 수용의 길이 열렸다. 1930년대 중반에 소형신문은 점차 신문학적 태도를 버리고 신구 문화의 조화에 앞장서게 된다. 1930년대 후반에 일부 해파 작가들이 소형신문의 편집자나 작가로 활동하면서 신구 문화, 원앙호접 및 해파의 융합이 실현되었다. 이 사적史的 연쇄에 대한 탐색은 우리에게 새로운 시사점을 가져다 줄 수 있었다. 신문학이 뿌리를 내리기까지 하루아침에 순조롭게 이루어진 것이 아니며, 신문화 지도자들의 소리 높은 구호에 의지하는 것만으로는 민중의 호응과 결집을 이루지 못했을 것이다. 신문학은 너무 고상했던 까닭에 알아주는 이가 없었다. 신문학 작가들은 저 높은 구름 위에서 내려와서야 일반 시민 속으로 파고들 수 있었으며, 그 뒤로도 길고 느리며 파란 많은 곡절을 겪어야 했다. 이와 반대로, 통속적인 문화 매체는 시민들 사이에서 강인한 생명력을 유지했다. 1930년대 후반에 원앙호접파와 해파의 문학이 융합될 수 있었던 것은 해파가 시민 문화 속으로 뛰어들어 동화된 뒤 세속적으로 자리매김했기 때문이다. 그리고 원앙호접파의 문학은 일상생활 속에서 마침내 부분적인 현대성을 획득했다. 이처럼 신문 연구의 진행은 우리를 전방위적 문화 및 문학의 그림으로 이끌 것이다. 변화 발전의 움직임은 여러 요소들이 뒤엉킨 혼연의 세계로서 문학 및 문화의 원상태에 더욱 가깝다. 새로운 역사 시기에 우리가 기존의 모든 것을 새롭게 인식하고 평가를 내리는 데 있어 유력한 근거를 제공함으로써 창조적 사유를 촉발시킨다. 이러한 의의에서 볼 때 신문 연구 및 연구 방법의 발전은 문화 및 문학 연구에 매우 유용하다.

참고문헌

孔慶東,『超越雅俗——抗戰時期的通俗小說』, 北京大學出版社, 1998.

福樓拜,「致喬治・桑」(1876年3月9日),『文藝理論譯叢』1958年 第3期.

周天籟,『逍遙逍遙集・亭子間嫂嫂』, 台北星光出版社, 1976.

『北京文學』, 2009-2010年.

『上海報』, 1933-1934年.

『辛報』, 1945-1946年.

『晶報』, 1928-1935年.

『鐵報』, 1945-1946年.

찾아보기

저자 소개

홍석표洪昔杓

서울대학교 중어중문학과를 졸업하고 동 대학원에서 중국 현대 문학 전공으로 박사학위를 받았다. 현재 이화여자대학교 중어중문학과 교수로 재직하고 있다. 주요 저서로는 『중국 근대학문의 형성과 학술문화담론』, 『중국현대문학사』, 『중국의 근대적 문학의식 탄생』, 『천상에서 심연을 보다 · 루쉰魯迅의 문학과 정신』, 『현대중국, 단절과 연속』 등이 있다. 주요 역서로는 『루쉰전집』 제1권(2인 공역), 『무덤』, 『한문학사강요 · 고적서발집』, 『화개집 · 화개집속편』, 『아Q정전』, 『중국당대신시사』, 『신적시선辛笛詩選』 등이 있다.

김진희金眞禧

이화여자대학교 국어국문학과를 졸업하고 동 대학원에서 현대 시문학을 전공하고 「생명파시의 현대성 연구」로 박사학위를 받았다. 박사학위 논문 이후 최근까지 식민지 시대 한국 근대 문학의 젠더, 근대성, 탈식민성, 번역론과 비교문학 연구 등을 주요한 연구주제로 삼고 있다. 저서로는 연구서 『생명파시의 모더니티』(2003), 『근대문학의 장場과 시인의 선택』(2009), 『회화로 읽는 1930년대 시문학사』(2012) 등이 있고 평론집 『시에 관한 각서』, 『不遇한, 不朽의 노래』, 『기억의 수사학』 등이 있다. 현재 이화여자대학교 이화인문과학원 HK교수로 재직 중이다.

정선경鄭宣景

이화여자대학교 중어중문학과를 졸업하고 연세대학교에서 「『태평광기太平廣記』 신선고사神仙故事의 시공간성時空間性 연구硏究」로 문학 박사학위를 받았다. 중국 소설과 문화, 동아시아 서사와 문학적 상상력, 한중 문학 등에 관심을 가지고 연구하고 있다. 저서로는 『신선적시공神仙的時空』(중국 베이징, 2007) 이 외, 『중국문학의 주제탐구』(공저, 2004), 『중국고전의 이해』(공저, 2011), 『중국고전소설 및 희곡 연구자료 총집』(공저, 2011) 등이 있으며 현재 이화여자대학교 이화인문과학원 HK교수로 재직하고 있다.

쉬즈샤오徐志嘯

중국 베이징대학교에서 『구가신탐九歌新探』이라는 논문으로 박사학위를 받았고 현재 중국 푸단대학교 중문과 교수로 재직하고 있다. 『시경초사선독詩經楚辭選評——신세기 고전문학 경전독본新世紀古典文學經典讀本』, 『일본초사연구개요日本楚辭研究論綱』, 『북미학자의 중국고대시학연구北美學者中國古代詩學研究』 등의 서적을 출판했으며 중외 비교문학과 중국 고대 문학 방면으로 연구하고 있다.

왕훙투王宏圖

중국 푸단대학교에서 「20세기 중국도시문학 속 의식형태와 욕망서사20世紀中國都市文學中的意識形態與欲望書寫」라는 제목으로 박사학위를 받고 현재 푸단대학교 중문과 교수로 재직 중이다. 중외 문학 관계와 당대 문학 비평에 관심이 있으며 대표 저서로는 『도시서사와 욕망서사都市敘事與欲望書寫』 등이 있다.

김연수金娟秀

이화여자대학교와 동 대학원에서 독문학을 전공하고, 독일 쾰른대학교에서 「우베 욘존의 역사 소설 연구*Modalität als Kategorie des modernen Erzählens. Uwe Johnsons Jahrestage im Diskursfeld zwischen Fiktion und Historie*」로 박사학위를 받았다. 역서로는 엘프리데 옐리네크의 『내쫓긴 아이들』, 하인리히 뵐의 『카타리나

블룸의 잃어버린 명예』, 슈테판 츠바이크의 『체스이야기 · 낯선 여인의 편지』가 있다. 현재 이화여자대학교 이화인문과학원 HK교수로 재직 중이다.

량융안梁永安

중국 푸단대학교에서 박사학위를 받았으며 현재 푸단대학교 중문과 교수로 재직하고 있다. 역서로는 『선자의 초심禪者的初心』, 『실험실 속의 시인實驗室裏的詩人: 列維-施特勞斯』 등이 있고, 저서로는 『서지마 산문전집徐志摩散文全編』 등이 있으며 중국 현대 및 당대 문학 비평과 비교 문학 및 문화 방면으로 연구하고 있다.

송태현宋泰炫

한국외국어대학교와 동 대학원에서 프랑스 문학을 전공하고 프랑스 그르노블 대학교에서 「질베르 뒤랑의 문예비평관 연구」로 박사학위를 받았다. 저서로는 『판타지』, 『이미지와 상징』, 『상상력의 위대한 모험가들』 등이 있다. 현재 이화여자대학교의 HK교수로 '동서 문화 교섭'에 대한 연구를 진행하고 있다.

리난李楠

중국 허난대학교에서 문학 박사학위를 받고 베이징사범대학교에서 박사후 연수를 했다. 박사학위 논문으로는 「만청 · 민국 시기 상해소형신문연구晩清、民國時期上海小報研究—— 문화 · 문학의 총체적 탐색一種綜合的文化、文學考察」이 있고 학위논문을 단행본으로 출간하여 왕요王瑤학술상 저작상을 획득했다. 현재 푸단대학교 중문과 교수이며 관심있는 분야로는 중국 근현대 문학, 민국 통속 문학, 도시 문학과 문화, 신문 매체와 문학 등이 있다.

교류와 소통의 동아시아

– 한중 문학의 만남과 동양적 가치 –

펴낸날 초판 1쇄 2013년 5월 8일
엮은이 이화인문과학원
펴낸이 김훈순
펴낸곳 이화여자대학교출판부
주소 서울특별시 서대문구 이화여대길 52(우120–750)
등록 1954년 7월 6일 제9–61호
전화 02) 3277–2965(편집), 02) 362–6076(마케팅)
팩스 02) 312–4312
전자우편 press@ewha.ac.kr
홈페이지 www.ewhapress.com
책임편집 민지영
디자인 정혜진
찍은곳 한영문화사

ISBN 978–89–7300–975–6 93800

값 18,000원

이 도서의 국립중앙도서관 출판시도서목록(CIP)은 서지정보유통지원시스템 홈페이지(http://seoji.nl.go.kr)와 국가자료공동목록시스템(http://www.nl.go.kr/kolisnet)에서 이용하실 수 있습니다.(CIP 제어번호: CIP2013004039)